编委会

普通高等学校"十四五"规划旅游管理类精品教材
教育部旅游管理专业本科综合改革试点项目配套规划教材

总主编

马　勇　教育部高等学校旅游管理类专业教学指导委员会副主任
　　　　中国旅游协会教育分会副会长
　　　　中组部国家"万人计划"教学名师
　　　　湖北大学旅游发展研究院院长，教授、博士生导师

编　委（排名不分先后）

田　里　教育部高等学校旅游管理类专业教学指导委员会主任
　　　　云南大学工商管理与旅游管理学院原院长，教授、博士生导师
高　峻　教育部高等学校旅游管理类专业教学指导委员会副主任
　　　　上海师范大学环境与地理学院院长，教授、博士生导师
韩玉灵　北京第二外国语学院旅游管理学院教授
罗兹柏　中国旅游未来研究会副会长，重庆旅游发展研究中心主任，教授
郑耀星　中国旅游协会理事，福建师范大学旅游学院教授、博士生导师
董观志　暨南大学旅游规划设计研究院副院长，教授、博士生导师
薛兵旺　武汉商学院旅游与酒店管理学院院长，教授
姜　红　上海商学院酒店管理学院院长，教授
舒伯阳　中南财经政法大学工商管理学院教授、博士生导师
朱运海　湖北文理学院资源环境与旅游学院副院长
罗伊玲　昆明学院旅游学院教授
杨振之　四川大学中国休闲与旅游研究中心主任，四川大学旅游学院教授、博士生导师
黄安民　华侨大学城市建设与经济发展研究院常务副院长，教授
张胜男　首都师范大学资源环境与旅游学院教授
魏　卫　华南理工大学旅游管理系教授、博士生导师
毕斗斗　华南理工大学旅游管理系副教授
蒋　昕　湖北经济学院旅游与酒店管理学院副院长，副教授
窦志萍　昆明学院旅游学院教授，《旅游研究》杂志主编
李　玺　澳门城市大学国际旅游与管理学院执行副院长，教授、博士生导师
王春雷　上海对外经贸大学会展与传播学院院长，教授
朱　伟　天津农学院人文学院副院长，副教授
邓爱民　中南财经政法大学旅游发展研究院院长，教授、博士生导师
程丛喜　武汉轻工大学旅游管理系主任，教授
周　霄　武汉轻工大学旅游研究中心主任，副教授
黄其新　江汉大学商学院副院长，副教授
何　彪　海南大学旅游学院副院长，教授

普通高等学校"十四五"规划旅游管理类精品教材
教育部旅游管理专业本科综合改革试点项目配套规划教材

供旅游管理、酒店管理、餐饮管理、航空服务艺术与管理等相关专业使用

总主编 ◎ 马 勇

收益管理

Revenue Management

主 编 ◎ 曾国军 张 涵

华中科技大学出版社
http://press.hust.edu.cn
中国·武汉

内 容 简 介

本书关注收益管理的相关概念和原理,旨在促进企业实现收益最大化。首先阐述了收益管理的相关概念,回顾其历史进程及研究进展;接着介绍收益管理系统的原理和过程,包括需求预测、动态定价、超额预订等内容;然后分析收益管理在酒店、餐厅和航空公司等企业的应用,包括其具体操作、衡量指标和特点;最后介绍目前较为领先的收益管理系统的主要功能、相对优势和使用情况,包括IDeaS RMS、HiYield RMS 和 Amadeus RMS。本书希望读者能从中获益,共同构建一个收益管理的知识共同体。

图书在版编目(CIP)数据

收益管理/曾国军,张涵主编.—武汉:华中科技大学出版社,2024.1
ISBN 978-7-5772-0387-4

Ⅰ.①收… Ⅱ.①曾… ②张… Ⅲ.①饭店-运营管理 Ⅳ.①F719.2

中国国家版本馆CIP数据核字(2024)第018039号

收益管理　　　　　　　　　　　　　　　　　　曾国军　张　涵　主编
Shouyi Guanli

总　策　划:李　欢
策划编辑:李　欢　　王雅琪
责任编辑:贺翠翠
封面设计:原色设计
责任校对:李　琴
责任监印:周治超
出版发行:华中科技大学出版社(中国·武汉)　　电话:(027)81321913
　　　　　武汉市东湖新技术开发区华工科技园　　邮编:430223
录　　排:孙雅丽
印　　刷:武汉市籍缘印刷厂
开　　本:787mm×1092mm　1/16
印　　张:15
字　　数:330千字
版　　次:2024年1月第1版第1次印刷
定　　价:59.80元

本书若有印装质量问题,请向出版社营销中心调换
全国免费服务热线:400-6679-118　　竭诚为您服务
版权所有　侵权必究

总序

习近平总书记在党的二十大报告中深刻指出,要实施科教兴国战略,强化现代化建设人才支撑。要坚持教育优先发展、科技自立自强、人才引领驱动,开辟发展新领域新赛道,不断塑造发展新动能新优势。这为高等教育在中国式现代化进程中实现新的跨越指明了时代坐标和历史航向。

同时,我国的旅游业在疫情后全面复苏并再次迎来蓬勃发展高潮,客观上对现代化高质量旅游人才提出了更大的需求。因此,出版一套融入党的二十大精神、把握数字化时代新趋势的高水准教材成为我国旅游高等教育和人才培养的迫切需要。

基于此,在教育部高等学校旅游管理类专业教学指导委员会的大力支持和指导下,教育部直属的全国重点大学出版社——华中科技大学出版社,在党的二十大精神的指引下,主动创新出版理念和方式方法,汇聚一大批国内高水平旅游院校的国家教学名师、资深教授及中青年旅游学科带头人,在已成功组编出版的"普通高等院校旅游管理专业类'十三五'规划教材"基础之上,进行升级,编撰出版"普通高等学校'十四五'规划旅游管理类精品教材"。本套教材具有以下特点:

一、深刻融入党的二十大报告精神,落实立德树人根本任务

党的二十大报告中强调:"坚持和加强党的全面领导。"党的领导是我国高等教育最鲜明的特征,是新时代中国特色社会主义教育事业高质量发展的根本保证。因此,本套教材在编写过程中注重提高政治站位,全面贯彻党的教育方针,融入课程思政,融入中华优秀传统文化和现代化发展新成就,将正确政治方向和价值导向作为本套教材的顶层设计并贯彻到具体章节和教学资源中,不仅仅培养学生的专业素养,更注重引导学生坚定理想信念、厚植爱国情怀、加强品德修养,以期落实"立德树人"这一教育的根本任务。

二、基于新国标下精品教材沉淀改版,权威性与时新性兼具

在教育部2018年发布《普通高等学校本科专业类教学质量国家标准》后,华中科技大学出版社特邀教育部高等学校旅游管理类专业教学指导委员会副主任、国家"万人计划"教学名师马勇教授担任总主编,同时邀请了全国近百所高校的知名教授、博导、学科带头人和一线骨干教师,以及旅游行业专家、海外专业师资联合编撰了"普通高等院校旅游管理专业类'十三五'规划教材"。该套教材紧扣新国标要点,融合数字科技新技术,配套立体化教学资源,于新国标颁布后在全国率先出版,被全国数百所高等学校选用后获得良好反响。其中《旅游规划与开发》《酒店管理概论》《酒店督导管理》等教材已成为教育部授予的首批国家级一流本科课程的配套教材,《节事活动策划与管理》等教材获得省级教学类奖项。

此外,编委会积极研判"双万计划"对旅游管理类专业课程的建设要求,对标国家级一流本科课程,积极收集各院校的一线教学反馈,在此基础上对"十三五"规划系列教材进行更新升级,最终形成"普通高等学校'十四五'规划旅游管理类精品教材"。

三、全面配套教学资源,打造立体化互动教材

华中科技大学出版社为本套教材建设了内容全面的线上教材课程资源服务平台:在横向资源配套上,提供全系列教学计划书、教学课件、习题库、案例库、参考答案、教学视频等配套教学资源;在纵向资源开发上,构建了覆盖课程开发、习题管理、学生评论、班级管理等集开发、使用、管理、评价于一体的教学生态链,打造了线上线下、课内课外的新形态立体化互动教材。

在旅游教育发展的新时代,主编出版一套高质量规划教材是一项重要的教学出版工程,更是一份重要的责任。本套教材在组织策划及编写出版过程中,得到了全国广大院校旅游管理类专家教授、企业精英,以及华中科技大学出版社的大力支持,在此一并致谢!衷心希望本套教材能够为全国高等院校的旅游学界、业界和对旅游知识充满渴望的社会大众带来真正的精神和知识营养,为我国旅游教育教材建设贡献力量。也希望并诚挚邀请更多高等院校旅游管理专业的学者加入我们的编者和读者队伍,为我们共同的事业——我国高等旅游教育高质量发展——而奋斗!

总主编

2023 年 7 月

前言

为了使盈利能力最大化,企业一方面要尽可能出售产能范围内的产品,另一方面还要实现有针对性的、实时的定价,以确保最大可能获取不同细分市场的利润。这一需求在酒店、餐厅、航空公司、旅行社、汽车租赁企业、游轮企业、体育场馆等的经营过程中均大量存在。

一系列日益复杂的涉及精确定价、营销渠道等内容的决策行为,被称为收益管理。本书关注收益管理,旨在帮助职业经理人熟悉其相关概念、原理以及具有积极影响的行政事务工作,从而实现企业收益最大化的可持续。

在一些企业中,仅总经理负责收益管理的决策,但是还有一些企业中(例如大型酒店),这项工作被分配给专职的收益管理人员,他们最终制订并实施收益管理计划,并交由总经理核准。无论何种方式,企业管理者必须掌握产品的定价规律和规则,确保企业能够详尽掌握供给、需求和定价之间的关系。例如,专业的酒店经理人应当可以根据收入分析来预测客房需求,提供重要信息,以制定合理房价。酒店收益管理的重要目标之一是最大化每间可售房收入(RevPAR),因此酒店需要分析开房率和每日平均房价(ADR)变动的关系,并深入观察网络销售和购买行为对这些数据的影响。

本书的内容主要包括四个部分。第一部分包括第一章和第二章,是对收益管理的综合介绍。第一章着重概述收益管理的起源、内涵和作用,并且介绍收益管理的演化和文化,为读者了解收益管理的思想和核心理念奠定基础;第二章回顾收益管理的发展过程,介绍收益管理发展至今的研究进展。第二部分包括第三章至第六章,这部分是本书的主要内容,从收益管理战略和战术层面阐述了收益管理系统的关键要素,以及如何借此促使收益最大化。第三章从战略定价金字塔、成本与竞争、分销渠道、战略融入等方面分析定价策略的整合框架;第四章对收益管理动态定价的原理、过程进行介绍,重点关注服务的动态定价;第五章分析收益管理预测问题的重要性,介绍相关的预测方法,包括定量预测方法、定性预测方法及新兴预测方法,并以酒店预测为例介绍预测在实践中的应用;第六章介绍超额预订的概念

收益管理

及原因,实施超额预订的具体策略,以及如何处理过度超额预订的情况。第三部分包括第七章至第九章,介绍收益管理在相关行业中的应用。第七章介绍酒店收益管理的特点与衡量指标,针对需求预测、超额预订和客房分配这三个主要内容进行了详细分析;第八章分析餐厅收益管理的研究历程、相关特点和指标,以及餐厅如何从时间管理、定价策略及容量控制三方面实施收益管理策略,特别介绍了会议及宴会收益管理;第九章梳理了航空公司收益管理的发展,重点介绍了航空公司所采用的收益管理策略,同时对航空公司收益管理的未来发展趋势进行了预测。第四部分包括第十章和第十一章,介绍了目前发展较为完善、使用面较广的收益管理系统。第十章介绍了IDeaS RMS、HiYield RMS 和 Amadeus RMS 的主要功能、相对优势和使用情况;第十一章介绍了收益管理实验操作与技术软件,主要介绍了RMS与PMS的对接、虚拟仿真实验系统的操作等。

　　本书对收益管理的理论较为偏重,在写作过程中参考了大量的中外文文献。本书由中山大学旅游学院曾国军教授和广东金融学院张涵博士主编。同时,本书汇聚了各方人员的智慧,收益管理软件实践技术部分得到了浙江大学王亮副教授与南开大学黄青博士的大力支持,收益管理软件市场应用与案例部分得到了IDeaS中国公司王越总经理、鸿鹄公司胡质健总经理和Cesim公司张艳娇的支持。本书也借此机会向读者推荐IDeaS、鸿鹄、Cesim三个收益管理系统。同时,本书得到教育部产学合作协同育人项目"收益管理示范课程建设"的支持,该项目由中山大学与杭州绿云软件股份有限公司合作完成,同时还得到了中山大学重点建设教材项目的资助。此外,还有许多企业管理者、中山大学师生、众多同行在本书的写作过程中给予了很多帮助,在此一并表示感谢。

　　本书在作者2018年出版的《收益管理与定价战略》的基础上,做了如下修改。第一,丰富了本书的章节结构,补充了第二章第三、四、五节,第七章第五节,以及第十一章等内容;更新了章节引导案例,补充了每个章节的核心概念与复习思考。第二,拓展了本书的资源列表,读者可以扫描书中的二维码对配套的视频资源进行学习。此外,与本书同步的慕课资源已经在中国大学MOOC(慕课)上同步更新,读者亦可以免费参与由中山大学推出的"收益管理"慕课学习,通过慕课平台实现讨论、章节测试、在线答疑、期末测试等环节,进一步加深对课程的理解。

　　面临时空压缩的背景和密集的知识生产,越来越多企业和管理者意识到,个体只有将工作经历和认真学习结合起来,才能有所成就;企业只有将自身锤炼为学习型组织,才能成为竞争优胜者或行业领导者。接待业管理是跨学科的领域,它融合了经济学、管理学、地理学、食品科学、工程、会计、营销、法律、心理、社会学等相关知识,而且对技术的依赖逐渐增加。因此,接待行业的每个从业者,均需要时刻准备进入新的知识领域,并不断学习新的知识。就发展趋势来看,收益管理正是这样一个新的知识领域。希望本书读者,如本科生、研究生及接待行业的从业人员,均能从本书中获益。本书也希望与所有收益管理相关的管理专家和技术人员,一起挖掘收益管理知识的宝库,共同构建一个收益管理的知识共同体。

目录
MULU

第一章 概论 　　001

第一节 收益管理的起源 　　002
第二节 收益管理的内涵 　　003
第三节 收益管理的作用 　　010
第四节 收益管理的演化 　　012
第五节 收益管理的文化 　　018

第二章 收益管理的发展过程与研究进展 　　022

第一节 收益管理的发展过程 　　023
第二节 收益管理的研究进展 　　031
第三节 全球收益管理实例与平台经济 　　045
第四节 互联网时代的收益管理 　　048
第五节 收益管理与价值共创 　　051

第三章 定价战略的框架 　　055

第一节 战略定价金字塔 　　056
第二节 战略融入：跨越产品生命周期 　　062
第三节 战略基础：成本与竞争 　　063
第四节 渠道的收益管理 　　069

第四章　动态定价　072

 第一节　动态定价的原理　074
 第二节　动态定价的过程　077
 第三节　服务定价　084

第五章　预测　090

 第一节　预测的内涵　092
 第二节　预测的方法　098
 第三节　预测的准确性　104
 第四节　酒店的预测　108

第六章　超额预订　111

 第一节　超额预订及其成因　112
 第二节　超额预订的策略　116
 第三节　过度超订及其处理　118

第七章　酒店的收益管理　123

 第一节　酒店收益管理特点与衡量指标　124
 第二节　客房需求预测　128
 第三节　客房超额预订策略　131
 第四节　酒店客房分配　132
 第五节　酒店舆评与收益管理　135
 第六节　酒店收益管理的发展趋势　138

第八章　餐厅的收益管理　140

 第一节　餐厅收益管理概况　142
 第二节　餐厅收益管理的策略　144
 第三节　餐厅收益管理的指标　152

第四节　会议及宴会的收益管理　　　　　　　　　155

第九章　航空公司的收益管理　　　　　　　　　159

第一节　航空公司收益管理的发展历程　　　　　　160
第二节　航空公司收益管理的内容　　　　　　　　163
第三节　航空公司收益管理的展望　　　　　　　　172

第十章　收益管理系统　　　　　　　　　　　　　176

第一节　IDeaS 收益管理系统　　　　　　　　　　178
第二节　HiYield 收益管理系统　　　　　　　　　　188
第三节　Amadeus 收益管理系统　　　　　　　　　196

第十一章　收益管理实验操作与技术软件　　　　　199

第一节　RMS 与 PMS 的对接　　　　　　　　　　201
第二节　虚拟仿真实验系统　　　　　　　　　　　206
第三节　Cesim 酒店运营管理模拟　　　　　　　　211

参考文献　　　　　　　　　　　　　　　　　　　218

收益管理词汇　　　　　　　　　　　　　　　　　222

第一章
概　论

1. 理解收益管理的内涵与范畴。
2. 了解收益管理的发展趋势与应用前景。

首旅酒店：上半年客房收入同比增长66%，净利润同比扭亏为盈

7月14日，北京首旅酒店（集团）股份有限公司发布2023年半年度业绩预盈公告。公告显示，预计首旅酒店2023年半年度归属于上市公司股东的净利润与上年同期相比扭亏为盈，实现归属于上市公司股东的净利润为2.6亿元至3亿元，比上年同期增加64394万～68394万元，增长168%～178%。

首旅酒店指出，2023年上半年，伴随着宏观经济稳中向好，国内商务出行及休闲旅游需求持续恢复，公司紧抓酒店市场稳步复苏机遇，加强收益管理，多措并举提升酒店经营质量。报告期内，公司全部酒店RevPAR（每间可售房收入）为147元，比上年同期上升66%；不含轻管理酒店的全部酒店RevPAR为163元，比上年同期上升72%。同时，公司继续坚定地推进核心战略，加快发展步伐，积极适应市场推出迭代新产品，全力推进酒店的数字化建设，提升宾客服务体验和酒店运营效率。

（资料来源：澎湃新闻，2023-07-14，https://m.thepaper.cn/baijiahao_23856551。）

案例思考：
1. 收益管理与酒店经营质量的关系是什么？
2. 数字时代如何更好地实现收益管理？

1. 收益管理的概念
2. 收益管理的作用
3. 收益管理的文化

第一节　收益管理的起源

一、收益管理的应用范畴

收益管理(revenue management)是20世纪80年代发展起来的一种现代科学营运管理方法,发源于20世纪70年代末的美国航空客运市场管制。继航空客运业之后,收益管理于20世纪80年代中期开始运用于酒店业,其中马里奥特酒店集团(Marriott International)最先开发使用收益管理系统。收益管理在酒店业的成功实践和广泛应用,被视为实现收益最大化的先进管理方法。因此,很多行业也开始运用收益管理理念和解决方案,比如旅行社业、餐饮业和汽车租赁业。但是对收益管理运用得较广泛和成熟的行业仍然是酒店业。

随着国际酒店入驻中国市场,国际酒店管理团队引进了收益管理理念,其在中国酒店业中展示出了其特有的力量。如今越来越多的中国酒店开始学习和使用收益管理,将其作为酒店精细化和科学化管理的武器。

二、收益管理在中国的应用情况

在中国酒店业,收益管理在20世纪末和21世纪初主要是大型的国际酒店集团才采用,而现在面对市场环境的快速变化和日益激烈的竞争,不同规模的中国酒店都在考虑或已经开始使用收益管理。收益管理在中国酒店业的应用已大幅增长。

进入21世纪,由于国内旅游业的蓬勃发展以及外国游客对中国旅游兴趣的持续高涨,中国酒店业经历了一段辉煌的发展时期。世界旅游业理事会(WTTC)的数据显示,2000年,商务旅客在华消费1315亿元人民币,到2010年已经达到4526亿元人民币。商务和休闲市场的强劲增长带来了国内本土酒店数量的持续上升和国际酒店集团的竞相涌入。

然而从2013年开始,酒店业市场开始变化,中国酒店业陷入发展的困境。一方面,随着各地酒店数量的不断增加,酒店客户有了更多的选择,客户也变得越来越挑剔,要求更加多元化和个性化的产品和服务。另一方面,旅游业网络和移动技术的蓬勃发展,推动了酒店客房的预订期急剧缩短,带来了决策、购买方式和购买渠道的快速转变。就算是对于喜欢的酒店,客户也会先寻找不同的渠道或者打包服务,然后进行最优决策,甚至往往到达目的地时,客户才通过线上预订平台搜索、寻找价格最佳的酒店。此外,越来越多的国际酒店入驻国内市场,全球化的酒店拥有更加成熟的品牌、优质的技术和经营战略,本土酒店面临巨大的竞争压力。而且国际酒店开始全面布局,扩大竞争,过去只集中于一线城市,比如北京、上海、广州等,如今也开始争取二、三线城市的市场份额。

因此,面对日渐激烈的市场环境,观察到收益管理在国际酒店业的有效实践。几乎所有顶尖的中国酒店都在部署收益管理的解决方案,不仅将其作为一种工具,而且开始建立从组织架构到战略层面的收益管理文化体系。

然而,虽然收益管理在中国酒店业的应用越来越广泛,但是收益管理战略的有效性还待考察。酒店只有充分了解收益管理的原理、掌握了最新的收益管理方法,才能确保正确地进行定价、存量控制、渠道战略管理等,从而实现收益最大化。

收益管理的范围不只是客房的定价和收入,还包括对整个酒店的收益管理,如餐厅、温泉及其他配套服务,从而实现收益最大化。因此,收益管理经理需要担任主导角色,和多个业务部门进行合作,包括销售、营销、预订、前台、宴会、餐饮等部门,协同制定符合酒店整体目标的战略决策。

随着市场的细分,酒店经营者需要明白,用传统的方法来建立与客户的关系和运营模式效果有限,利用最新的收益管理方案能够识别不同细分市场中客户的差异化需求,从而为其提供个性化、定制化的产品和服务。比如一些客户认为隐私和客房的清洁度高于一切,还有一些客户则更倾向于以服务水平和总体氛围作为酒店的评价标准。

收益管理人才是有效实现收益管理的关键。中国酒店行业的空缺岗位越来越多,人才数量却大幅下降,过去那种能以低薪雇佣大量员工的局面已经一去不复返。收益管理领域的人才不仅需要有高素质、较强的分析能力和决策能力,还需要具有丰富的市场经验以确保实现良好的酒店业绩,因此收益管理人才的短缺情况更加严峻。

视频链接

适用收益管理战略的行业

第二节　收益管理的内涵

一、收益管理的概念

收益管理是基于定价管理(rate management)的战略性活动。收益管理起源于1978年因美国民用航空部放松对价格的管制,美国航空公司为了保持市场竞争力而得出的革命性实践——通过数据和分析,预测客户的行为和优化产品的价格和可获得性。随着运筹学、管理科学等科学理论的不断发展和计算机等技术的进步,收益管理不仅在理论研究方面取得了重大发展,而且其应用领域也从航空领域拓展到其他服务领域。

收益管理的本质是理解客户对产品价值的感知,并根据客户细分准确地调整产品价格、定位和可获得性。产品经理的两个重要运营方针:一是通过降低产品成本来提高整体利润,将注意力集中在产品的物理属性(大小、特性以及功能)上,并力图降低产品的边际成本;二是与其他竞争对手相比较,对产品进行定位。然而,产品经理和客户对同一产品价值感知的差距是无法达到有效收益的主要原因。在引进收益管理理念之后,复杂的定价和收益管理技术成功地缩短了这种对产品价值感知的差距,为成百上千的企业带来数百亿的净利润,并且这些净利润的增长通常来自现有产品以及现有的客户。

何谓收益管理?

收益管理在航空领域被作为一种简单的自我保护手段得到有效应用,证明它是在资源约束前提下提高企业收益的理论与方法。在盈利增长的需求和激烈的竞争压力之下,其他行业也纷纷引进收益管理的理念,并根据自身需求进行创新。现在许多企业已经将收益管理视为营销与经营策略中必不可少的一部分。收益管理也从最原始的作为一种控制库存的手段的概念,慢慢转变成为现代管理科学的重要分支。革命创新的思想与快速发展的计算机技术对这种管理的转变起到了至关重要的作用(Jenkins等,1995)。

对于酒店业而言,由于其客房数量在一定时期内是固定的、不可储存的,酒店经营中存在明显的淡旺季,客源市场可细分,以及高固定成本与低可变成本等特点,收益管理非常适合酒店业。收益管理于20世纪80年代中期开始运用于酒店业,对于提高酒店营业收入、获取收益和利润最大化具有十分重要的现实意义。

由于收益管理在酒店业的应用极为广泛,而且被证明是非常有效的管理战略,本书对收益管理的介绍主要基于收益管理在酒店业的使用,但要记住的是,收益管理的应用领域并非局限于航空业和酒店业。

二、本书收益管理的框架

根据对收益管理内涵的分析,收益管理实现收益最大化的基本原理是将适当的产品通过最优的渠道在最佳时机以最好的价格出售给最合适的顾客。

动态定价是收益最大化的关键,即通过对市场和顾客的细分,对不同细分市场上的顾客在不同时刻的需求进行定量预测,并合理控制和分配产品的存量,最终通过价格优化使总收益最大化。其实质是通过准确的预测,对供求关系进行控制,实现有限资源的分配最优化。定价战略的分析框架需要考虑利润、成本、竞争与需求。

因此,根据收益管理的基本原理和操作步骤,本书的分析框架如图1-1所示。

收益管理的知识体系

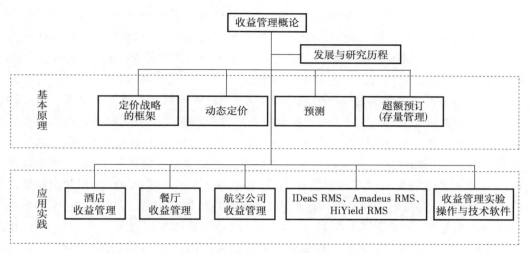

图1-1　本书的分析框架

三、收益管理系统的构成

收益管理系统是收益管理理论的最新成果与IT技术的完美结合。在介绍收益管理战略之前，首先要认识收益管理系统，其包括三个核心部分——"合适的人＋合适的流程＋合适的工具"，只有通过对收益管理系统的开发和整合，营造良好的酒店收益管理文化，才能实现收益管理战略的价值。收益管理系统开发建设的第一步，就是获取优秀的收益管理人才。

（一）收益管理人才

高质量的人力资源是实施收益管理战略的关键。收益管理经理在酒店管理层中扮演越来越重要的角色，以工作汇报为例，酒店收益管理经理已经从向市场销售总监报告，逐渐发展到向总经理报告。但是，目前收益管理在人力资源上面临两个急需解决的问题：一是收益管理人才总量有限，二是还未形成成熟的收益管理人才培养方案。

在收益管理人才有限的情况下，一些国际酒店集团通过设立区域收益管理中心来实施集中式的收益管理，即一个收益管理经理负责多家酒店。集中式管理体系有两种不同的管理模式：一种是将总部收益管理中心的团队成员划分到不同的地区中，每个团队成员作为区域收益管理经理，负责所在区域内的酒店，但所有团队成员仍集中在总部工作，一般每个成员负责3~6家酒店；另一种是按功能组建区域团队，由团队负责各区域的收益管理工作，每个团队的人数为3~5人，至少包括一个收益管理分析师负责收集和分析区域内酒店数据、一个专职人员负责各个酒店预测和一个负责人安排主持每周的收益会议，每个团队负责10~15家酒店。

以上两种管理模式各有优劣。第一种以酒店为核心的部署方法可以清楚地了解酒店的整体运营情况，而第二种功能部署方法可让团队成员专注于一个或两个任务，有助于提高日常工作效率。从酒店实际操作的反馈来看,第一种模式的权责更明确并可节省沟通成本,更容易实施。但是无论哪一种模式,都需要依赖相关的自动化收益系统,才能确保利用正确的信息和数据进行高效准确的决策分析。因此,集中式管理模式虽然一定程度上解决了人才短缺的问题,却带来了新的挑战。

收益管理人力资源的另一个问题是,缺少成熟的收益管理人才培养方案。想要培养出高质量的收益管理人才,首先要明确收益管理经理需要具备哪些知识和技能。随着酒店业的挑战不断增加,收益管理经理的职责也经历了从分析师到决策者、从领导者到变革推动者的巨大转变。收益管理经理不仅需要掌握一定的技术技能,比如熟练使用各种工具进行价格制定和房量控制,还需要具备较强的决策能力,比如调整酒店的市场定位;不仅要拥有较强的沟通能力、协作能力和领导能力,还要有一定的市场敏感度和战略思维,推动酒店长期目标的实现。收益管理经理还必须是一个合作者,因为几乎酒店的所有部门都需要与收益管理团队紧密合作,以达成酒店整体目标。

由此可见,想要培养出合格的收益管理人才必定要花费很多的时间和成本。因此,有些酒店会将收益管理外包给可信赖的合作伙伴。但还有一些具备长远战略目光的酒店,已将培养收益管理人才培养提上工作日程,正在努力培养自己的收益管理人才。

目前有两种收益管理人才培养体系:一种是高校开设的收益管理课程,比如上海旅游高等专科学校;另一种则是行业专家辅导计划,即由资深的收益管理专家向年轻的收益管理经理传授经验,从而帮助新人在实践中增长才干。国内外的大型酒店集团都把收益管理课程列入其人才和管理培训生计划,一般由酒店总部或各区域酒店的总经理牵头展开相关培训和人才培养计划,即定期邀请相关教师和行业专家来酒店传授相关知识和技能,从而帮助酒店建立自己的收益管理团队。以锦江集团为例,收益管理专家首先对员工进行收益管理培训,主要的参与对象有总经理、市场销售总监以及储备的收益管理人才。与此同时,考虑短期内难以解决人才短缺问题,而酒店部署收益管理刻不容缓,因此在锦江的试点酒店开始推行收益管理远程支持服务,由专业顾问来充当酒店的收益管理经理,每日、每周、每月与酒店管理团队进行沟通,确保收益管理决策在酒店层面得以实施。这些试点酒店已从渴望收益管理或意识到收益管理进一步过渡到了解收益管理阶段。

收益管理经理是复合型、实践型的管理人才,仅从书本上学习收益管理知识和技能是不够的,将理论付诸实践更为重要。于是很多酒店开始转变合作方式,通过专家辅导项目,即由资深的收益管理专家向较新的收益管理经理传授经验,从而帮助酒店的收益管理储备人才在实践中增长独立工作的才干。

(二)收益管理流程

收益管理流程包括数据收集和分析、市场细分、预测、定价、房量控制和渠道合作。只有建立起正确和高效的收益管理流程,才能通过运用收益管理体系来确保酒店的长远发展。逐一分析收益管理流程的实施步骤,可以总结出如下特点。

1. 流程中的数据处理呈现三个转向

一是从数据收集转向数据分析。越来越多的酒店意识到数据分析的重要性,它可以为酒店实施收益管理方案提供统计分析支持。因此,数据分析的关键是相关分析和连续数据或离散数据的统计差异检测,而不是在举行收益或经营分析会议时,对数据收集的简单呈现,如酒店业绩、细分市场业绩、渠道、客户地域分布情况等。但是酒店在进行数据分析时,存在局限性。以收益管理的评估为例,酒店一般也都会查看预订数据,根据收益结果来总结当前的价格变化或者推广活动,但容易忽视对不成功的预订(包括主动和被动拒绝的数据)以及不同业务被"蚕食"的分析,而且很少有酒店去分析不同的预订对价格敏感度、一周规律和房型的影响,而根据这些分析才能制定出更加有针对性的管理策略。

二是关注竞争对手的数据。过去酒店的决策大多依据自己的市场综合指数(RGI)表现,缺少对整个行业市场结构、渠道占比和一周规律等因素的分析,因此较难找出最佳收益模式。现代酒店收益管理不仅要关注自身的数据,还要关注竞争对手的数据。

三是对大数据的使用。随着数据分析的应用,酒店经营者不仅关注客户档案、预订价格和酒店业绩等传统数据,还开始对其他数据进行分析,包括收集客房或其他方面产生的收入流,以进行综合收益表现分析,通过价格敏感度、客户满意度或社交媒体评级等指标分析酒店定价的影响因素。因此,酒店需要牢记,进行大数据分析不仅要关注入住客户情况,更要找出没有入住客户的原因。

2. 细分市场时更加明确

一是对细分市场概念的界定更清晰。以往酒店业对"渠道"和"细分市场"的概念经常混淆,现在对这两个概念区分得更加清楚了,比如在线旅行社(OTA)不是一个细分市场,而是一种渠道。

二是建立更精细的细分市场。很多酒店已经不满足于建立传统的细分市场,比如散客和团队客户或协议和非协议市场,而是建立更精细的细分市场,让管理团队更好地理解客户行为,从而实施更有针对性的定价和市场销售策略。比如很多酒店将散客分为有限制条件的客户和无限制条件的客户;将公开市场分解为增值市场和折扣市场;将团队客户分为会展(MICE)团队、旅游团队及社交活动团队等。许多酒店会为各自的会员提供优惠价,并将"会员"视为一个单独的细分市场,但这种做法并不一定有效。尽管这种策略的出发点是积极发展酒店的忠诚客户来增强竞争力,但很难取得理想的效果。客户对价格有很高的敏感度,酒店会员的数量在初始阶段可能会因为低价而快速增长,但是随着酒店的发展和会员数量的增加,想要提高价格就变得异常困难。更重要的是,低价会员细分市场实际上是对其他市场(如签约散客市场)的"蚕食"。越来越多的酒店经营者已经认识到,依靠低价维持会员的忠诚度不是长远之计,更好的策略是在公平的价格基础上,为会员提供优质的产品和个性化的服务。

3. 在预测上越来越追求精确性

大多数收益管理团队意识到需要根据细分市场来预测未来需求,但更关键的问题在于如何实现精准预测以及如何利用预测结果。市场上已有的各种自动化收益管理系统,可以进行快速的自动化预测,从而让收益管理经理可以有更多时间去思考如何使用这些预测结果,而不是花时间使用Excel处理数据、查看历史价格以及在线寻找竞争对手的价格信息。这些预测不只对收益管理有意义,酒店总经理以及业主都能将预测运用在销售市场管理、酒店运营、能源控制和投资回报率的计算中。

此外,预测过程需要人机结合。尽管自动化系统可以快速地做出预测,但是这并不意味着软件本身可以解决所有的预测问题,其缺少互动性,对于特殊情况的应对能力也有限。因此,许多酒店都采用标准作业程序(SOP),对销售团队和收益管理经理如何收集市场信息进行规定,确保销售团队及时、正确地将预订信息传递给收益管理经理,以及收集和反映特殊活动时间段的市场信息。这些人工干预是对自动化系统的补充,也能帮助酒店实现更精准的预测。过去的预测管理流程是自上而下的。酒店根据业主或者总部管理层的期望描绘出"宏观"的目标收益、出租率和平均房价,收益管理经理只需要在不同的日期为细分市场分配数字。这种自上而下的预测方法有一个风险——管理者的"宏观目标"得不到执行团队的支持和同意,执行团队会轻易找出不同借口说明为什么预测没有达成。因此,越来越多的酒店正在使用一种更加人性化的预测流程,即收益管理团队与执行团队共同商讨做出更加切合实际的预测。

4. 在定价步骤上更具针对性和科学性

一是根据更加精细的细分市场调整定价结构。以往酒店会根据淡旺季或者竞争对手的定价来进行定价决策,这让一部分市场陷入了无休止的价格战并最终损害了酒店的收益。价值才是定价的依据,从消费者的角度系统地看待酒店真正的价值,才能制定出合适的价格。越来越多酒店管理者意识到"价值"在不同的细分市场有着不同的定义,所以需要使用各种技术手段,如通过网络点评、拜访客户、集中访谈活动或市场调查来主动收集不同细分市场的客户反馈,按照细分市场来定价,并遵循价格一致性的基本规则。定价过程中首先确定最优房价(BAR),然后将其他价格,包括打包价和折扣价与最优房价相关联,根据置换成本的情况结合每个细分市场的需求预测定价。

二是从经验定价向科学定价转变。以房型的差异定价为例,过去很多酒店的定价依据是历史定价沿革或竞争对手价格,几乎没有酒店真正使用科学精准的统计分析工具进行房型价格敏感度分析。尽管酒店会评估一周规律,以及不同房型的出租率与平均房价的对比,但最后仍然要靠收益管理经理或总经理的个人能力和经验来做出定论。一些国际和本土酒店集团开始使用更科学的思路,即通过统计分析工具和专业咨询顾问的经验来解决遇到的价格敏感问题,我们相信这些实践的赢家将会获得重要的竞争优势。

三是重视定价的时效性。先由收益管理经理提出建议,再到总经理做最终批复的定价流程,极大地延迟了酒店在激烈竞争的市场中的反应时间,并且不利于激发收益管理人才的高效工作热情。因此,越来越多的酒店进行价格管理改革,在经过收益团队严谨的分析和讨论之后,让收益管理经理直接依据所预测的需求水平来控制每天的价格结构。

5. 在房量控制中重视操作的时效性

正如价格一样，房量控制对反应时间有很高的要求，更多的酒店经营者已经认识到保留房量控制的决策时间及团队用房置换成本分析对酒店管理的重要性。因此，酒店经营者经常在日常工作中设立最短停留时间和最长停留时间，保证房量控制的进行。然而，对于超额订房，仍然有很多酒店根据历史经验来判断，而没有根据一周规律模式对失效预订、取消预订、提早退房和延住进行精确计算来帮助设置合理的超卖数量。

6. 在渠道管理中重视合作关系

一是酒店与在线旅行社的利益合作。一方面由于酒店品牌知名度较低，另一方面由于酒店的直销渠道比较脆弱，以及考虑到无法承担短期效益的损失，一些酒店开始与在线旅行社合作。但是随着在线旅行社的迅速发展，一些酒店甚至成为在线旅行社的供应商。常常出现的情况是在线旅行社的高层激动地谈论在线预订酒店客房的人数不断增多，而酒店高层正在谈论酒店受到在线旅行社的冲击，并对此无可奈何。正如一位酒店集团总裁所说，这种与OTA爱恨交织的关系已经形成并且还将持续很长一段时间。因为这种合作可以在短期内提高入住率，但是在很多情况下都无益于酒店长远战略的实施。而且有一些在线旅行社巨头开始不遵循传统的商业合作规则，而是直接从酒店批发购买客房，并且牺牲利润直接在网上出售，即裸卖。因此，在这种合作中，除了平衡直接渠道和间接渠道或者短期利益和长期利益的问题，酒店还面临更大的生存问题。酒店采取的回击策略包括控制在线旅行社的房量、直接与在线旅行社的客户签署协议、投资搜索引擎平台等，以增加直接预订数量。长此以往，酒店会因为低价和支付给在线旅行社高额佣金而损失利润，而在线旅行社也会因为酒店的成本控制而被迫牺牲客户体验，造成"双输"的局面。短视行为虽然会带来一时的收益，但最后会导致损人不利己的结局。各个行业的参与者必须要看到合作关系的真正意义，打造出一条健康的产业链，才能使每个参与方都受益，包括酒店和不同的分销商。

二是酒店与搜索引擎平台的深入合作。比如在美国酒店市场，谷歌搜索的使用以及开拓旅游产品的一系列动作。元搜索让酒店与客户建立更多直接联系的能力明显增强，但这并不意味着在线旅行社的终结。无论是OTA巨头还是酒店操作系统供应商，无论是旅游垂直平台还是综合电商平台，在广阔的市场面前都要找准自己的定位。酒店的收益管理决策者需要时刻保持清醒头脑，渠道平台的搭建需要酒店有扎实的产品和服务，与产品和服务匹配的科学的价格和存量管理，以及反映长期目标的直销和分销比例。

三是渠道管理与预订部门的合作。尽管人们总认为越来越多的在线预订最终会取代线下的酒店预订，但是现实案例表明，预订部门仍然是一个非常重要的渠道。对客户来说，遇见一位可以记住自己姓名和偏好并且能为自己的特殊需求定制解决方案的预订人员，是一段愉快的体验。

近年来，酒店管理者越来越意识到收益管理流程并不仅仅是针对客房制定策略，收益管理在酒店管理中的目的是使酒店所有资产和业务的收益达到最大化，包括客房、餐厅、宴会厅、水疗和其他附属设施。因此,想要完成总收益管理方案,酒店管理者需要确保收益管理人员与酒店的其他部门通力合作,包括与销售部、市场部、预订部、前台、宴会部、餐饮部等协同完成任务。

(三)收益管理工具

收益管理要处理来自各个环节的数据,迅速做出决策并及时将决策付诸实施,自动化的收益管理工具能够获取更多的数据来源,更快地进行分析,并在决策时给予更多支持。

对酒店而言,利用收益管理工具不仅可以预测未来需求,而且能从不同角度进行详细的数据分析,从而在定价和房量控制方面提供建议。这让更多的酒店经营者开始意识到自动化的重要性,越来越多的酒店开始积极使用各种收益管理工具。因此,一些领先的收益管理解决方案供应商也开始向酒店宣传它们的收益管理模块,为酒店集团提供自动化收益管理系统服务。

过去,由于运营技术方面发展缓慢,酒店基本都采取零打碎敲的一次性购买方式。"一次性购买"意味着新设备在独立工作,或者没有与酒店的其他操作解决方案很好地融合。这通常会导致酒店在新设备上花费大量资金,但实际难以获得全部投资收益。"一次性购买"无疑不利于酒店的长远发展,酒店业开始与技术专家合作寻求整套的解决方案,采用全新的技术手段以提高自动化水平。通过与行业专家的持续合作,酒店经营者能获得专业知识和技能来部署和协调酒店的不同系统,同时还能将新技术用于日常业务中,比如将收益管理系统集成到酒店的操作管理系统、宴会管理系统、中央预订系统和渠道分销系统中。这个趋势预示着一批更加年轻、精通技术的经理人正伴随着酒店业的发展而茁壮成长。在中国,领先的收益管理解决方案供应商的客户最初来自上海等发达城市,现在已经延伸到二线甚至三线、四线城市。

第三节 收益管理的作用

一、收益管理帮助酒店制定更准确的战略

酒店管理者越来越意识到收益管理在战略制定中的重要作用。这是因为收益管理能创造长期的利润增长点,是帮助酒店实现收益最大化的重要工具,在酒店制定总体目标和明确发展方向上扮演着至关重要的角色。

酒店的出租率无论是高还是低,无论是在淡季还是旺季,酒店都能通过收益管理增加利润。因此,收益管理带来的利润增长对于酒店来说益处颇多,酒店可以灵活使用这些资金,用于偿还贷款、增加酒店内部投资或者其他投资,而且对上市酒店来说可以增加市场对酒店的信心。

但是,过去对收益管理的错误看法,让酒店管理者和投资者尽管意识到收益管理对利润的积极影响,却没有广泛应用收益管理。一是尽管酒店管理者明白科技在企业发展战略中的重要作用,但是收益管理的自动化对新技术的高要求以及日新月异的科技变化,让他们对收益管理望而却步;二是人们认为收益管理太关注细节,而作为管理者不需要涉足每天具体运营的细枝末节;三是在酒店严格控制成本的情况下,收益管理经常被看作一种额外成本,而不是一种能够提高收益的战略性工具。

随着技术和市场环境的改变,收益管理有了更强的可操作性。一方面,通过技术的简化,出色的收益管理系统拥有先进的分析方法,它可以使用酒店的数据建立具有价格敏感性的需求预测模型。因此,只要有效地利用需求预测模型,酒店管理者就能制定相应的战略决策,提升酒店盈利能力并加强对风险的管控。另一方面,服务业更加精细化地管理、对新科技的加大使用,以及更多的预订渠道的出现,对酒店的战略和目标制定提出更高的要求,实施收益管理至关重要。

因此,酒店管理者在设定目标和制定战略时,必须与收益管理部门进行沟通,寻求与收益管理部门的紧密合作,以确保酒店价值在经营过程中不断提升。

二、收益管理保持酒店在市场中的竞争优势

收益管理保持酒店竞争优势的作用,在需求低迷时体现得十分明显。收益管理能够帮助酒店做出准确的预测,从而使酒店在应对市场环境的变化时,能主动地采取措施而不是被动地反应。

在需求低迷时期,很多酒店管理层只能采取全面促销或降低房价的消极措施,来增加需求以弥补利润缺口。但是,全面促销必须考虑限制条件,如提前预订、连住等;降价易引发价格战,即一家酒店调整价格,竞争对手也会跟着调整价格,结果是酒店间消耗人力、物力,却没有增加需求,甚至损害了酒店在未来提价的能力。

因此,酒店只有实行策略性定价才能保持在市场中的竞争优势。策略性定价这一强有力的工具可以让酒店更加快速地应对市场变化,相对于全面促销而言,策略性定价使定价的主动权掌握在酒店手中。比如,根据特定的细分市场开展具有针对性的促销活动,更容易获得顾客的反应。如果酒店能够准确预测每个细分市场的需求,酒店经营者就可以更好地决定哪个顾客应当入住最后一间可用客房,以及在特定时段向哪些顾客提供免费或打折的早餐、水疗服务(SPA)等,从而在淡季刺激需求。

策略性定价的前提是准确预测,这一点取决于有效的收益管理实践。策略性定价需要了解酒店需求受价格影响的敏感度,而收益管理可以对酒店的需求进行及时、准确的预测。收益管理可以让酒店看到价格变化是如何影响不同细分市场的需求状况的。因此,考虑到长期的竞争优势,采用收益管理进行预测是非常必要的。

收益管理保持酒店竞争优势的另一个关键在于,它能让酒店认识到并非所有的业务都是优质业务。在需求低迷时,酒店很容易陷入以低价卖出所有客房的错误,导致没有房间满足优质业务的需求。因此,降价虽然表面上刺激了需求,提高了客房收入,

但是收益可能并没有增加。对此,利用收益管理提高对市场的预测和分析能力,有助于识别出能长期为酒店带来收益的顾客,从而争取更多优质业务,实现收益最大化。

三、收益管理改善酒店的运营流程

收益管理通过持续不断地对酒店的管理系统和业务流程进行改善,确保酒店实现可持续发展。收益管理改善酒店整体运营流程的作用,在于准确预测的能力。首先,收益管理能预测房量需求,有助于酒店进行合理定价。其次,它还可以预测入住和退房的高峰期,从而帮助酒店规划库存以及员工配置,在合适的时间安排合适数量的员工。这不仅可以帮助酒店优化工资成本,还可以提高顾客满意度。登记入住和退房,是顾客对一家酒店的印象最主要的形成时期,长时间等待无疑会降低顾客满意度。最后,收益管理还能预测餐厅及水疗服务的需求,从而酒店能更准确地安排如新鲜食品之类的易腐库存,以避免浪费。

总之,只有建立完善的管理和运营流程,酒店才能获取最大利润,提高资产价值。基于收益管理对改善酒店运营的重要作用,酒店管理者必须重视收益管理并确保在其酒店的有效实施。收益管理的实践必须贯穿在酒店的管理模式中。酒店的管理系统和业务流程的开展自始至终都不能脱离收益管理,而不是在业务下跌时才采用以图力挽狂澜。

理想的情况是,在酒店投资准备阶段,就利用收益管理的分析进行市场预测和可行性研究,制定总体战略并建立长期行动计划。在酒店开始运作时,确保有效的收益管理系统已经建立完成,能为所有执行人员提供正确的信息,包括做什么、如何做、什么时候做等。在现实中,并不是每个酒店建立之时都能有这种收益管理理念。当酒店运作顺畅后,酒店管理者还需要参加收益管理会议。参加会议的目的在于了解收益指标,如平均房价、每间可售房收入(RevPAR)等,以监控酒店价值和投资回报率等长期指标,从而识别酒店的管理方向是否正确。但是收益管理的运用时间段不限于此,需要记住的是,任何时间都是酒店使用收益管理并利用其达到收益最大化的良好时机,收益管理是酒店的日常工作。

第四节 收益管理的演化

一、收益管理的应用领域日益多元化

收益管理是研究客户、产品、需求量、库存、价格、渠道的科学及管理艺术;通过数据收集和分析,预测未来需求,利用科学动态的价格体系和库存管理,通过适当的渠道为客户提供服务,同时争取收益最大化。

收益管理为企业增加收入、提高利润找到了新的突破口。收益管理已在许多行业和领域得到积极的实践,如酒店、停车场、高尔夫、影剧院和主题公园等。其中,收益管理在酒店中的应用较为广泛,酒店收益管理的应用也不仅仅在客房领域,还包括宴会、餐厅、水疗等业务领域,实现全面收益管理。酒店具有客房不可储存、客源市场可细分以及高固定成本与客房使用的低可变成本等特点,收益管理能应用在酒店的各个领域。酒店收益管理在客房领域的发展最为成熟:①它不仅满足通过传统手段采取动态定价、超卖或限制入住天数等,还积极适应变化的客户、市场以及新技术手段的出现,演化出更加多元化的收益管理方法;②在定价过程中,酒店更加重视从顾客的视角认识"价值"概念,并且通过与竞争对手进行比较,根据酒店的市场"价值"最终决定客房"价格";③通过对大数据技术的应用,在价格的调整上不再根据历史经验主观臆断,而是根据不同的市场细分客户、不同渠道的价格敏感度,通过严谨的计算得到有数据支撑的量化分析结果,从而进行决策。另外,为了应对日新月异的网上渠道和电子商务发展,以及经济、政治因素带来的销售压力,收益管理发展出"跨界"和"融合"的管理合作理念,加强与市场销售、运营、财务、技术等部门的紧密合作。

二、从收益管理到全面收益管理

大多数企业都拥有多个收入业务,而且实践已经证明"顾此失彼"的做法不利于企业的可持续发展。只有用整体化的方法,使得每个业务决策的出发点服从企业整体目标,才能实现收益最大化。因此,任何一个行业在经营管理时都需要拥有全局意识。

实现全面收益管理需要收益经理、总经理、销售及营销团队携手合作,收集所有交易的定价和收益信息,集中所有资源,为整个企业争取更好的收益表现。

技术的限制、高昂的成本和复杂的数据,曾经是阻碍全面收益管理进入市场的主要因素。随着技术和市场的变化,成熟的分析技术足以将各种不同的独立的大型数据群整理、转换成可使用的商业智能信息,从而帮助企业精确地预测消费需求,提供战略性的定价决定,并且这种方法可用于各行各业的潜在应用中。随着上述阻碍被解决,自动化收益管理也打开了全面管理的新视角。

全面收益管理在酒店行业体现得较为充分。酒店不仅提供客房服务,还提供宴会、会议、餐饮、SPA、高尔夫等其他服务。全面收益管理要求酒店不能把目光局限于客房这个收入业务,而要思考每个收入业务之间的联系,思考一个业务的定价如何影响其他业务的收益,从而影响整体业务收益。只有这样,酒店经营者才能做出更明智的决策,在高收益的基础上实现可持续发展。全面收益管理将酒店收益管理的范围扩充至客房以外的业务,逐步把所有收入项目快速、系统地纳入需求预测和定价决策中,为整个酒店集团创造最大的价值。

目前酒店收益管理(RM)的策略主要是基于数据的自动化收益管理系统,但是要想实现全面收益管理,未来的策略趋势将转向关注整体收益表现(TRP)——TRP策略是以客房收益管理为基础,将自动化收益管理功能应用到酒店的其他重要收入项目。

（一）现有的策略：收益管理

现在的酒店机构除了客房，还有许多其他收入项目。不同项目之间可能拥有相同的客户，项目之间存在错综复杂的关系。任何一个项目的定价决策都可能使得其他项目的业务表现形成连锁反应，因而较难对这些项目进行公平、清晰的比较。每个收入项目都有不同的利润率、预订方式、定价阻力、需求规律和潜在收入，对整个酒店的重要程度也不同，而目前大多数收益管理系统仅能用于房价的优化，较少能将其他影响酒店整体收益的因素考虑进去。

对于那些只注重单一项目收入的决策者来说，实现最优收益的目标常常意味着进行一些看似反常甚至不盈利的决策。比如，通常在旺季把房价调高，招待愿意支付高房价的客户，但实际上，可能应该保持或稍微调高房价以吸引商业会议客人。这样做虽然房价收入不高，但这些客人会增加餐饮、会议、SPA预约等项目的使用，从而增加总体收益。因此，如果没有全局意识而做出急功近利的决策，就可能与机会擦肩而过。

遗憾的是，类似的不合理决策在很多酒店管理过程中频繁发生。这是因为现有的收益管理工具难以让酒店准确分析和解决这些利益冲突。不同业务之间的复杂关系涉及丰富的动态数据，这些数据必须被整合和提取为实时的可控信息。因此，现有的收益管理策略无法调控各部门之间的需求，不能在整体上达到理想的销售额和利润，也不能在给定的时间内获得最高的收益。

目前，酒店收益管理虽然有了整体收益表现的观念，但尚未具备管理这些复杂数据的能力，或无力承担其成本。从技术的角度来看，解决方案的核心是必须有先进的数据挖掘算法，能以极快的速度进行复杂的计算。

幸运的是，酒店行业技术领导者已经开始着手开发具有整体收益优化功能的、适用于所有酒店的解决方案。酒店能逐渐根据多个收入项目、业务流程、数据点对整体收益表现的影响做出经济而又实时的决策，逐渐步入"整体收益表现"的时代。

（二）未来的方法：整体收益表现策略

整体收益表现（TRP）是指对酒店所有功能需求的智能化校验，旨在满足总业务目标，具有及时、系统地在多个收入项目中选择业务的功能，以获得最高收益。有了这项功能，酒店可以在众多渠道中做出合理的定价，以实现全业务、多层面的目标。

一般来说，想要获得长期的高利润，很难有一套任何时候都合理的定价方案，但从TRP的角度出发是完全有可能实现的。例如，一个在新的城市新开设的酒店，目标是获得市场份额。利用TRP策略，自动化收益系统会针对各个收入项目推荐具体的调价方案——多数情况是下调——帮助酒店快速获得更高的市场占有率。无论是何种方案，一旦决定了想要的输出值，TRP就会给出相应的最佳输入值。

为了进一步了解TRP的概念，可以拿图形均衡器来做类比。图形均衡器通过影响音频系统而改变声音的形式，即使用者通过调整声音的频率（输入）将音乐声优化至一个特定的风格（理想输出）。同样地，酒店经营者将TRP作为调整定价的向导，帮助多个收入项目达到业务目标(理想输出)。

TRP策略的功能在于,其能判断哪些定价方案能为酒店带来最高收益,从而及时、系统地在多个收入项目中选择业务。TRP策略是一种根据客人对酒店的意见从多方面构建业务的优化策略,它从全局的视角优化整体收益表现,以达到最终的业务目标,即使这意味着可能要暂时放弃每日平均房价(ADR)等指标。

这是一个全新的概念,因此最先运用TRP策略的酒店,会领先于市场上的其他竞争对手,快速实现收益优化,获得竞争优势。

(三)将概念变为现实

酒店行业在应用TRP策略实现收益优化的道路上已经迈出了一大步。TRP策略通过自动化收益系统,在结合客房需求与次要收入项目的基础上,实现次要收入项目的收益优化。酒店经营者将自动化收益管理的优势运用到客房以外的收益来源,如酒店常见的会议与活动业务,它们常常占总收益的40%~60%。

会议与活动业务的定价策略涉及较多收入项目,包括场租、团体价、宴会、A/V设施及布置成本等。自动化收益管理能轻松地实现准确的预测需求、置换分析和评估。这一功能使得会议与活动销售团队也加入了收益管理的讨论,凭借自动化的辅助功能制定更合理的服务价格,并且能够敏锐地洞悉何种定价能长期而非暂时获得最高利润。

酒店企业实现TRP还要引进专用软件,软件通过先进、科学的分析集合所有收入流的数据,并以极其生动的报告呈现可控的信息。在使用过程中,无须时刻加入所有收入项目,只要是支持该软件的业务线,软件就能随时捕捉其预订情况和收益数据点,随后逐步将其纳入需求预测和定价决策。

(四)技术和文化的改变

虽然TRP策略的应用已经证明在技术上是可以实现的,可是对于大多数酒店来说,应用TRP策略的更大挑战在于长期性能的评估和薪酬架构。

过去的评估体系不适用于TRP策略。一方面,TRP策略的使用基础在于对所有业务的收益进行综合优化,但是过去酒店的评估标准是基于员工在其所属业务中优化收益表现的能力,这曾经是维持高额业务表现的最佳方法。另一方面,TRP策略将需求和酒店资产当作一个整体,但是过去只以成果作为评估标准,而不考虑需求。拿客房部举例,员工在实际售出房间、一次售出多个房间或促成酒店多个业务的团体消费时应得到奖励,而不是在应该售出房间时得到奖励。但如果成果和收益不足以支付员工的薪酬,就必须把需求纳入现有的员工评估标准和薪酬架构。

TRP策略要求将所有业务部门的任务都编排至酒店收益管理系统中,包括餐饮部、营销部等。通过部门之间统一意见和共享信息产生新的定价、预测及决策方案,最终带来持续、稳定的高收益。

综上,酒店现在的收益管理与未来的整体收益表现策略的区别如表1-1所示。

表 1-1　比较酒店行业的 RM 与 TRP 策略

收益管理（RM）	整体收益表现（TRP）策略
局部收益管理	整体收益管理
纵向优化收益	横向、纵向优化收益
优化客房收益表现	优化所有业务表现
帮助个别团队增加收益	将所有团队的任务列入酒店业务
分析单个收入项目：客房部	分别以单独和整体的形式同时分析多个收入项目

三、收益管理在其他应用领域的创新

收益管理的应用愈发广泛，在不同领域的操作有所不同，但原则是一致的。例如，在水上乐园的门票收益管理实践中，"固定库存"指的是某一个时间段出于安全考虑而设定的最多容纳人数；而在定价上，经过严谨的市场分析和调研后推出的动态价格体系得到了游客的广泛认可，顾客满意度不降反升，门票收益大幅度提高。

在收益管理中，动态定价往往会引发一个疑问，即某些领域的价格如果浮动了，顾客能接受吗？以停车场的动态定价为例，IDeaS 和不同国家及地区的大型停车场合作，用收益管理自动化系统来进行动态定价，顾客可以根据自己的需要，预订具体某个时间段、某个位置的停车位，同时停车场根据不同需求量进行灵活的定价。这不仅使停车场的利润大幅增长，而且通过为顾客提供个性化的服务提升了顾客满意度，形成一个双赢的结果。

餐饮的收益管理同样是一个热议的话题，在地址、菜单、桌型设计和渠道管理等方面，收益管理的实践越来越多。在 IDeaS 的餐饮收益管理项目中，数据的收集或者说自动化系统的使用是至关重要的。不同于酒店客房对成熟的酒店管理系统的广泛使用，餐饮的数据往往存在于不同的系统中，如 POS 点单系统、会员管理系统和财务系统等。如何整合各个系统并且以业务为导向进行设置，对后期价格等收益管理措施的实施有着至关重要的影响。

当今的市场环境和客户需求不断变化，收益管理也有了更加丰富的内涵、更加多元化的发展和应用。当今的收益管理已不再是航空公司和酒店客房的专利；收益管理通过数据分析、流程分析，科学严谨地调控价格和产品，给不同客户带来满意的服务，解决众多服务企业，特别是旅游企业的当务之急。

案例 1-1　收益管理推广的挑战

2022 年底，由中国旅游饭店业协会联合携程、北京众荟信息技术股份有限公司发布的《中国饭店管理公司（集团）2021 年度发展报告》显示，参与"各项信息化系统的应用情况"统计的 60 家集团中，"收益管理"系统的应用占比

视频链接

收益管理的七个核心观念

在23个系统中位居第17位,远远排在"会员管理""前台管理"等之后,2021年没有运用收益管理系统的集团占比近五分之一。从逐利的角度看,收益管理系统似乎应该得到酒店集团的追捧,然而一些酒店集团对收益管理系统的应用还处于空白阶段,这样的现实令人遗憾。

北京众荟信息技术股份有限公司市场总监李钒认为,2021年报告的主要调研对象是国内集团客户,如果扩大到整个行业,收益管理系统的应用可能更低。原因大概有以下几点:

(1)收益管理的理念和技术起源于国外,与国内的市场环境、企业文化、管理水平等存在一定的差异;

(2)收益管理的效果需要一定的时间和条件才能显现,部分酒店缺乏耐心和信心,对收益管理的价值和意义认识不足;

(3)收益管理系统的实施需要投入较高的成本,包括购买软硬件、人员培训、数据维护等,而绝大多数中小酒店缺乏足够的资金和资源;

(4)收益管理的实施需要全面的数据支持和分析,而一些酒店在数据采集、存储、处理和应用方面缺乏规范的流程;

(5)当下的收益管理更难做,因为市场变动太快,不仅仅需要酒店的小数据,还需要一些行业大数据的支撑;

(6)一些比较知名的收益管理系统,功能全、专业度高,需要有专业知识背景的人来做,而国内专业的收益管理人才较为缺乏;

(7)收益管理的实施需要全员参与和配合,而很多中小酒店缺乏有效的沟通、协调、激励和监督的机制和措施。

上海鸿鹄信息科技有限公司创始人、鸿鹄收益管理系统研发者胡质健认为,国内酒店行业的信息化、数据化、市场化水平仍然任重道远。主要原因是国内酒店业信息化和数据化的水平还很低,甚至有的酒店连基础的系统和工具都没有,或者现有的系统和工具很差,无法对接收益管理系统;在管理理念上,还处于前厅管理、会员管理等基础系统的水平,未进入收益管理的阶段。

另外一个原因是国内酒店业市场化的水平还不够高。很多酒店是因政策鼓励而建起来的,不是市场理性选择的结果。加上过去酒店业的高速增长,造成野蛮生长、粗放经营,大家习惯了赚大钱、赚快钱,希望年增长率是百分之十几甚至几十,因此看不上收益管理只能有效提升4%的营收这类的精细活儿。

收益管理系统的普及在国内的酒店行业还有很长的路要走,尽管有太多的制约因素,但从精细化管理时代必然到来的趋势看,收益管理的普及应用不可逆转。

(资料来源:酒店评论,2023-07-25,https://mp.weixin.qq.com/s/2lXxe79pK6DA2F9MKkSBwA。)

第五节　收益管理的文化

一、收益管理文化的重要性

随着收益管理在各个领域的普及，人们已经清醒地意识到收益管理对于企业可持续发展的重要性。收益管理也好，或者其他管理模式也好，都要有一定的人员配备，要有一定的好的流程，要配合一个适当的工具，还要有一定的组织架构。

有管理者表示，目前阻碍酒店收益管理取得成功的一个很大的因素就是旧观念的固化，对收益管理心存偏见。可见，旧观念的转变和对新理念的接纳对国内酒店来说还需要一些时间，但是现实数据也清楚地表明，收益管理对现代酒店来说势在必行，早日实现收益管理理念和实践的融合和统一是体现我国酒店现代化和国际化水平的重要指标。因此，国内酒店在引入收益管理的同时，有必要对收益管理进行深度理解和实践解读。这就需要打造良好的收益管理文化，将收益管理理念贯彻在酒店的各个操作层面。

收益管理的有效实施以收益管理系统为基础，适合的人、适合的流程和适合的工具是收益管理系统的必要组成。建立收益管理文化，就是让管理团队按照收益管理系统去思考问题、理解事物，并做出决策。

二、收益管理人才的培养

（一）收益管理人才的角色和作用

收益管理人才的培养需要考虑很多因素。收益管理经理扮演着一个什么样的角色呢？他们需要具备哪些技能和能力呢？

收益管理经理在不同的人面前发挥着不同的作用：对总经理而言，收益管理经理需要拥有超强的工作能力，能够解决各种各样的问题，尤其是高科技方面的难题；在客户眼中，收益管理经理掌握丰富的资源，也有很大的权限，能够决定酒店产品的价格；在同事眼中，收益管理经理能完成各种高技术含量的工作。收益管理经理的角色作用决定了其职责的重要性。

因此，收益管理经理在酒店管理经营的过程中时刻发挥着重要的作用。

（1）收益管理经理参与制定酒店的长期战略定位和工作计划，帮助酒店在激烈的竞争中谋求长远发展。比如，需要思考酒店要接待多少散客、多少团队客人，以及两者的比例是多少；多少直销客人，多少分销客人，这两者的比例又是多少。这些都需要收益管理经理充分掌握并分析大量的数据,去协助总经理、市场总监做出正确的战略决策。

(2)收益管理经理要设计具体的定价战术。酒店需要设置几档价格,其中协议价、非协议价分别需要设置几档;是否设置包价、折扣价,如果设置,具体如何进行。这些都需要收益管理经理进行设计。

(3)收益管理经理需要参与日常实施。对于酒店制定的战略和战术,在具体实施过程中要处理很多细节,有些需要收益管理经理或总监监督指导,有时候还需要他们亲自去操作。

(4)收益管理经理需要完成业绩指标。收益管理经理承担实现酒店收益最大化的重要任务,虽然不像销售人员那样有硬性的客户销售指标要求,但是收益管理经理有更重要的业绩指标,比如整个酒店的RGI、ADR、GOP指标等。

(5)收益管理经理需要带领团队。收益管理经理不仅是部门的领导者,而且在整个酒店团队里也是主要的领导角色。随着收益管理发展成全收入流的管理,收益管理部门和市场、销售、餐饮、美容、娱乐、康体等部门有更紧密的合作。在工作过程中,收益管理经理不仅要从各部门获取有助于决策的信息,还要发布制定的决策,让其他部门一起执行。

(二)收益管理人才的培养方式

随着酒店业日益激烈的竞争以及市场细分越来越精细,酒店对收益管理的要求越来越高,对高质量收益管理人才的需求也越来越大。但是,不同于酒店业的迅速发展,收益管理人才的培养现状不容乐观。首先,收益管理人才的培养十分缓慢,需要一个长期的过程,这就形成了人才短缺,尤其是具有丰富经验的经理层。其次,收益管理人才的培养方式方法也有待突破,缺少系统的培养模式,高等教育在这一方面也还不完善。最后,获得有竞争力的薪资水平需要较长时间,造成了收益管理人才的高流动性,这种高流动又使得很多酒店不愿投资去培养收益管理人才。

随着行业越来越认识到收益管理人才对收益实践的重要性,一些酒店集团主动做出改变,开展新的尝试。酒店正在开拓多方面人才引进渠道,广泛吸引更多行业内外收益管理人才,获取竞争优势。对于专业的收益管理人才自身而言,也需要不断充实自己,学习新的知识和技能,才能满足在酒店中的多元角色定位。

三、收益管理观念的重塑

收益管理为中国酒店从业者实现收益最大化提供了方向,但是由于收益管理在中国酒店业的应用还不成熟,使用时间不长,有些从业者的收益管理观念还存在片面性,从而影响到实际工作中收益管理实施的效果。

例如,在实施收益管理时,面对市场存房量的激增,为了保持高出租率和实现收益最大化,一些酒店会降低房价以刺激短期需求。但这往往会损害长期利益,一方面低价可能导致全行业的价格战,不利于形成健康的竞争格局;另一方面,消费者会根据以往经验对产品和服务设立心理参考价格,并使用此参考价格来评估以后享受的价格是否合理和公平,从长期看,酒店频繁的低价可能会成为消费者的参考价格,长此以往酒店要恢复高价就很难,而且会降低酒店在消费者心目中的价值。

因此,笔者结合自身的学习和工作实践,谈一谈常见的三个错误的收益管理观念。

(一)出租率与收益管理的矛盾

有人认为对于一个年平均出租率不到60%的酒店来说,其关键任务是提高出租率,因此不适合实施收益管理。这种观念有着严重的局限性。

首先,衡量收益好坏的关键指标是每间可售房收入(RevPAR),优化收益不能只是提高出租率,而是要追求平均房价和出租率的最优组合。其次,对收益好坏的评价不能只着眼于自身酒店,在整个行业竞争环境中进行比较才更具有意义。例如,国内同一档次的酒店在北京、上海、广州等发达城市的房价与在其他城市的房价不具可比性,因此收益指标的绝对值并不能完全说明酒店的竞争能力。换言之,即使酒店出租率未达到60%,但酒店收益生成指数(RGI)却高于竞争对手,也说明其具备竞争优势;进一步,就算收益生成指数(RGI)低于竞争对手,还要看市场渗透指数(MPI)及其他指标与竞争对手的比较情况。最后,收益管理追求的是将适当的产品以适当的价格通过适当的销售渠道在适当的时机销售给适当的客户,从而最大限度地提升销售额和利润率。

因此,即便酒店的出租率不高,也需要通过收益管理对产品、价格、渠道、时机以及客户构成进行研究。收益管理是基于市场供求和竞争环境来分析的。对于出租率高的酒店,收益管理可以通过降低成本实现收益最大化;而对于出租率不高的酒店,收益管理也可以通过需求把控来优化收益。

(二)收益管理是收益管理经理的事情

有人认为收益管理的工作内容就是:在需求旺季进行超预订并控制房量,以争取满房;管理分销渠道,按需求调整价格;制作报表,召开收益分析会议。因此,收益管理只是收益管理经理的工作,这是正确的吗?

首先,来看一下收益管理管控的五大核心内容,即产品、时间、价格、销售渠道、市场与酒店其他部门的关系。比如产品部门需要始终关注和完善产品和服务;销售部门和营销部门需要始终跟踪客户、了解需求,从而对销售时机、销售价格、销售渠道进行管控及优化。这些都需要整个管理团队结合酒店实际经营情况及市场供求关系变化进行统筹分析。其次,在收益管理的日常操作中,需要各部门的紧密配合,如果没有设备部门对待修房及时进行维修、前台对客人离店信息进行核准及传递、销售部门对团队客人信息变化进行及时反映、管家部对客房进行及时清扫等,收益管理很难得到准确的数据,从而难以做出精准的预测。

无论是收益管理的内容本质,还是其日常操作过程,都说明收益管理不只是收益管理经理的个人责任,而是一个团队的工作。

（三）收益管理与市场销售的矛盾

更有人认为收益管理就是不断提高价格，这会给销售部门带来巨大压力，甚至导致客户流失。诚然，提高单位产品售价是收益管理工作的一部分，而销售人员基于业绩压力、考核以及客户诉求的原因，希望以较低价格来售卖产品，表面看来，这两者之间存在矛盾。但是，这样的矛盾真的不可调和吗？

首先，从目的上看，销售和收益管理的工作都是为了创收，收益管理通过分析能够有效预测和管控需求，给予销售工作指导和帮助，从而更好地实现创收。其次，收益管理的定价是对市场供求进行全面把控、对客户性质进行整体了解、对收入配比进行综合考虑得到的结果，兼顾酒店所能获得的长期利益与短期利益，从而帮助销售人员以更合适的价格来满足客户的需求，最终提高酒店的整体收入。产品单价和单房收益只是衡量酒店收益的局部指标，收益管理着眼于酒店整体收益的最大化，即 TotPAR 的提高，通过运用有效的管控手段，在同等收入的情况下利用每间可售房的总经营毛利润（GOP-PAR）指标进行筛选和衡量，巧妙搭配团队客人和散客的比例。

收益管理是一个不断学习、不断实践、不断深入的过程。要想有效开展收益管理实践，首先要培养正确的收益管理文化，加深团队对收益管理的认识及理解程度，然后培养优秀的收益管理人才，最后才能有效学习和运用收益管理的技术和方法。

复习思考

1. 什么是收益管理？
2. 收益管理系统的构成包括哪些内容？

视频链接
▼
收益管理的文化

案例学习
▼
收益管理的魔法

第二章
收益管理的发展过程与研究进展

1. 了解收益管理发展的里程碑。
2. 了解收益管理的研究进展。

亚航建设超级App数字生态系统

亚航集团(简称亚航)于2022年1月更名为Capital A,旗下有亚航(马来西亚)公司、亚航(泰国)公司、亚航(印度尼西亚)公司和亚航飞龙(菲律宾)公司等几家公司。2022年第四季度,亚航每周有168个航班飞往东盟12个城市,航班量基本恢复到2019年同期水平。2023年第一季度,亚航运营142架飞机(另有15架备份),投入座位数是2019年第一季度的71%;客座率为89%,接近2019年同期水平;旅客运输量为1320万人次,比2022年第一季度和第四季度分别增长153%、11%。

自2022年下半年起,随着一些国家解除旅行限制和边境重新开放,航空旅行市场需求开始增长。亚航抓住市场增长机遇,逐步恢复航线航班,不断拓展市场,提升旅客出行体验。

亚航作为低成本航空运营的典范,在注重成本控制的同时,也十分关注客户体验提升和数字化营销生态系统建设。亚航通过其开发的一款超级App,在数据和技术的支持下,为消费者提供一站式旅游与购物交易平台。该App利用其5100万用户和4000万下载量的数字生态系统,为用户提供个性化、经济性和无缝隙服务的消费体验。

亚航一直致力于金融和产业技术开发应用。2022年6月,亚航与马来西亚领先的电子货币提供商Fasspay开展金融合作,在超级App上推出了全新的电子钱包。用户使用电子钱包除了支付App上的产品和服务,如机票、酒店、零售、餐饮、租车等,还能获得亚航相应的积分奖励。

另外，用户一旦激活亚航电子钱包，除了享受预订亚航所有航班10%的折扣，还能在周末预订航班餐食时获得10倍积分。亚航在开发超级App数字生态系统以提升用户消费体验的同时，还对电子钱包进行应用跟踪分析，开展用户行为洞察，为用户提供更高价值和更优质的服务。

在超级App数字生态系统的开发和应用上，亚航基于客户体验，不断在满足其出行需求上进行创新。Dufry是世界著名的旅游体验公司之一，在75个国家和地区的1200个城市有5500家免税店、品牌精品店和便利店等线下门店。2023年5月，亚航与Dufry合作，在航空旅行与购物生态体验方面增加了新项目。

旅客在旅行途中通过亚航超级App购买Dufry门店商品，飞机落地后可在有Dufry门店的机场提取商品；为节省时间，旅客也可选择由机组人员将商品带到飞机上。亚航方面表示，与Dufry的合作能为旅客提供无缝隙和便利的旅游与购物体验，加快公司旅游与购物优质体验的数字化转型。为庆祝此次合作，2023年5月16日至6月30日，旅客在亚航超级App上的Dufry门店购买商品能享受额外20%的优惠。

（资料来源：王双武，民航资源网，2023-06-08，http://news.carnoc.com/list/605/605577.html。）

案例思考：
1. 亚航推出数字生态系统建设有哪些积极作用？
2. 亚航推出数字生态系统建设存在哪些风险？

1. 收益管理的发展过程
2. 收益管理的未来展望

第一节　收益管理的发展过程

收益管理的发展，离不开企业和个人做出的种种重要的决策与行动，这些重要的决策与行动被称为"里程碑"——不仅是成功发展道路上的关键点，也是激励后来者的重要方向标。这些里程碑都是理解收益管理为什么能在不同的行业广泛应用并取得成功的重要因素，对其分析有助于帮助探索和促进收益管理在新行业的应用。

我们希望通过收益管理发展之路上里程碑事件的检验与总结，能够对研究和使用收益管理的同仁有所帮助。

一、"第一个吃螃蟹的人"——美国航空公司

收益管理思想的萌发,可以追溯到20世纪70年代初对航班进行的差异化销售。面对同样的票价,人们一般不会早起搭乘飞机,因此早班飞机常常面临空机的局面。为此,在1972年,英国海外航空公司(现在的英国航空公司)通过推出一种称为"早起鸟"(earlybird)的不可变更优惠折扣来刺激人们对早班机的购买(McGill和Van Ryzin,1999)。然而,最早清晰明确地应用收益管理思想的应该是美国航空公司。

首先是"票价超级节约者"(super saver fares)的出现。20世纪70年代中期,设定美国航空定期航线价格的民航委员会提出了"公共租赁"的概念,允许航空公司自主推出或取消航线和自主定价,使承租航线的航空公司能够在可变计划的基础上以远低于原先定期航线固定成本加价的价格来销售飞机座位(Jenkins等,1995)。美国航空公司随即召开了一场头脑风暴会议来探讨如何降低成本来与其他航空公司竞争。他们发现美国的飞机通常只有50%的满座率,这意味着航空公司每年为大量空座位付出了生产成本却没有任何获益。因此,他们终于意识到收益问题远比成本问题更重要(Cross,1977)。美国航空公司的营销队伍开始致力于从过剩的座位供给中获取利润,于是在1977年推出"票价超级节约者"——顾客可以提前预订不可变更的优惠票价,每架飞机有30%的座位参与这项优惠方案。

其次是效益管理的应用。美国航空公司很快发现乘客需求随着不同航线、不同时段、不同日期而变动,因此需要一个针对需求变动的混合优惠方案。他们开始建造大型数据库并开发了计算机系统,以便监测和预测乘客需求;对分析员进行培训,进而监管整个系统方案,以便更好、更精准地解释说明并解决矛盾和分配座位的优惠折扣。这一套完整的人员、过程及系统管理被称为效益管理。效益管理使得美国航空公司产生了数亿美元的额外收入,并且缓和了来自"公共租赁"的竞争威胁(Jenkins等,1995)。在随后几年,美国航空公司继续投资效益管理,并对其需求预测、库存控制及超额预订能力进行研究。

而航空管制的取消带来了真正意义上的收益管理。20世纪80年代初,轻度的经济衰退和由撤销管制所产生的新的竞争体系给航空业带来了新的威胁。以人民捷运(People Express)为代表的主推低价策略的航空公司迅速发展,他们提供甚至比"票价超级节约者"更便宜的票价。每个月人民捷运都会公布壮观的流量和收入增长。美国航空公司开始投资数百万美元在被称为动态库存分配和维护优化系统的新一代容量控制上。1985年,美国航空公司公布了"终极票价超级节约者"(ultimate super saver fares),在提前购买以及不可变更和不退款的基础上,它甚至比人民捷运的票价还要便宜。在接下来的一年,美国航空公司的收入增长了14.5%,利润增长了47.8%,远超人民捷运,这个策略获得了毋庸置疑的胜利。与效益管理不同的是,这次的策略将目标放在那些可用但过剩的座位上,计算机系统和分析员通过不断地评估这些折扣,以便发挥空座的最大价值,这个过程被称为收益管理。

美国航空公司的胜利使得其他航空公司也陆续采用收益管理,并且取得了不错的效果。达美航空公司于1984年采用收益管理并实现了3亿美元年收入的业绩,被华尔街日报评为扭亏为盈的典型案例(Koten,1984)。美国联合航空公司应用收益管理建立和实施基于出发地和目的地的系统,用来根据旅客流量来控制座位库存。甚至一些低成本航空公司,如美国西南航空公司,也采用了收益管理(Scorecard,1994)。在欧洲,英国航空公司、荷兰皇家航空公司和德国汉莎航空公司是较早采用收益管理的几家公司(Jenkins等,1995)。现如今,收益管理可以说是全球航空业运作中不可缺少的部分。

美国航空公司前董事长兼首席执行官鲍勃·克兰德尔(Bob Crandall)曾这样说过:"收益管理是从撤销管制以来运输管理中最重要的一项技术……我们估计收益管理在过去的三年创造了14亿美元的增加收入。"(Smith等,1992)。美国航空公司作为收益管理的创始者,其成功激励着所有的追随者。

二、在航空业外的首次尝试——万豪国际集团

酒店拥有许多与航空公司相似的特点:易变动的库存、需要客户提前预订、价格成本的竞争、供应与需求关系的大幅波动。20世纪80年代,在了解到收益管理在航空业的成功应用后,比尔·万豪(Bill Marriott)大胆提出万豪国际集团也可以利用收益管理。然而,从建议提出到实际操作,总会面临很多复杂的问题。最明显的例子是,航空公司总部可能有一批核心的员工专门进行收益管理,而万豪国际集团旗下的每一个酒店都有自己单独的总经理,他们只对自己酒店的盈亏状况、房间价格以及房间库存负责。这种商业模式上的差异使得万豪国际集团需要一种基于地域和全球范围内的支持与监管系统,将权力下放(Cross等,2009)。

万豪国际集团寻求一种能适应酒店战略和结构的收益管理系统,并将其称为实践性收益管理(Cross,1997)。因此,万豪国际集团设立了一个收益管理机构,投资建立了一套能为集团旗下近16万间客房提供每日需求预测和库存建议的自动化收益管理系统(Marriott和Cross,2000)。他们还创造了一个与航空业"票价超级节约者"相似的"围栏价格"(fenced rate),即根据需求为价格敏感型人群提供有针对性的折扣(Hanks等,1992)。为了解决顾客住店时间长短不定所带来的困难,万豪国际集团建立了能够预测顾客预订方式、房价与顾客住店时间的万豪需求预测系统,来优化房间供应。通过对收益管理的成功执行,万豪国际集团年收入增加了1.5亿~2亿美元(Marriott和Cross,2000)。

戴夫·罗伯茨(Dave Roberts),万豪国际集团原全球收益管理副总裁,认为收益管理与市场营销战略有着不可分割的关系(Cross等,2009)。万豪国际集团发展了一种名为"One Yield"的次世代收益管理系统,有效提高了实际收益与理论最佳收益之间的吻合度,并使万豪国际集团获得美国CIO杂志2005年企业价值奖。在《数据分析竞争法:企业赢之道》(Competing on Analytics: The New Science of Winning)一书中,达文波特(Davenport)和哈里斯(Harris)认为万豪国际集团创新的收益机会模型(revenue opportunity model)能够测量实际收益与理论最佳收益之间的差距,同时也是衡量收益管理运行状况的重要手段。

在万豪国际集团收益管理的成功实践之后,其他主要的酒店集团也紧随其后。20世纪90年代,收益管理在希尔顿酒店、假日酒店、喜来登酒店以及迪士尼酒店均取得显著的效果。其他需要进行客户细分、预测、价格和时间控制的相关行业,如游轮、餐馆及高尔夫球场,也纷纷采用收益管理战略手段(Kimes,2003)。酒店收益管理理念还延伸到汽车租赁行业,通过折扣可用性和时间控制,收益管理将美国国家汽车租赁公司从破产危机中拯救出来,挽救了7500个工作岗位(Geraghty and Johnson,1997)。体育和娱乐业也开始采用收益管理手段,比如运动队和剧院等根据细分市场汇总客户对同一事件的不同价值感知,提供差异化价格(Talluri和Van Ryzin,2004);现场演唱会对不同区域进行差异售价,使得收益最大化。收益管理让门票的价格更加符合实际市场的需求,从而能够减少人们到二级市场(俗称"黄牛")求购门票的需求,使得事件主办方直接获得更大的利润(Waddell,2009)。

收益管理这个概念后来被延伸到金融领域及其他行业,但在说法上发生了一些变化,例如,会计、律师(Dunn和Baker,2003)以及天然气储运(Talluri和Van Ryzin,2004)等领域和行业的专业服务公司将其称为"时间库存"管理。

三、从点到面的应用——美国联合包裹运送服务公司(UPS)

20世纪90年代,UPS在收益管理的应用方面创造了另一座里程碑。从1907年创立开始,UPS的发展一直秉承创始人吉姆·凯西(Jim Casey)"最好的服务、最低的价格"的思想,遵循礼貌、可靠、低价及24小时服务的理念。UPS通过严格的成本控制来保持低价格,他们评估运送流程中的每一个操作环节以及每一项决定,细微到送货员从货车到大门之间要走多少步,甚至司机身上钥匙扣上钥匙的顺序都要计算在内,并且在关税的基础上,考虑能获取利润的最低价。

联邦快递在1971年成立,1980年美国政府出台《汽车承运人规章制度改革和现代化法案》,撤销了对火车运输业的管制,并解除了所有对空运包裹的地面派送限制,联邦快递成为UPS的主要竞争对手。为了直接与联邦快递在孟菲斯的转运中心竞争,UPS加快了在路易维尔的航空集散中心的建设。以"公众快递员"的身份成长起来,UPS已经发展了全美国范围的次日达航空业务(Niemann,2007),但它仍然只是一个业务集中的载体,甚至没有一个营销部门。

为了在这场竞争中获得胜利,丹·迪马乔(Dan DiMaggio)从业务部门被调任为空运产品营销经理。最初,UPS只为那些运输量大、能降低服务成本的业务提供折扣优惠,然而,随着竞争加剧,销售人员很快便申请要求更多更大的折扣,甚至价值数百万美元的折扣优惠。迪马乔和负责地面产品的营销经理乔·派恩(Joe Pyne)意识到他们需要一套有规律、可控制的折扣管理办法,即一个完善的定价机构。

因此,收益管理在UPS的应用最开始源于折扣管理。UPS创建了一个被称为"激励管理系统"的企业范围内工具,用来收集盈亏数据。这个系统被用来监督和实施有关折扣的决定,以及合同的管理、执行和遵守(Rick Campana,2010)。然而,随着市场开始被迅速地蚕食,UPS的决策团队需要更多能确保折扣被有效利用的帮助。他们意识到航空业对折扣座位的收益管理是行之有效的做法,于是营销副总裁里克·坎帕纳(Rick Campana)聘请了一批前航空专家和具有广泛航空专业知识的外聘顾问(Dan DiMaggio,2010)。同时,他们也正确判断出UPS所面临的问题是不同于航空业和酒店业的,于是创立了一个定制化的投标响应模型,即根据历史数据来预测在不同的价格点赢得业务的概率,这被称为目标定价法(Mark Rudel,2010)。

在目标定价法的帮助下,UPS能够预测在不同净价格下合同投标的结果,识别以高出竞争对手的价格进行投标和以更大的折扣来达成交易的时机。成本数据和战略营销目标的结合,使得UPS在竞标中能获得准确的价格指导。有利的投标价格使UPS能为客户提供更加统一合理的价格,实现长期利润最大化(Campana,2007)。根据UPS的报告,实施目标定价法的第一年,其利润增长超过了1亿美元(Agrawal and Ferguson,2007)。

其他的运输公司也通过引进收益管理实现了利润增长。联邦快递创始人弗雷德·史密斯(Fred Smith)认为其10%的收入增长和33%的利润增长很大程度上归功于收益管理和科学的定价分析过程(Boyd,2006)。尽管还没有被认为是运输行业内的标准做法,许多航运、货运、铁路以及联合运输公司,例如黄色货运(Yellow Freight)公司和CSX公司,都采用了收益管理(Talluri 和 Van Ryzin,2004)。

在谈判交易的利益最大化的应用基础上,收益管理以新的形态回到了酒店业。2007年,万豪国际集团引进了一套"团队价格优化法"(group price optimizer method),将每个统计得出的市场细分数据导入价格弹性模型。与UPS的目标定价法类似,这个方法采用竞标响应模型预测在不同的价格点获胜的概率,从而给销售团队提供准确的关于团队客户的价格指导。

20世纪90年代,收益管理也开始被应用到广播电视的广告销售中。加拿大广播公司在1992年实施运作了第一个类似于传统旅游业收益管理的系统。它能预测需求并通过优化最低需求值来决定是否进行大量的折扣优惠(Cross,1997)。20世纪90年代后期,收益管理被美国广播公司(ABC)(Mandese,1998)和美国全国广播公司(NBC)(Bollapragada 等,2002)应用到广告销售中。广播电视的广告销售主要是被电视台广告商及媒体见面会(the upfront)所控制和影响的,在新的节目时间表公布后,有70%~90%的广告时间库存会被提交申请。收益管理系统根据总需求和收视率的预测自动为方案中的广告安排合适的时间位置。现在,全球很多广播电视网均采用了收益管理系统(Bell,2005)。

四、非易腐性库存的应用——福特汽车公司

作为汽车制造商,福特汽车公司一直采用传统的生产模式进行商业运作,按照严

格的控制步骤组装元件。当需要平衡个别产品的供应与需求关系时，传统的运作模式并不能解决，往往只能通过粗放式地准备超额库存来刺激价格。

20世纪90年代早期的经济衰退给企业带来了一段不稳定的时期，使得福特汽车公司开始重新评估自身业务的运作，以达到华尔街所要求的盈利水平。劳埃德·汉森（Lloyd Hansen），福特汽车公司原全球营销与销售财务总监，意识到新一轮的成本削减并不能解决公司的问题（Mohammed，2005）。虽然被来自航空公司、酒店和汽车租赁公司的例子所鼓舞——使用收益管理将客户细分为"微型市场"并创立一套有针对性的差异化价格体系结构来达到收益最大化（Hansen，2005），但是汉森也明白直接套用这些企业的收益管理方法是不切实际的。

过去，车辆及其配件的定价是根据其年度交易量和盈利情况的预测来设定的，导致有些产品定价过高，而有些产品定价过低（Coy，2000）。福特汽车公司也曾使用过营销方案来促销滞销的车辆和弥补定价的失误，比如经销商回扣、客户返利、贷款利率补贴等典型的激励手段。尽管这些方案曾被广泛使用，但已经不适用于新的市场环境。客户的价值感知会基于地理位置（西南地区的客户往往比东北地区的客户更愿意出高价购买卡车）、车辆类型（卡车买家往往比轿车买家对现金折扣更敏感）和产品配置（某些汽车的附加配置的价值比买家为此多增加的花费还要高）等因素进行调整（Cross和Dixit，2005）。因此，想要在众多的产品线和辽阔的地理市场中了解客户的偏好，需要进行大量的数据收集、分析以及实验。

为此，汉森创立了一个收益管理机构，聘请了具有航空公司和酒店管理经验的顾问来预测不同的细分市场对不同种激励价格的反应，并制定了一个根据产品和地区来获得最佳激励的方法。引进收益管理的结果是惊人的，在生产量不变的情况下产生了更多的收入。据福特汽车公司估计，在十年的时间内，收益管理项目为其带来了约30亿美元的额外利润（Leibs，2000）。

福特汽车公司在定价和收益管理上取得的巨大成功，吸引了许多汽车制造商在汽车和零配件的销售中纷纷采用收益管理。通用汽车服务零部件运作公司通过应用收益管理获得了1亿美元的收入增量（Neville，2007）。福特汽车公司的零售商也率先利用收益管理方法，通过打折和促销的形式，创造出一种动态的更有针对性的定价方式，使得供给与需求的匹配更准确。这种方式在促销活动的规划和优化，以及促销所能增加的销量的预测上，给零售商带来了方便。在商品销售淡季或产品生命周期的末期，零售商往往采用最优化的降价来使收益最大化（Phillips，2005）。

五、旅游业与运输业的改革——洲际酒店集团（IHG）

到了20世纪90年代末，几乎所有主要的航空公司、酒店企业、游轮公司和汽车租赁公司都开始应用收益管理系统来预测客户的需求，以优化收益。然而，"优化"的内涵并没有被很好地理解，它被狭隘地理解为对目前可用的库存资源和现有的价格类别分别进行优化。优化的本质应该是用先进的技术预测需求，参考现有的价格和库存，组合制定出最优的销售方案。优化的出发点是对价格和库存的最优化算法,而不是价格本身。

许多酒店企业认识到传统的收益管理系统只是简单地将现有空房以低价售出,因此酒店业从业者产生了这样一个疑问:"收益管理只是降低房价吗?"(Cross等,2009)。他们的另一个忧虑是对"竞次"的害怕。一项旅游业收益管理应用的研究表明,价格的螺旋式下降是由于管理者缺乏应用剩余房间库存的经验(Cooper等,2006)。

为了解决这个问题,洲际酒店集团开展了一项价格弹性研究,用收益管理了解客户的价格敏感度。研究的结果令人鼓舞,收益管理能够测量客户需求的价格弹性,给酒店更准确的价格指导。

得到正确的价格弹性不仅需要非常高的计算精确度,而且需要了解客户的价格感知。洲际酒店集团认识到,当竞争对手改变他们的价格时,客户对洲际酒店集团的价格感知也随之改变(Cross等,2009)。洲际酒店集团与有丰富定价分析经验的外部公司进行合作,通过对第三方的竞争数据的研究,收集市场上酒店的历史价格和成交量,客户在酒店不同的停留时间长度,以及从预订到抵达的时间长度,这些数据共享有助于基于客户的差异进行精确的价格弹性衡量。

这种与库存管理紧密结合的收益管理系统,其价格优化将每间可用客房的收益提高了2.7%(InterContinental Hotels Group,2009)。新的价格优化系统不断地评估酒店的需求,采用实时竞争价格,并且评估其客户的价格弹性,把握每一个实现收益最大化的机会。兼顾需求预测和价格竞争能力的优化定价系统,是酒店收益管理上的革命性转折。

六、收益管理的未来展望

具有战略眼光的企业和个人做出的重大决策,为收益管理的发展奠定了坚实基础,从而使得收益管理取得了新的突破,技术有了新的提高,在新的行业有新的拓展。这些成就必然推动收益管理新的发展,为此我们对收益管理的未来做出大胆的展望。

首先,收益管理很可能进军热门的金融服务业。收益管理先进的分析方法,在帮助银行等贷款方理解客户细分以及针对不同细分客户提供更准确的贷款利率方面,具有很大的潜力。过去贷款方使用非常复杂的客户风险评估,但定价策略和客户价值评估一直没有很大的改善(Kadet,2008)。一些银行和汽车贷款方在价格优化上已经取得初步的成功,但是贷款过程中的保密机制限制了公众对收益管理在这些领域应用的认知(Reeves,2009)。

其次,收益管理必须将供应链纳入定价体系中。人们已经意识到,单独地使用价格来平衡供求关系是有风险的,在一个生产力被约束的环境中,提高价格可能会流失能带来高利润的客户以及给竞争对手可乘之机。收益管理通过对价格弹性和客户需求的分析进行优化定价的方式,已经显示出局限性(Jacobs等,2010)。因此,下一次改革的重点应该是调整供应以满足需求,使得供应衔接优化更加可行(Bippert,2009),这将在汽车租赁车队规划和商品推销上得到初步应用。

最后,客户关系管理(CRM)和收益管理的结合将是未来一个重要的里程碑。大部分收益管理的数据库与客户关系管理的数据库并没有紧密关联(Milla和Shoemaker,2007),而二者的结合可以使企业得到客户最大化的终身价值,这对企业的发展至关重要。收益管理是基于长远的潜在利润来对价格以及可用库存进行优化的管理方法,价格优化系统已经在基于单次的交易行为上发挥了很大的作用。但是,从长期创收的角度来看,了解客户对企业的终身价值是获取核心竞争优势的关键。例如,当潜在的客户入住赌场附属酒店,酒店为其制定了合适的房价,赌场就可以成功地通过整合客户关系管理和顾客跟踪系统的数据来预测其在赌场的总花费(Metters等,2008)。

案例2-1　酒店要向UPS学习挑选客户

2015年第一季度,UPS地面业务收入增长了5.3%,国内包裹业务的利润增长了10.5%。而导致这个结果的原因,只是一个小小的价格结构的调整。

以前,UPS的价格都基于货物重量。2015年伊始,UPS调整了价格策略,规定货物运输价格基于货物重量和货物体积两个参数。UPS声称这是一个双赢的举动,客户通过选用更小的盒子、箱子、容器,就可以节省费用,而UPS也可以同时降低运营成本。但事实并非如此,这个新的价格策略实施之后,托运泡货(体积大重量小的货物)的实际价格上升了,而托运重货(体积小而重量大的货物)的实际价格却降低了。

一些和UPS有着长期合作的玩具商,因货物多为泡货导致运费上升而离开了UPS,但UPS却实现了收入和利润的双丰收。原因就是UPS通过此次价格调整,利用价格杠杆,把利润低的泡货顾客推向了竞争对手,而从竞争对手那里把利润高的重货顾客吸引了过来。

价格体系要符合企业的市场细分策略,同时也要考虑成本因素。真正能提高企业收益的价格体系要能让不同细分市场的客户以不同的价格购买相同的产品,却感受到得到了不同的利益,当然这种利益可以是有形的,也可以是无形的。

价格有很多种类,如增值价、阶梯价、捆绑价、季节价、包价、预付价等。酒店在定价的过程中,市场销售与收益管理部门要去研究客户消费行为,运营部门要去研究成本,财务部门要计算交易收入和成本的关系,其他部门要提供改进价格和价格体系的建设性建议,最后由收益管理经理综合各部门提供的信息和酒店内部的历史数据、预订数据,以及酒店外部市场环境分析与预测的大数据,做出最终的决定。

任何价格体系的制定或修改,一定会使酒店失去一部分客人,但同时也会得到一部分新的客人。但只要被置换出去的客人是低价值的,置换进来的客人是高价值的，最终结果是提升了酒店的整体收益，那么，这个价格体系的制定或修改就是正确的，这个价格体系就是好的价格体系。对旅游酒店企业来说，由于市场需求有很大的季节性变化，而且客源和细分市场也很多，优化价格体系更为重要。例如，三亚的一家五星级酒店在淡季标准房的价格可能600元都没客人入住，但在旺季可能3000元都抢不到，来住酒店的客人可能是对价格敏感的背包客、亲子游的家庭，也可能是对价格不敏感的企业精英或投资客。所以，酒店一定要优化价格体系，准确定价，把合适的价格提供给合适的客源，并最大化细分市场的结构和组合。毕竟，酒店存在与发展的基础是能长期盈利，酒店业主追求的是投资回报的最大化。总之，酒店业主和管理人员看重的是酒店的盈利能力，并非单纯的客房出租率。酒店需要的是最佳的细分市场组合，而不是所有生意都要。

（资料来源：上海鸿鹄，2023-02-16，https://mp.weixin.qq.com/s/hW-PQNJiTLi6COaV1BmFZkA。）

第二节 收益管理的研究进展

近几年关于收益管理的文献数量迅速增长（Anderson 和 Xie，2010），收益管理研究逐渐渗透至接待业的多个分支领域，包括酒店（Kimes，2003）、餐厅（Kimes，1999；曾国军等，2016）、功能性空间（Kimes 和 McGuire，2001）、主题公园（Heo 和 Lee，2009）、游轮（Li，2013）、博彩（Chen 和 Tsai，2012）、高尔夫课程（Licata 和 Tiger，2010）、SPA 温泉会所（Kimes 和 Singh，2009）等领域。收益管理在接待业中应用范围变广的同时，其研究主题也变得更加复杂（Noone 等，2011），学者们从消费者行为、战略管理、市场营销等（Ivanov，2014；Anderson 和 Xie，2010）多个研究视角，对定价、容量及预订控制、市场细分、需求预测、收益绩效评估、酒店竞争群战略，以及收益管理信息系统的开发与实施等进行研究。

Kimes（2003）对研究收益管理的主流话题进行总结，得出相关话题主要包括应用领域、概念梳理、定价策略及库存管理；Bitran 等（2003）梳理了收益管理中的动态定价策略；Thompson（2010）梳理了餐厅收益管理的研究进展以及研究方向；Chiang（2007）按研究领域、研究焦点对已有的收益管理文献的主题与内容做出归类，但未关注研究方法；Guillet 和 Mohammed（2015）根据以往10年内的文献，总结了收益管理的研究领域、焦点与研究方法。

在收益管理的应用研究上，有研究从系统论视角归纳酒店的动态定价模型和基于收益管理系统的自动预订技术（Boyd 和 Bilegan，2003）；有的从市场营销视角，聚焦游轮领域，分析游轮企业如何通过收益管理实现利润最大化（Sun，2011）；Ivanov（2012）总结了过去收益管理在酒店业中的应用，并着重讨论收益管理系统的组成以及收益管理的实施步骤,突出顾客和收益管理理念之间关系的重要性。

收益管理理念在接待业的各个分支领域中不断传播,其应用范围不断扩展,学术研究在理论发展、知识拓展以及行业指导方面发挥了突出作用(Law等,2012)。总的来说,收益管理的知识呈现碎片化的特征,还未形成体系(Ivanov和Zhechev,2012)。相较于国外研究,国内的研究较少,且范围局限(施若、顾宝炎,2009),大多研究只关注某一具体焦点(李根道等,2010),缺乏系统梳理。因此,学界还需要加强对该领域的重视,关注前沿趋势,进行系统、完整的研究,从而为收益管理在各个行业的战略规划、管理实践提供有力参考。

在文献综述方面,国内有关收益管理的文献综述数量甚少,而且大多就单一期刊、单一研究领域,以及特定研究视角和研究焦点来讨论收益管理理念,难以掌握其全貌。因此,本书对收益管理的研究进行了系统梳理。

一、研究设计

(一)期刊选择与样本文献

在 Scimago Journal & Country Rank(SJR)上搜索"tourism, leisure and hospitality management"类期刊的排名(2016年排名情况),前21名期刊均属于Q1区,说明它们在接待业和旅游业研究领域中具有较为重要的影响,知名度较高,期刊质量受世界认可(邓金阳等,2010);在Q2区的期刊中,*Journal of Vacation Marketing*(JVM),*Journal of Hospitality and Tourism Management*(JHTM)两个期刊在近年也曾出现在Q1区,或在发展历史中多次位于Q1区并处于前20名,因此我们将这两个期刊也纳入检索范围。首先确定需要检索的接待业期刊,然后检索选定的期刊中收益管理综述类文献,最后总结检索的文献以及所在期刊情况。

根据已有的文献对收益管理的定义进行归纳梳理,见表2-1。

表2-1 收益管理的定义整理

侧重点	定义	作者
体现市场细分对提高收益的重要性	企业在有效协同影响收益的内外要素基础上,在正确的时间和地点以正确的价格向正确的客户提供正确的产品和服务,以实现企业收益价值即利润、顾客满意度和社会贡献度最大化的目标	施若和顾宝炎(2009)
	在合适的时间、合适的地点,以合适的价格将产品销售给合适的顾客	Kimes(1989)
	把收益管理定义为需求决策管理,即对市场需求进行决策管理的过程,核心是决定在何时、何地以何种价格向谁提供产品或服务	Talluri和Van Ryzin(2004)

续表

侧重点	定义	作者
认识到资源创造价值随时间变化	通过对相同服务的差别定价以平衡单位能力的需求和收益,从而实现固定和易逝性资源的有效利用	McGill和Van Ryzin(1999)
	对不同时段的资源和价格进行有效管理,通过充分利用资源来提高企业收益	Weatherford和Bodily(1992)
强调市场预测在收益管理中的重要地位	根据需求预测,调整客房入住率以实现客房收益最大化	Jauncey等(1995)
	基于预测的需求和供给关系,通过差别定价,使企业收益最大化的系统且整体的方法	Sanchez和Satir(2005)
	根据需求预测,通过动态定价和可用资产的有效分配达到收益最大化的一种商务活动	Choi和Cho(2000)
	为不同支付意愿的消费者分配资源的战略和战术,以达到收益最大化	Phillips(2005)
	对信息系统、管理技术、概率统计和组织理论、经营实践和知识等进行优化组合,以增强企业的收益能力和对顾客的服务能力	Donaghy等(1995)
以收益管理要达到的效果为侧重点	优化产品价格和可获得性,使得有限的供给能够和变化的市场需求达到平衡,从而实现企业收益最大化	杨慧等(2008)

从表2-1可以看出,基于不同视角,不同学者对收益管理的定义理解存在差异。其中,第一类突出市场细分的重要性,力图全面、准确地描述收益管理的内容,包括了收益管理中的市场、运作机制和企业目标等方面。另外,早期学者的研究认为收益管理的实质是根据预测的需求合理定价,使得每单位库存的收益最大化的同时(Anderson和Xie,2010),使价格敏感型顾客能够在非高峰时段享受到价格优惠,并使他们对公平的感知得到合理满足(Kimes等,1998)。通过梳理可以看出,收益管理即通过定价管理、库存优化、容量控制与预订控制、市场细分、需求预测、竞争群的管理以及现代信息技术的应用,实现收益和利润的最大化。因此,检索关键词除了"revenue/yield management",同时还有"capacity"(容量)、"pricing"(定价)、"price/rate fence"(价格围栏)、"demand/booking forecast"(需求/预订预测)、"competitive set"(竞争群)、"distribution channel"(分销渠道)、"segmentation"(市场细分)、"profitability"(盈利能力)、"profit"(利润)、"overbooking"(超订)、"duration"(持续时间)、"RevPAR"(每间可售房收入)、"ADR"(每日平均房价)、"occupancy"(入住率)、"inventory"(库存)、"perceived fairness"(公平感知)等词语,样本中还包括收益或利润相关的文献。需要说明的是,本部分文献集中于接待业领域的收益管理,而航空运输业被归类于运输业领域(Chiang等,2007;Guillet和Mohammed,2015)。

根据以上分析,检索出20世纪80年代以来至2017年3月的相关文献共252篇,去除书评及短篇通信类文章76篇,最终得到有效样本文献共176篇。具体情况如表2-2所示。

表2-2　期刊指标及文献检索数量

期刊	H指数	SJR	总引文/篇	样本文献数/篇	筛选后最终样本数/篇
Annals of Tourism Research(ATR)	123	2.205	5510	2	2
Cornell Hospitality Quarterly(CHQ)	53	1.996	1675	36	18
International Journal of Contemporary Hospitality Management(IJCHM)	47	1.745	10302	28	18
International Journal of Hospitality Management(IJHM)	75	1.956	8102	81	59
Journal of Vacation Marketing(JVM)	46	0.760	1277	4	3
Journal of Hospitality & Tourism Research(JHTR)	47	1.553	1364	8	8
Journal of Hospitality Marketing & Management(JHMM)	25	1.5556	3286	9	9
Journal of Travel & Tourism Marketing(JTTM)	32	1.179	6126	13	11
Tourism Management(TM)	130	2.580	14659	6	3
Cornell Hotel & Restaurant Administration Quarterly(CHRAQ)	—	—	—	45	27
International Journal of Revenue Management(IJRM)	9	0.143	—	20	18

(资料来源:http://www.scimagojr.com。)

(二)框架梳理与量化内容分析

本部分通过量化内容分析(quantitative content analysis)的方法梳理已有的综述类文献。这种方法将文献按预先设定好的框架进行梳理和分析(Weed,2006),能清晰地展示文献在一个确定时间轴上的研究进展(罗振雄等,2013)。编码过程中,两名编码员背对背地对每一篇文献进行详细的内容分析。若两名编码员取得的结果是一致的,则将该文献的编码结果记录在统计工具内并直接纳入分析;若两名编码员的编码结果未能达成一致,则请第三名编码员参与讨论,然后做出一致的判断。通过已有综述类文献(见表2-3),提取出作者国别(地区)、研究机构、论文作者、研究区域、研究领域、研究焦点和研究视角,以及研究方法等。

表 2-3 收益管理文献综述情况

作者和发表年份	综述题目	时段	综述标准	期刊来源
Guillet 和 Mohammed（2015）	Revenue management research in hospitality and tourism: A critical review of current literature and suggestions for future research	2004—2013年	研究类型、研究设计（定性、定量、混合）、研究焦点、被研究区域、研究领域、数据分析方法	IJCHM
Kimes（2003）	Revenue management: A retrospective	20世纪90年代	研究焦点、研究领域	CHRAQ
Chiang，Chen 和 Xu（2007）	An overview of research on revenue management: Current issues and future research	2000—2005年	研究领域、研究焦点、研究视角、发展趋势	IJRM
Thompson（2010）	Restaurant profitability management: The evolution of restaurant revenue management	1961—2009年	时期分布、研究主题、研究焦点	CHQ
Anderson 和 Xie（2010）	Improving hospitality industry sales: Twenty-five years of revenue management	1998—2009年	时期分布、发展脉络、研究领域、研究焦点、作者	CHQ
Ivanov 和 Zhechev（2012）	Hotel revenue management—a critical literature review	1989—2011年	研究领域、研究焦点、研究视角、研究主题、研究内容	Tourism
Burgess 和 Bryant（2001）	Revenue management—the contribution of the finance function to profitability	1982—2000年	研究焦点、研究内容	IJCHM
McGill 和 Van Ryzin（1999）	Revenue management: Research overview and prospects	1958—1999年	研究焦点、研究趋势、研究领域、研究视角、研究内容、时间分布、作者	Transportation Science
Weatherford 和 Bodily（1992）	A taxonomy and research overview of perishable-asset revenue management: Yield management, overbooking, and pricing	1971—1990年	研究内容、研究焦点	Operations Research
Kimes 等（1998）	Restaurant revenue management: Applying yield management to the restaurant industry	1998年	研究焦点、研究内容	CHRAQ
施若和顾宝炎（2009）	收益管理理论基础问题研究综述	1989—2005年	理论领域、行业领域、理论发展	改革与战略
Sun，Jiao 和 Tian（2011）	Marketing research and revenue optimization for the cruise industry: A concise review	1989—2009年	研究焦点、研究视角、研究内容、研究趋势	IJHM

续表

作者和发表年份	综述题目	时段	综述标准	期刊来源
李根道等（2010）	基于收益管理的动态定价研究综述	1995—2009年	研究内容、研究趋势	管理评论
陈旭（2003）	酒店收益管理的研究进展与前景	1970—2000年	研究方法、研究焦点、研究内容	管理科学学报

1. 作者国别（地区）、研究机构、论文作者、研究区域

其中，作者国别（地区）是作者所属研究机构所在的国家或地区，若论文是由多名作者完成的，则仅统计第一作者所属研究机构所在的国家或地区。研究机构则是作者所属的研究机构，若论文由多名作者合作完成，则仅对第一和第二作者的研究机构进行统计。论文作者的分析利用 CiteSpace 软件进行，包括研究者的文章发表数量及在酒店业或旅游业收益管理领域的影响力，并研究其合作网络。研究区域则是文章所关注的国家或地区，若文章关注的区域未说明或者涉及多个区域时，在统计时将其标注为"其他"。

2. 研究领域

收益管理在旅游业和酒店业中的分支领域包括酒店、餐厅、高尔夫俱乐部、游轮、博彩、旅游景点、主题公园、会议及功能性场所、SPA温泉会所、旅行社或其他旅游代理商等（Xiao 和 Smith，2006；Guillet 和 Mohammed，2015；Anderson 和 Xie，2010；Ivanov，2014）。基于 Xiao 和 Smith（2006）的编码方式以及对样本文章的阅读和总结归纳，总结出了收益管理在旅游业和酒店业中的九个研究领域，如表2-4所示。

表2-4 收益管理在旅游业和酒店业中的研究领域分类

研究领域	内容
酒店和住宿（HL,hotel & lodging）	酒店、旅馆、度假村
餐厅和餐饮服务（RC,restaurant & catering）	餐厅、宴会、餐饮服务
游轮（CR,cruise）	游轮
博彩（CA,casino）	赌场、博彩
主题公园（TP,theme park）	主题公园、游乐场
旅游代理商（TA,travel & tour agency）	旅行社、旅游代理商
高尔夫（GF,golf）	高尔夫课程、高尔夫俱乐部
温泉会所（SPA）	温泉会所、温泉浴场、温泉疗养地
其他（OTH,other）	功能性场所、会展中心、商场以及其他

3. 研究焦点和研究视角

在已有的旅游业和酒店业收益管理研究框架中（Noone，2011），收益管理的核心系统被定义成一个循环的过程，这个框架后来被 Guillet 和 Mohammed（2015）进行了扩

展,扩展后的框架主要包括两个层面。其中,内层包括收益管理的七个核心步骤,分别是业务分析、定价策略、需求预测、库存优化、预订控制、分销渠道管理、绩效分析;外层包括主要活动与资源环境因素,如战略管理、人力资源管理、竞争、法律的配套、经济环境、社会环境、技术应用、顾客管理。本节对文献的分析也参照了此种内外层框架,分成"研究焦点"和"研究视角"两个层面。同时,根据 Law 等(2012)、Guillet 等(2015)对研究焦点分类的框架,参考 Xiao 和 Smith(2006)的编码方式并结合文献阅读情况进行了合理的改进,使研究焦点的划分方式更加契合收益管理研究关注的话题分类,最终将研究焦点分为定价策略、需求预测、库存优化、预订控制、市场细分、分销渠道管理、绩效分析、竞争群分析和其他等几个方面,并将研究视角分为财务与会计、消费者行为、市场营销、战略管理、运营管理、人力资源管理、信息技术与管理信息系统和其他八个类别(见表2-5)。

表2-5 收益管理的研究视角

研究视角	描述
财务与会计(ACF,accounting & finance)	收入、费用、绩效、利润相关
消费者行为(CB,consumer behavior)	购买决策过程、偏好、满意度、体验、感知
市场营销(MKT,marketing)	营销与促销、分销渠道等
战略管理(STM,strategic management)	企业服务流程、质量、定价策略等
运营管理(ORM,operation management)	库存管理、时间控制、排队等
人力资源管理(HRM,human resource management)	员工满意度、培训、员工知识技能,包括整个行业的人力情况和具体企业的人力资源
信息技术与管理信息系统(IT/MIS,information technology & management information system)	企业各类信息系统(PMS、GDS、MIS等),与电子计算机技术相关
其他(OTH,other)	难以分类的

4. 研究方法

研究类型包括定量研究、定性研究和定量与定性混合研究。根据不同的研究类型,使用不同的数据收集和分析方法,如表2-6所示。

表2-6 收益管理的研究方法

	研究方法
数据收集	问卷调查法、访谈法、实验法、观察法、文献研究法、企业资料收集、政府文档(政府信息资料、机构数据)收集、网站信息收集、数据库信息收集、其他
数据分析	回归分析、因子分析、结构方程、简单统计、相关分析、方差/协方差分析、内容分析、定性统计、路径分析、聚类分析、非参数检验、网络分析、数学建模/概念模型、其他(关联规则、层次分析法等)

二、研究结果

完成样本的内容分析后,按照既定的框架通过SPSS 20.0和CiteSpace对样本进行数据分析,得出以下结论。

(一)美中两国成为主要贡献区域,也是最受研究者关注的区域

根据对文章作者所属国别(地区)进行统计可知,作者主要来自美国(52.8%)、中国港澳台地区(12.9%)、中国大陆地区(5.6%)、英国(2.8%)、印度(2.8%)、瑞士(2.8%)、荷兰(2.8%)、加拿大(2.2%)、澳大利亚(2.2%)等25个国家和地区。从发表文章的数量上看,美国研究人员的数量超过样本总量的一半,对收益管理研究的文章数量贡献最大。其次是中国港澳台地区及中国大陆地区研究人员的发文量,总和占18.5%,超过并列排在第三位的英国、印度、瑞士和荷兰发文量的总和,说明中国在接待业收益管理领域的研究具有一定的国际影响力。除了美国和中国,欧洲和澳大利亚等国家和地区也有一定贡献。总体来看,上述国家和地区的整体学术水平较高,接待业较为发达,同时收益管理的理论发展和行业实践较为领先。由此可以看出,国家与地区的整体学术水平、行业实践的深度与广度对具体某一学科的发展具有积极影响,理论研究与行业发展也相互作用、密不可分。

从研究区域来看,美国是最受关注的区域,中国港澳台地区和中国大陆地区也逐渐成为研究热点区域。通过对研究区域的统计,排名前6位的国家或地区分别是美国(29.0%)、中国港澳台地区(10.2%)、中国大陆地区(2.3%)、英国(2.3%)、印度(2.3%)、澳大利亚(1.7%)。中国接待业不断发展,国内的收益管理理论研究与实践也不断增多,同时中国的发展现状使得越来越多的国外学者对中国的收益管理研究与行业实践产生兴趣。

(二)研究机构间合作紧密,核心学者的研究具有引领作用

高水平研究机构存在较强大的合作网络,美国及中国港澳台地区的研究机构数量占比较多。样本文章作者主要来自康奈尔大学、香港理工大学、宾夕法尼亚州立大学、伊利诺斯大学、内华达大学、天普大学、中佛罗里达大学、中国科学技术大学、特拉华大学等70多所大学和研究机构。表2-7是对频数排名前十位的研究机构的统计结果,超过半数的高水平研究机构位于美国,说明美国的接待业领域收益管理的研究网络较为发达。中国港澳台地区的研究网络也比较发达,香港理工大学位居第二,表现出作为核心机构的国际影响力和竞争优势。

表2-7 研究机构统计

序号	机构	频数	区域
1	康奈尔大学(Cornell University)	18	美国
2	香港理工大学(The Hong Kong Polytechnic University)	16	中国香港

续表

序号	机构	频数	区域
3	宾夕法尼亚州立大学(The Pennsylvania State University)	9	美国
4	伊利诺斯大学(University of Illinois)	7	美国
5	内华达大学(University of Nevada)	6	美国
6	天普大学(Temple University)	6	美国
7	中佛罗里达大学(University of Central Florida)	6	美国
8	中国科学技术大学(University of Science and Technology of China)	4	中国大陆
9	特拉华大学(University of Delaware)	4	美国
10	海雅酒店管理大学(Hotelschool The Hague)	3	荷兰

表2-8反映了核心作者的研究领域、研究焦点、研究视角等详细信息。绝大部分核心作者来自美国。研究领域方面,多集中于酒店和住宿、餐厅和餐饮服务;研究焦点方面,定价策略方面的研究是所有学者密切关注的话题;研究视角方面,市场营销、消费者行为占多数,并且研究视角与研究焦点之间存在密切联系。

表2-8 核心作者的研究信息

作者	数量	研究机构	国家(地区)	研究领域	研究焦点	研究视角
Kimes	11	康奈尔大学	美国	酒店和住宿、餐厅和餐饮服务、游轮	定价策略、市场细分	市场营销、战略管理
Schwartz	11	伊利诺斯大学	美国	酒店和住宿	定价策略、需求预测、预订控制	消费者行为、市场营销、运营管理
Noone	7	宾夕法尼亚州立大学	美国	酒店和住宿、餐厅和餐饮服务	定价策略、预订控制、分销渠道管理	消费者行为
Mattila	6	宾夕法尼亚州立大学	美国	酒店和住宿	定价策略、竞争群分析	财务与会计、消费者行为
Chih-Chien Chen	5	天普大学	美国	酒店和住宿	定价策略、需求预测、预订控制	消费者行为、市场营销
Cindy Yoon-joung Heo	5	香港理工大学	中国香港	餐厅和餐饮服务、主题公园	定价策略、分销渠道管理、绩效分析	财务与会计、消费者行为、运营管理

(三)以酒店和住宿、餐厅和餐饮服务为核心研究领域

观察收益管理的研究领域,其排名依次为酒店和住宿(67.4%)、餐厅和餐饮服务

（19.2%）、博彩（3.4%）、旅游代理商（3.4%）、其他（2.8%）、主题公园（1.1%）、游轮（1.1%）、高尔夫（1.1%）、SPA（0.5%）。这反映了收益管理研究的热门领域包括酒店和住宿、餐厅和餐饮服务，因为二者在接待业中占据主要地位。此外，博彩业收益管理的研究与应用也逐渐成为热点，这与博彩业的区域性有关，例如美国拉斯维加斯与中国澳门地区的区位因素，使得该地区博彩领域的收益管理行业实践与理论研究较为发达。另外，SPA与高尔夫领域的收益管理研究也逐渐进入视野，如Guillet（2016）从感知价值与价格敏感性的角度切入，使用联合分析与聚类分析方法对SPA产业进行市场细分，从而为提升整体收益提供科学的理论支撑。现如今，接待业的范围正在不断扩大，全收入流的收益管理成为大势所趋，众多研究领域也相互交叉，延伸出更多特殊的情境与更加多元复杂的研究问题，这在改进收益管理研究框架的同时，使收益管理的研究体系越来越丰富。例如，现有的研究中，出现了酒店业收益管理与高尔夫行业收益管理的交叉（Oliveira，2013）、博彩业与餐厅收益管理以及客房收益管理的结合（Suh，2011；Suh和Tanford，2012）的文章。

（四）基于市场营销和消费者行为的定价策略为研究焦点

对研究焦点与研究视角进行统计分析。在研究焦点方面，排名依次是定价策略（31.2%）、其他（21.6%）、绩效分析（10.2%）、预订控制（9.7%）、分销渠道管理（8.5%）、需求预测（7.4%）、市场细分（6.3%）、库存优化（3.4%）、竞争群分析（1.7%）。首先，定价策略是收益管理的重要工具，合适的价格能带来合适的顾客，从而增加整体收益，帮助实现盈利目标。定价策略在收益管理研究中占据核心地位。相关研究发现，收益管理中的定价不再是传统意义上根据供求与成本因素制定价格，而是强调根据需求预测进行动态定价，并综合考虑了库存容量、消费者的感知价值等因素，同时不同的细分市场以及销售渠道也会影响定价决策。其次，研究者对绩效分析的关注也占有一定比重，因为收益管理离不开对财务计算方法与收益绩效指标的探讨。

在研究视角方面，市场营销（35.8%）与消费者行为（23.3%）的关注度极高，其余研究视角的排名依次为运营管理（10.2%）、战略管理（9.7%）、财务与会计（8.5%）、其他（5.7%）、人力资源管理（3.4%）、信息技术与管理信息系统（3.4%）。由此可看出，首先，收益管理与市场营销紧密联系，在营销上重视消费者对收益管理策略的感知与满意度的研究，例如关于价格围栏的设置对顾客的公平性感知的影响。其次，收益管理注重运营管理方法的运用，例如博弈论算法、概念模型的检验和数学模型的建立。在如今信息技术发展以及大数据应用火热的时代，关于收益管理信息系统的研究也逐渐进入视野，但目前的研究尚存在不足，收益管理未来的研究需要对这些新兴话题多加关注。除此之外，也存在交叉研究，例如，市场细分、分销渠道与定价策略的交叉研究。

综合研究焦点和研究视角进行分析，结果显示，在基于市场营销视角的定价策略研究（13.6%）之外，基于消费者行为视角的定价策略研究占12.5%。其中主要话题是基于消费者的感知公平性与感知价值，探讨定价策略，包含定价、价格围栏以及折扣设置；另外，还有基于消费者的不同分类，例如性别、价格敏感程度等细分的顾客类型，分析其对价格制定的影响。有5.7%的研究基于市场营销视角讨论分销渠道管理,而且这类研究着眼于线上分销渠道,研究机构主要来自美国、中国和印度,这与这三个国家OTA蓬勃发展的状况密不可分。4.5%的研究基于财务与会计视角讨论收益管理绩效,还有2.8%的文献从运营管理视角讨论预订控制问题,包括餐桌最优组合问题、排队问题等。

(五)定价策略的研究是主流,新问题和新方法不断涌现

从关键词的统计可以看出(见表2-9),收益管理刚刚进入接待业领域的研究视野时,被称为"收入管理"(yield management),"收益"(revenue)一词出现得较少。这是因为收益管理的在应用之初,企业较多关心的是盈利与需求预测方面的问题。进入21世纪,随着研究的不断深入与行业的发展,"收入管理"渐渐被"收益管理"代替。从关键词整体网络中我们发现,定价策略在酒店收益管理的研究中一直占有绝对地位。从各时间段关键词的演变过程我们可以看出,随着接待业的概念与范围不断扩大,除了酒店业这一核心研究领域,餐饮服务和博彩领域收益管理的研究也逐渐成为热点。同时,许多新兴问题进入研究视野,关注焦点变得丰富多元,如消费者行为视角下,关于顾客感知公平性的研究逐渐增多。此外,在信息技术发展迅速的环境下,线上分销渠道管理、线上预订控制等研究问题也开始受到重视。另外,"研究方法"在关键词中出现的频率和类型变多,如时间序列法、联合分析法以及一些概念模型,这说明收益管理研究的方法创新也受到学者们的重视。

表 2-9 不同时间段的收益管理关键词

时间	关键词
1983—1999年	yield, profit, customer, forecasting, hotel
2000—2004年	revenue, yield, hotel, pricing, forecasting
2005—2009年	revenue, hotel, pricing, restaurant, fairness
2010—2014年	revenue, hotel, pricing, restaurant, customer
2015—2017年3月	revenue, hotel, pricing, online, model

(六)定量研究为主,数据收集和分析方法多样化

在收益管理研究中,95.5%为实证研究,仅4.5%为理论研究,这说明收益管理领域的研究者更注重从实践中提炼研究问题。但理论构建或概念性研究对于收益管理研究的发展也是必不可少的,它有利于收益管理概念与理论框架的完善,并为其他研究提供理论基础。

研究类型方面,定量研究占主导地位(84.1%),7.4%为定性研究,8.5%采用了定量与定性混合研究。定量与定性混合研究主要利用定性方法提取概念或架构,在实证阶段利用定量方法进行检验,或利用定性方法辅助数据收集和问卷设计,起主导作用

的仍是定量研究。在短期内,定量研究仍是主流,但长期来看,定量与定性混合研究可能会被越来越多的学者采纳。定量与定性混合研究能将定量和定性方法的优势相互补充,取得更好的研究效果。

数据收集和分析方法呈现多样化的发展趋势。在数据收集方面,问卷调查法(29.0%)运用得最多,企业资料收集(19.3%)、访谈法(14.2%)和网站信息收集(13.6%)也被广泛使用。企业资料多用于收集入住率、企业收入、价格等信息,用于绩效分析、定价和市场细分问题的研究,网站信息的收集被大量运用于分销渠道管理的研究中。另外,数据库信息收集(10.8%)、数据机构(6.8%)也逐渐被重视起来,用于研究企业绩效、酒店竞争群和定价问题。数据库是未来研究强有力的工具,但是其获得与使用的成本较高、难度较大,所以其使用在目前仍有所限制。实验法(9.7%)、观察法(8.5%)和文献研究法(9.1%)的使用均较少,运用实验法和观察法的研究绝大部分都是关于消费者行为的研究。

在数据分析方面,除简单统计(57.4%)外,运用较多的还有回归分析(40.9%)与模型检验(25.6%),概念模型检验与数学模型建立是收益管理研究中常见的方法,主要用于研究需求预测与预订控制方面的问题。方差分析(19.9%)与相关分析(10.8%)主要用于定量研究的数据分析。内容分析(5.7%)、结构方程(1.7%)、路径分析(0.6%)、网络分析(0.6%)等数据分析方法的运用较少。

在数据收集阶段,68.8%的文献使用了单一数据收集方法,31.2%使用了混合收集方法,说明数据获取途径大多是单一的。但在数据分析时,较多为各种方法混合使用(60.8%),只有39.2%的文献使用了单一数据分析方法,并且多是模型检验以及定性方法。

由以上分析结果可知,数据收集和数据分析方法趋于多样化。但总体上,收益管理的研究以实证研究为主,定量研究处于优势地位,定性研究使用匮乏,这容易导致研究的全面性不足。大部分学者的研究是问题导向的而非方法导向,说明收益管理研究者更关注用相应的方法解决实践问题,对研究方法的创新关注得较少。

(七)接待业中收益管理的研究存在区域差异,研究方法与研究问题相互契合

本节对作者国别(地区)、研究视角、研究区域、研究焦点、研究领域、研究方法进行了单因素方差分析和频数统计分析,来探讨它们之间的关系。分析结果如下。

第一,不同国家或地区的研究者的研究视角有显著差异。以作者国别(地区)为自变量,以研究视角为因变量进行单因素方差分析,结果表明不同国家或地区的作者在研究视角的选择上存在较为明显的差异。统计结果(见表2-10)显示,消费者行为和市场营销是热点研究视角。具体来看,美国研究者的研究视角最为广泛,中国(包括大陆和港澳台地区)及荷兰的学者着重于市场营销方面的研究,对其他视角下的研究关注不足,这与该国家或地区的核心研究者的研究领域有很大关系。

视频链接

收益管理的研究进展(一)

表 2-10　不同作者国别(地区)的研究视角频数统计

作者国别(地区)	财务与会计	消费者行为	市场营销	战略管理	运营管理	人力资源管理	信息技术与管理信息系统	其他
美国	9	27	26	11	10	4	3	4
中国大陆	0	2	4	1	2	0	0	0
中国港澳台	0	6	13	1	3	0	0	0
英国	1	0	3	0	0	1	0	0
印度	0	0	2	0	1	0	1	1
瑞士	1	1	1	1	1	0	0	0
荷兰	0	0	4	0	0	0	1	0

第二,作者国别(地区)和研究区域之间有密切联系。以作者国别(地区)为自变量、研究关注的区域为因变量进行单因素方差分析,可知不同国家或地区的学者关注的区域存在显著差异。一般而言,研究者常用其机构所在的国家或地区作为研究对象,这便于收集数据,同时他们对该国家或地区的行业发展状况有更好的了解,便于对研究情境的控制。

第三,不同研究区域对应不同的研究视角。这是因为不同地区收益管理的发展与应用状况存在差异。为了研究成果更能契合当地的情境,促进当地收益管理实践的改善,不同区域作者的研究视角有所不同。具体对其进行分析,可以看出(见表2-11),在研究消费者行为与市场营销的问题时,大部分国家或地区的作者都关心本国或本地区的市场环境以及本地消费者的消费习惯。

表 2-11　不同研究区域的研究视角频数统计

研究区域	财务与会计	消费者行为	市场营销	战略管理	运营管理	人力资源管理	信息技术与管理信息系统	其他
美国	5	14	19	4	3	4	0	2
中国大陆	0	1	2	0	1	0	0	0
中国港澳台	0	4	11	1	1	0	0	1
英国	0	2	2	0	0	0	0	0
澳大利亚	0	1	1	1	1	0	0	0
印度	0	0	2	0	0	0	1	0

第四,在不同的研究视角下,学者关注的研究焦点有显著差异。财务与会计视角下通常关注的是企业绩效的研究,例如通过收益管理的绩效衡量指标来测算收益,从而反映收益管理策略对企业绩效的影响。运营管理视角下主要的研究焦点是预订控制,如利用排队理论和博弈算法等确定最优餐桌组合、建立超订模型等。战略管理视角下的研究焦点是企业竞争群分析。

第五,研究方法与研究视角、研究焦点相互契合。通过单因素方差分析可知,研究方法与研究视角、研究焦点的选择有密切关系,研究视角和研究焦点决定了研究性质,从而影响研究方法的选择。目前收益管理的研究绝大多数是问题导向的,研究方法是解决研究问题的工具。但是目前收益管理在接待业领域的研究尚不成熟,研究问题的解决仍是当前收益管理的研究重点,所以研究方法的创新非常重要。

三、结论与讨论

收益管理在接待业领域发展了30多年,学术界对它的关注越来越多,文章数量不断增长。本节选取相关期刊中主要的接待业收益管理文献,进行了量化内容分析,得出以下几点结论。

第一,收益管理的概念范围广泛,研究领域多元,研究焦点呈现多样化的态势。在以往的研究中,接待业领域的收益管理往往是指酒店业与餐饮业的收益管理,随着研究深入与行业发展,收益管理的研究领域延伸至博彩业、游轮、温泉、高尔夫业务的管理,多领域协同发展有利于收益管理研究的深化,使概念框架更加完整。收益管理概念的范围在不断扩大,从以往强调的"顾客""时间""渠道""服务""价格"等核心要素,扩展至收益管理的七个核心过程(Noone,2011)及影响收益管理活动的因素(Guillet and Mohammed,2015)。而且收益管理的研究开始关注这些核心活动之间的联系,以及消费者在这些活动中起到的作用,而不是只考虑企业自身的收益最大化。近年来,研究焦点逐渐呈现多样化态势,关于消费者与分销渠道管理的研究不断增加,但定价策略还是收益管理主要的研究焦点。虽然收益管理的研究领域与焦点范围不断扩大,但研究类型单一,绝大多数都是实证研究,定量研究的主导地位仍然不可撼动。当前的收益管理研究缺乏理论框架的构建,过多的量化研究会制约概念性研究与理论发展,不利于收益管理学术研究的健康发展。未来仍然需要更多地关注概念与理论框架构建,更多地引入定量与定性混合研究的方法来弥补单一量化研究的不足。

第二,高水平研究机构与核心学者对收益管理研究有"领头羊"作用,同时机构或个人之间的合作普遍存在。收益管理领域的高水平研究机构与核心学者主要集中于美国和中国港澳台地区,他们涉及的研究焦点和研究视角都较为多元和广泛。核心学者的研究领域主要是酒店和餐饮领域的收益管理,其他领域尚未出现极具代表性的研究者。随着中国大陆地区学术水平的不断提升和接待业中收益管理实践的不断深入,其相关研究的国际影响力在稳步提升,仅次于美国和中国港澳台地区。总体而言,不同国家和地区学者的研究视角存在显著差异,中国的收益管理研究在国际上的影响力不容小觑,但仍应该努力开展多领域合作,使收益管理研究更加深入。

第三,虽然一些新兴话题进入研究视野,但数量及研究深度有限,基于消费者行为视角的定价研究仍是收益管理研究的主流。消费者行为与定价策略是收益管理研究出现以来被学者们关注的主要话题,例如先前学者们根据消费者价格敏感度的不同细分出不同的市场。但在不同时代,研究焦点也能引申出新的研究方向。在近年的研究中,研究者们开始关心顾客的感知价值是否能影响定价策略的制定,未来的研究中,收益管理定价策略如何影响顾客的价格敏感度也是值得学者们探讨的问题。另外，在全球化和信息化的背景下，服务产品的销售渠道也变得多种多样，分销渠道管理、市场细分逐渐成为关注热点。同时，收益管理信息系统在行业实践和学术研究中起着越来越重要的作用，收益管理信息系统处理与产生的数据，不仅能作为一手资料直接用于学术研究，其数据库或数据机构提供的数据，也能作为学术研究资料的重要来源。除此之外，就收益管理信息系统本身的开发构建、运行管理而言，也吸引了一批跨学科学者的合作与研究，促进了学科间的交叉与融合。未来收益管理的研究将朝着多元视角、多元焦点的方向发展。

本研究的贡献如下：第一，研究结果反映了接待业领域收益管理的研究发展现状，能帮助研究者们较快地把握收益管理的当前热点与未来发展趋势，有利于收益管理的理论发展与知识拓展；第二，系统完整的收益管理文献综述，有利于指导接待业收益管理的实践，帮助管理者树立与完善收益管理理念，优化收益管理策略的制定与实施；第三，研究机构间的合作网络关系，以及对核心作者的研究领域、焦点和视角的研究，可以为研究者的研究定位提供帮助；第四，有利于促进各行业对收益管理的重视，将收益管理理念与策略推广至更多领域；第五，本节的研究结果具有较强可视性，可为未来收益管理文献研究提供数据支撑，亦可为接待业文献综述提供借鉴。

同时，本研究也存在一些局限性与不足：第一，样本文章的选取主要来源于接待业研究领域的重要期刊，覆盖面有限；第二，在样本文章分析部分，确定其研究焦点、研究视角时具有一定主观性；第三，未就具体的某个研究领域或研究焦点进行详细描述，未来的研究可以聚焦于单一领域或某个具体研究焦点进行探索。

第三节　全球收益管理实例与平台经济

一、全球旅游平台经济的兴起

在互联网和移动互联时代，全球旅游平台经济迅猛发展。旅游产品和服务的价格不再是地方性的，而是全球性的，其定价情境变得愈加复杂。旅游平台经济的定价涉及许多方面，包括针对本地市场和国际市场的策略、为不同细分市场定价的策略、进行精准预测、利用技术能力和组织能力进行决策等。

平台经济是以平台企业为支撑演化出的新的经济形态。通过这些平台企业，一种新的商业模式成功演化出来，并形成平台经济。所谓平台，就是为合作参与者和客户提供的软硬件相结合的合作和交易的场所和环境。平台经济是一种虚拟的或真实的交易场所。平台本身并不生产产品，但可以促成双方或多方供求之间的交易，通过收取适当的费用或赚取差价而获得收益。

视频链接

收益管理的研究进展（二）

二、旅游平台经济实例

(一) 全球知名的机票比价网站

Momondo,为缤客(Booking)集团旗下网站,可以预订机票、火车票、住宿与旅游活动等(见图2-1)。

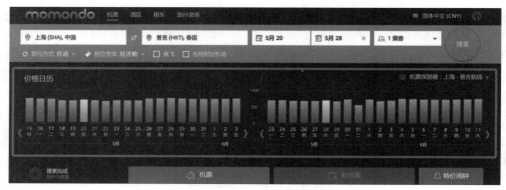

图2-1　Momondo网站页面

Kayak,同为缤客集团旗下的公司,提供机票、住宿、租车检索服务。

天巡,是知名的英国旅游搜索引擎网站,以检索航班最低价著称,于2016年被携程收购。天巡最早依靠提供廉价航空公司的信息起家,后来逐步扩展到其他航空公司,以及租车、酒店业务。

(二) 国际领先的旅游电商

Expedia,是全球较大的在线旅游公司,于2007年通过与艺龙的合作正式进入中国市场,其业务量约占全球在线旅游市场的三分之一(见图2-2)。其现有业务部门遍及美国、加拿大、法国、英国、比利时、德国、意大利以及西班牙。

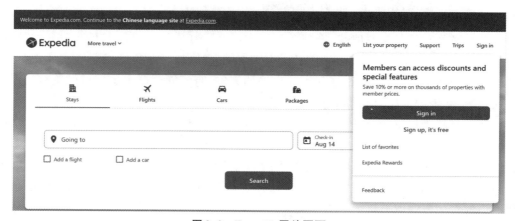

图2-2　Expedia网站页面

Priceline,是美国较大的在线旅游公司,提供机票、酒店、租车、旅游保险等业务。其创立的"Name Your Own Price"(客户自我定价系统)独树一帜,被认为是网络时代营销模式的一场变革。

Booking,缤客集团房源遍布全球,包括了民宿、酒店、度假村、别墅等多类房源,也提供机票预订、租车服务,旅游资源非常丰富。

国内知名的旅游电商有携程、同程、去哪儿、途牛等。

(三)全球旅游点评网站

Tripadvisor,是全球领先的旅游点评网站(见图2-3),类似于国内的美团与大众点评。Tripadvisor最主要的内容是用户对全球各地餐饮、酒店住宿和景区的丰富的评价与体验,它是全球较大的旅游社区,在酒店和景点点评服务上拥有绝对领导性地位,同时也提供机票预订、游轮、酒店服务。

图2-3 Tripadvisor网站页面

三、全球旅游平台经济收益管理的新变化

全球旅游平台经济收益管理的新变化,包括了大数据的分析和利用以及电子分销渠道的构建。

(一)大数据的分析和利用

大数据分析为收益管理的实践范式转变提供了一个前所未有的机会。大数据指的是来自不同源头的结构化和非结构化数据,其特征是大容量、高速处理和多样性。大数据可以帮助改善收益管理整个周期的三个阶段:预测、控制设定和监测。比如,将点击流数据输入模型中,以提高需求预测的准确性;构建酒店的竞争组合,以反映消费者的看法,而不是反映酒店特征的相似性。目前的收益管理系统通过将客房库存与需求预测进行对比来制定相关决策,而大数据有助于精准地将库存(客房)分配到评级围栏、分销渠道,以及决定有多少房间需要超额预订。基于"客人、酒店、城市和其他可用数据点的实时信息",大数据支持即时决策。

从经济理论的角度来说，大数据将支持酒店行业从效率较低的三级价格歧视模式，转向完美的一级价格歧视模式，后者使得绝大多数消费者剩余可以被酒店提取。一个基于大数据的系统可以即时、动态地获取每个客户的信息，这些信息由与预订直接或间接相关的在线活动所构成，包括搜索模式、预订和售后评估、为酒店房间和其他产品支付的历史价格、客户简介、消费者画像、旅行时间、忠诚度模式、预订时间、交通方式、客户对各种营销行为的历史反应以及出发地和目的地的天气等。通过对每位客户的需求和支付意愿进行最佳评估，有助于实现真实有效的优化结果。

（二）电子分销渠道的构建

渠道管理已经成为收益管理的一个重要组成部分，扩大分销渠道是促进旅游业业务增长的必要步骤。这意味着行业需要应对来自新技术、全球复杂性和强大的合作伙伴的挑战。互联网及其在线平台的发展促使学者和从业人员重新审视商业模式，并适应通过电子分销渠道产生的需求。电子分销商可以提供收费的纯托管服务（例如全球分销系统）；扮演旅行社的角色，在自己的流程和系统内销售产品，收取佣金；将产品重新包装，将自身转变为旅游运营商或第三方网站，实现产品溢价。

收益管理需要企业对自有直接渠道和电子分销渠道的库存能力进行区分。通过第一步评估自有直接渠道的销售潜力，第二步预测拟拨分销商的剩余库存产能，来为分销商分配合适的销售量。在与分销商联合举办高折扣活动时，收益管理旨在销售最疲弱的时期引导需求。收益管理战略可根据与分销商的合作情况进行调整，这些情况包括可用性保证、制定专门的价格或促销活动来支持合作伙伴，以获得长期盈利愿景，而不是任何短期利润稀释。渠道管理的长期风险不容忽视，因为与主要合作伙伴的艰难谈判过程往往会消耗大量的资源，导致大量利润从服务生产商转移到分销商。收益管理通过深刻理解收入和盈利能力来抗衡上述风险。

因此，电子分销渠道管理的目的是在需求产生和收入流失之间找到一个合适的折中方案。收回对产品分销的控制权正成为优先事项，并努力实现直接渠道设备的现代化，其具体措施包括门户网站设计、智能媒体开发、搜索引擎优化、呼叫中心流程化等。

第四节　互联网时代的收益管理

互联网时代收益管理的演变分为以下六个方面（见表2-12）。

视频链接

全球收益管理实例与平台经济

表 2-12 互联网时代收益管理的演变

From	To
局部最优	全局最优
收益最大化	收益完整度
收益导向理念（以交易为基础）	收益管理和营销策略的统一（以顾客价值为基础）
系统导向的收益管理系统	顾客导向的收益管理系统
传统营销	数字媒体营销
应用于旅游业	应用向其他服务领域延伸

一、从关注局部最优转化为关注全局最优

酒店收益管理面临的一个重要问题是酒店总收入管理的概念。除了客房收入，它还涉及酒店非客房部门的收入和利润潜力。功能空间、餐厅、水疗和零售等都是可能被纳入收益管理的部门。以往围绕客房收入的"局部"最优方法，没有着眼于"大局"，即酒店整体，因此没有完全解决非客房部门与客房部之间的相互关系。这种"计算孤立主义"很可能导致次优结果，无论所采用的孤立最优方法多么有效，"酒店总收入管理"理念并不是将收益管理平行应用到除客房外的收入来源，而是同时考虑各收入来源之间的相互关系，以制定一系列价格来优化酒店的总收益。

二、关注收益的完整度

收益完整度，也就是 revenue integrity。以往来自行业的报告提到了旨在遏制收益流失、提高收益并降低成本的新原则。Rose(2007)将收益完整度描述为"收益管理实践中最容易被忽视的方面"。近年来，收益完整度管理已被业界广泛当作提高企业效率的一种选项。信息技术企业已经为服务业企业开发了一系列用于实现收益完整度管理的流程系统，如 Amadeus 收益整合平台，来改进实施全局收益管理的方法。

对酒店而言，利用收益整合平台可以实现：①以最合适的价格售卖空房来增加收入；②减少因系统滥用而导致的收入减少；③拥有独一无二的预防功能，以防止收入的流失；④所有的优势贯穿于整个服务过程。

收益完整度管理的目标是确保从预订系统的定价、定价条件的适用性、以收入为导向的销售策略到费用清单审核整个商业链条的一致性。收益完整度管理处于几个研究方向的交叉点，包括市场营销、财务和成本控制、运营管理、IT和系统管理、数据跟踪、人力资源技能和销售等。然而，在大多数服务业企业，受技术问题、程序问题、通信问题和运营问题的影响，收益完整度管理往往败于营销运营环节。如果这些问题得到解决，企业将会得到1%~3%的额外预期收益。许多从业者们均支持开发和实施具体的解决方案，以在全局收益管理理念的指导下提高收益完整度的稳健性，并提高管理效率。

三、收益管理和营销策略的统一

收益管理和客户关系管理的整合被认为是酒店收益管理极具增长潜力的方式之一。在未来,顾客将成为收益管理的驱动因素。以顾客为中心的收益管理是一种新的收益管理范式。基于顾客价值的收益管理,可通过有效利用产能和建立可盈利的客户关系,来克服基于交易的收益管理的局限性。因此,学者们提出应从需求导向定价法转为以声誉和价值为基础的定价法。

整合收益管理和客户关系管理的概念已引领酒店业和旅游业进入"一个新时代",但同时也面临挑战。酒店潜在的管理冲突可能会成为两者整合的障碍,包括目标管理、时间表管理、可感知的业务资产、绩效指标,以及管理者实现个人设定目标的方法等。顾客价值识别在收益管理决策中的重要性得到了专业人士的广泛认同。相关学者提出,对于新一代的收益管理决策者,在当今快速变化的市场中,理解收益管理对线上和线下营销策略的影响,是至关重要的。

四、开发顾客导向的收益管理系统

收益管理系统(RMS)由两个嵌入式战略信息系统构成:一个是带有战术详细数据的反应循环,另一个是带有战略整合信息的慢循环。收益管理涉及大量数据、预测和大规模优化的计算密集型过程。收益管理系统是由运筹分析工具、预订系统以及分销系统界面构建而成的。未来收益管理系统的构建以顾客为导向,网络技术以用户友好性或敏捷的软件开发方法为前提,为实现将顾客决策过程作为收益管理的起点提供了可能。

五、传统营销转化为数字媒体营销

如何利用社交媒体等快速发展的数字营销策略来改进收益管理,是近年来备受关注的一个研究领域。

将社交平台,如Facebook、Twitter、微信、微博和抖音等,作为接触潜在客户、了解客户行为、建立和维护客户关系、影响客户价值感知的手段,越来越受到欢迎。

收益管理未来的重点是企业声誉。对于企业来说,拥有积极的声誉和较高的在线评价分数是至关重要的,它们关乎着收益绩效的提高。除了地理位置和需求等传统的定价因素外,未来的收益管理定价决策也很可能基于酒店的声誉。

收益管理中有关营销策略的重要研究发现有:①消费者在选择酒店之前阅读评论的数量随时间推移,稳步增加;②如果一家酒店的评分在5分制中能够提高1分,那么这家酒店的住房率可以提高11.2%,并且仍能保持原有的市场份额不变;③酒店的定价权受用户评论的影响,信誉度每提升1%,每间可售房收入增加1.42%。

六、收益管理系统向其他服务领域延伸

航空业、酒店业和汽车租赁业是收益管理应用的三个主要领域,然而,收益管理潜在的适用性正在扩展到一些具有类似行为特征的服务行业。收益管理在其他服务领域的应用中,餐饮收益管理是近年来研究较多的领域之一,此外还有游轮业。

移动平台和社交型商务可以作为餐饮收益管理的分销渠道。例如餐饮O2O移动平台,主打外卖的有饿了么、美团两巨头;主打生鲜的有爱鲜蜂、盒马鲜生等;主打社交的有"enjoy""觅食";主打特色餐饮的有"葡萄酒博士";主打堂食优化的有"美味不用等"平台。

此外,定位服务(location based services)技术也可以帮助实现在一个确定的区域内找到客户。目前航空公司和酒店的收益管理大多是系统导向的,而未来收益管理将引入服务导向的收益管理系统。服务导向的收益管理系统的初始投资成本应该低于系统导向的收益管理系统,因此有利于小型企业经营者利用收益管理系统来提高收益。

视频链接
互联网时代的收益管理

第五节 收益管理与价值共创

一、收益管理和价值共创之间的相关理论

关于价值共创的概念,传统的观点认为,生产者是唯一的价值创造者,而消费者则是纯粹的价值消耗者。从战略管理和竞争视角所提出的基于消费者体验的价值共创理论,越来越成为企业管理的核心问题。价值共创理论不再认为生产者是唯一的价值创造者。事实上,消费者通过与生产者的不断互动,已经成为共同的价值创造者。价值共创所要达成的目标,实际上就是实现收益最大化和顾客体验之间的平衡。

图2-4描绘了企业与消费者价值共创的过程:企业和消费者为了创造各自所需的价值而投入资源,并通过合作和互动的方式实现资源交换,从而实现双方价值的产出。

图 2-4 企业与消费者价值共创的过程

接下来从生产者和消费者这两个方面对价值共创进行讨论。首先,站在生产者的逻辑上,探讨价值共创对企业经营绩效的影响,以及企业对价值共创的促进与管理等问题(见图2-5)。对于生产者来说,生产者投入各种有形资源和无形资源。此外,消费

者表达的自身价值诉求以及所投入的资源,会通过互动反馈等方式共同促进企业的价值产出。基于此,生产者形成经营绩效、品牌、关系、创新等产出,以实现企业的经营绩效。然而,酒店、航空公司仅仅从生产端关注自身远远不够,还要从服务过程视角进一步与消费者互动。

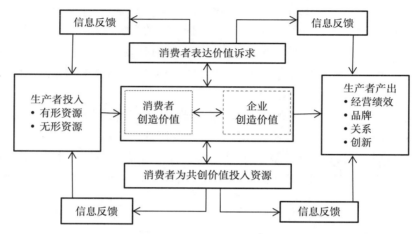

图2-5 价值共创:生产者逻辑

站在消费者的逻辑上,需要讨论消费者在合作和互动的过程中,所获得的各种不同体验、多维的顾客价值,以及由此形成的顾客满意和顾客忠诚等价值产出(见图2-6)。消费者投入时间、经历、努力、知识、技能及信息,并对企业的价值主张进行互动学习,在企业价值共创支持系统的支撑下,产生了基于上述互动过程的各类体验、价值、满意和忠诚。酒店和航空公司的顾客在与他们的供应商的互动过程中获得自身价值。供应商在实施收益管理的同时,也尽可能避免与消费者产生矛盾。

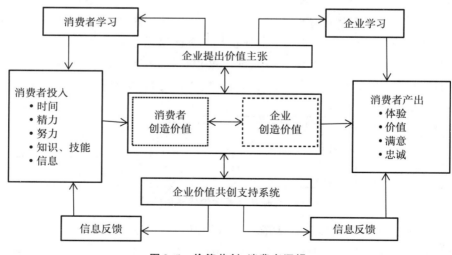

图2-6 价值共创:消费者逻辑

企业实行收益管理的目标就是实现收益最大化。实证数据也表明,实施收益管理的酒店普遍都取得了2%~4%的营业收入增长。迄今为止,从企业的角度而言,收益管理的相关经验总结和研究成果也大多着眼于如何实现收益最大化。

但是,人们在平时的生活中常常会发现,企业在实施收益管理的同时,可能会与顾客产生矛盾。下面这个基于收益管理的顾客满意度模型就解释了这一现象(见图2-7)。

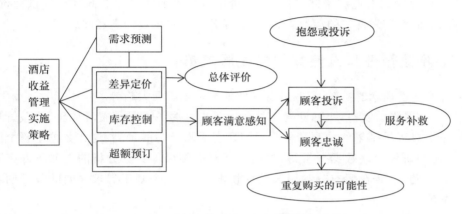

图 2-7　基于收益管理的顾客满意度模型

酒店在需求预测的基础上,可能会实施包括差异定价、库存控制、超额预订等在内的多种收益管理策略,而酒店的这些行为会使顾客形成对产品和服务的总体评价,并形成顾客满意感知,从而产生顾客投诉或顾客忠诚。而顾客忠诚就是顾客重复购买酒店产品和服务的可能性,也是酒店持续使用收益管理策略的顾客基础。

值得注意的是,当顾客产生抱怨或投诉等负面行为时,良好的服务补救能够起到"及时止损"的作用,甚至能够提升顾客的忠诚。

二、收益管理和价值共创的融合

不难发现,收益管理的目标不是单一的企业收益最大化,消费者的体验也应当得到重视与关注。换句话说,企业之间的竞争,不仅体现在实施收益管理策略的精细化水平上,还集中体现在产品和服务的质量上。对企业而言,如果不能在追求收益最大化的同时兼顾顾客的需求和利益,即使可能实现短期内的收益最大化,也必定会损害到企业自身的长期利益。

所以,与价值共创理念融合的收益管理显得非常重要。从战略管理的视角来说,应当探讨企业如何在价值共创的模式下建立新的收益管理系统,以与消费者共同创造价值。那么企业究竟应该怎么做?

首先,收益管理的策略应该被视为价值共创的灵活工具,企业只有积极主动地为消费者创造价值,并从中获取利润,才能实现企业和顾客的双赢。其次,在企业收益管理的文化、流程和系统中,都应该全方位地体现出价值共创的理念。

如果用两个核心来概括,那就是既要与消费者互动,又要重视消费者体验,二者缺一不可。

收益管理与价值共创的融合,前提条件是要了解消费者参与价值共创的机制。在此基础上,企业一方面要主动识别细分市场的盈利能力,从而确定价值、设定价格、生成折扣,更重要的是,要保持实施收益管理全过程的监控;另一方面要为消费者提供获得独特体验的适宜情境和条件。例如,为价格敏感型的顾客在非高峰期提供低价,就很有可能给他们带来良好的消费体验,从而提升他们对企业的满意和忠诚。

三、收益管理和价值共创的发展趋势

在价值共创理念的框架下,收益管理的发展呈现出两大趋势。

第一,数据驱动收益,更加迎合个性化的需求。为了满足消费者体验,收益管理的预测从原本对市场结果的预测转化为对消费者需求行为的预测,这在数据分析上则表现为,市场调研等前端数据分析得到重视,而经营结果等数据分析的重要程度有所下降。在此基础上,企业要充分利用大数据技术,构建一个基于需求导向的数据创新收益管理系统。

第二,服务种类的细化和创新。现实经济生活常常出现这样一种现象,许多微小的细分市场累积起来,可能创造出比主流市场更高额的利润,这也是我们通常所说的"长尾效应"。而由于长尾效应,企业的许多附加服务能够在满足顾客不同层面需要的同时,为总收益贡献更多增长率。

复习思考

1. 简述收益管理未来的发展趋势。
2. 思考平台经济的兴起为酒店收益管理带来了哪些机遇和挑战。

视频链接

收益管理与价值共创

案例学习

美国航空界的管理变革

第三章
定价战略的框架

学习目标

1. 通过学习战略定价金字塔，了解并掌握价值创造、市场细分、价值沟通、价格结构与价格水平的概念，从而更好地理解定价决策与程序。

2. 重新认识成本与竞争对定价战略的影响；了解产品生命周期战略融入的概念。

3. 了解渠道在收益管理中的重要性和应用。

引导案例

绿色饭店将为中国饭店行业创造多重价值

2023年4月19日至22日，由中国饭店协会主办的第十二届中国饭店文化节暨2023中国饭店业高质量发展大会在江苏苏州举行。本次活动以"守正创新，促进消费"为主题，充分展示当前引领住宿餐饮业高质量发展的品牌文化、创新文化、服务文化、餐饮文化等新供给、新业态、新模式、新动能。与会嘉宾围绕相关话题积极建言献策，共同为中国饭店业高质量发展贡献智慧和力量。当前，我国绿色饭店的建设正在稳步推进。

中国饭店协会副会长、中国饭店协会绿色饭店专业委员会理事长、天津天房酒店管理有限公司董事长刘军认为：目前，我国饭店行业的绿色化转型呈现出积极的趋势，同时，若想要获得经济、社会效益的双丰收，绿色化转型恐怕也是我国饭店行业实现可持续性发展的唯一路径。

从2023年开始，绿色饭店将会迎来更加广阔的发展机遇，疫情后消费者日益增强的绿色理念和消费需求，将为绿色饭店的发展提供更加强劲的市场动力。在这样的背景下，首先，绿色饭店专业委员会将紧抓机遇，不断创新和进取，推动我国绿色饭店的发展。通过创新，让更多的餐饮住宿企业意识到"绿色"转型并不难、并不远，"绿色转型"是大势所趋，更是我国饭店行业发展的"底色"。其次，绿色饭店专业委员会将继续推广"环保、健康、安全"理念，贯彻绿色管理标准,倡导绿色消费理念,加强绿色教育、绿色培训,同时着力推进"绿色饭店、绿色餐饮"双国标的提升工作。最后,虽然截至2022年,"绿色"饭店大家庭已经拥有1500多个家庭成员,希望在接下来的日子里,绿色饭店专业委员会能够得到更多餐饮住宿企业的信任与认可,帮助更多餐饮住宿企业成功实现"绿色"转型,从而壮大"绿色"家族。

绿色饭店不论是在社会层面还是经济层面,都必然会给中国饭店行业创造多重价值。从社会角度来看,毋庸置疑的是绿色饭店将有助于保护环境和自然资源。绿色饭店将通过一系列可持续性措施,比如使用可再生能源,采用节能环保设施设备,减少水以及能源的消耗;使用环保清洁类产品,餐饮日常所用餐具、打包盒等使用环保型材料,进而减轻对生态环境的压力。这将切实有效地保护绿色饭店所在城市地区的生态系统以及自然环境。

从经济角度来分析,绿色饭店将有助于提高我国饭店行业的竞争力以及盈利能力。在我国广大消费者环保意识逐步增强的今天,选择"绿色、环保"型酒店和餐厅的消费群体也在随之壮大。同时,绿色饭店能够帮助企业降低能源消耗,因此降低经营成本,同时提高盈利能力变成必然。

(资料来源:光明网,2023-04-26,https://baijiahao.baidu.com/s?id=1764225514732946818&wfr=spider&for=pc。)

案例思考:

1. 绿色饭店的价值创造体现在哪些方面?
2. 绿色饭店的市场细分会倾向哪些群体?

1. 战略定价金字塔的组成
2. 价值创造
3. 定价的程序

第一节　战略定价金字塔

一套有效的定价战略能够将价格与价值相匹配。定价战略由多个层次组成,这些层次是定价的支撑点,它们的组合可以实现利润最大化。这些层次的组合形成了战略定价金字塔(见图3-1)。

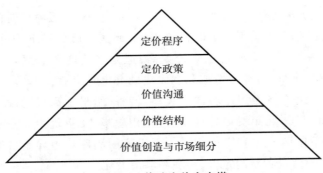

图 3-1　战略定价金字塔

一、价值创造与市场细分

价值创造是定价的根本，产品从生产到营销就是价值创造的过程。正确的市场导向是价值创造的关键，以海尔为例，海尔以消费者需求为中心，创新开发高质量的产品，综合运用价格、渠道、促销等可控因素，在营销过程中积极创造、沟通并传送价值给消费者，从而获取利润，实现双方共赢。因此，市场细分作为营销的基础，应该注重价值创造。

（一）市场细分应集中在对定价决策有帮助的消费者特征上

市场细分的基础是根据消费者的不同特征进行市场划分，包括人口统计学特征等，尤其要关注对定价决策有帮助的消费者特征。市场划分主要要注意以下三点：①确定与消费者价格支付意愿相关的细分标准；②兼顾消费者服务成本；③充分估计消费者的重点价值。

（二）市场细分步骤

第一，确定基本的细分标准，如年龄、性别等人口统计学特征，购买模式、消费者描述、被满足和未被满足的需求清单等消费者信息；第二，针对不同消费者，确定有区别的价值驱动因素，可咨询行业专家、分销商和销售人员的意见；第三，确定执行限制和执行优势；第四，得出主要的细分市场；第五，对细分市场进行具体的描述；第六，设定细分市场的计量单位和间隔。

二、价格结构

根据价值进行市场细分之后，定价战略面临新的问题：细分市场上这么多消费者，怎么知道他们每个人对"价值"的定义？许多经理人把"定价"想成"寻找一个独一无二的完美价格"，并且这个价格就能让获利最大化。这会让定价陷入两难：定价太高，损失低价端的潜在消费者；定价太低，则损失利润。其结果往往是不得不选一个看起来"刚刚好"的价格，结果不仅赔了市场占有率，还折损了利润。

因此，价格不应该只有一个，而是应该有"一组"——依照消费时间、消费者特征、消费数量等来差别定价。关于什么时候该涨价，那些上市后一下子就卖光的产品，可以考虑涨价。许多企业主不好意思索价太高，但是当消费者愿意多付一些钱买产品时，如果只开出单一定价，可能会造成利润无法最大化的遗憾。

以某餐厅的一组价格为例，包括"早起鸟"特餐（给早上高峰时段的客人）、银发族折扣、一般菜单价、1500元年费创始会员（全年用餐享7.5折优惠）、三道菜超值特餐及与主厨同桌的尊荣座席。这套定价让餐厅天天高朋满座。差异定价策略针对不同经济条件、不同需求的消费者专门定价，实现利润最大化。

三、价值沟通：影响支付意愿的战略

"价值沟通"就是让消费者也知道、认同产品价值，并且愿意花钱购买。企业不仅要会卖，还要会宣传。做好了价值沟通工作，消费者才更可能为产品付费。对于某些"高价值"的产品（如精品）而言，只要让消费者了解产品所有的优势和功能，同时提高价格与销售量，实现利润最大化并非不可能的任务。

以iPod的销售为例，一开始因为品牌和风格等"心理价值"，iPod在美国定价299美金，是一般MP3的两到三倍，加之音乐必须从专属网站上下载，许多消费者都对这个新产品持观望态度。于是，苹果公司找了一些具有潮流引导作用的名人拍广告，强调iPod的下载功能，传递"iPod不但流行，也很实用"的信息；接着开展公关活动，提高一般消费者对新技术的评价。这个价值沟通策略，让iPod在三年半内卖出超过1000万台。这说明如果消费者对产品评价较高，他们往往愿意多花点钱购买——只要你给他们机会。

参考价格与价格公平度感知也会影响消费者的支付意愿。在不同产品的比较中，公平感是主观的，同时公平感是可控的，消费者通常将价格上涨归因于服务的提升或者某些特殊事件的发生。在当今电子商务迅速发展的背景下，产品收到的评价在消费者的购买决策中起到愈发重要且不可替代的作用。多数消费者没有时间或者缺乏动力对产品进行全面了解，仅会通过了解到的部分信息进行购买决策。因此，管理者要关注并动态评估消费者评价及其后续影响，并实时调整经营策略。

四、定价政策

定价的目的只有一个，就是获利最大化。但每个部门都对价格有不同见解，业务部相信降价可以提高产品竞争力，提高销售量，进而提高利润；财务部认为严格控制边际获利，才能创造利润，所以偏好成本定价；行销部则认为，为了提高价值感、维持市场占有率以建立长期获利机制，要谨慎操作促销折扣。缺少统一的定价政策，企业价格将摇摆不定，并可能因此失去消费者信任，对长期获利造成负面影响。

企业制定定价政策时，需要思考以下问题：谁来定价，是一线员工还是高层管理者；企业该采用稳定的价格还是变动的价格；对价格政策的分析，是以个体为基础还是以团队为基础。此外根据实际情况,定价政策要区分正式与非正式的定价政策。

日本农产合作社COOP札幌专务理事大见英明,非常相信数据的收集与分析。他认为"如果不研究昨天POS系统资料,就无法解决今日的价格问题"。COOP札幌每年要开4~6次"价格研究会",找来制造商、大盘商、采购人员等公司内外部人员共800多人,一起商讨产品价格。如果任意两方对价格的意见相差甚远,就先挑几个店面测试消费者反应,成功后再推行到所有门市。

制定出价格政策之后,企业需要验证价格政策的适用情况;价格政策还应保持透明、一致,使企业能积极应对价格挑战。而在价格政策实施过程中,管理层应明确自己的责任与主要工作,包括传达信息,获得销售队伍的认可,按重要性对客户进行排序,以及在价格政策生效后的一段时间内进行结果监测。此外,还应注意定价政策实施后产生的管理冲突等问题(如采购代理的反应)。

五、定价程序

经过前面四层的调查与分析,才能攀上战略定价金字塔顶端,按照程序制定出能实现获利最大化的价格。首先以价值评估和战略目标为基础制定基准价格,然后判断消费者价值、产品生命周期阶段,在此基础上进行优化价格,并在管理方法上不断调整。以下从价格制定程序、价值考虑因素、价值-价格敏感度的驱动因素、价格优化等方面内容进行介绍。

(一)价格制定程序

价格制定程序大致包括三个步骤,即初步细分定价、优化价格和管理实施,如图3-2所示。

初步细分定价	优化价格	管理实施
以价值评估和战略目标为基础制定基准价格	在价格、成本和市场反应之间加以权衡,并通过这种互动程序来完善初步定价	制定最终价格,并通过有效的管理方法确保消费者和组织本身对价格的接受
关键问题 对于每一个细分市场来说,应当获得多少差异化价值? 如何预测并考虑竞争对手对价格的反应? 如何根据每个细分市场中不同的价格敏感度来调整细分市场价格?	**关键问题** 在长期战略目标和市场对价格变化的短期回应之间,应当做出什么样的权衡取舍? 什么样的分析方法最适合自己的产品和市场条件? 如何顾及消费者对可能的价格改变所做出的反应?	**关键问题** 如何使销售人员认可新价格,并且赋予他们有效实施新价格的权力? 向消费者沟通价格变化的最好方法是什么? 对于价值被低估产品,提高其价格,最好的方法是什么?

图3-2 价格制定程序

(二)价值考虑因素

制定价格时,对价值的考虑要注意以下几点:其一,对于不同细分市场的消费者,

视频链接

传统的定价战略

价值究竟有多重要;其二,量化并传达实现差异化价值在资金和时间上的花费;其三,对于当前或者潜在的竞争对手来说,价格差异能维持多久;其四,和销售量相比,利润作为财务目标的重要性有多大。

(三) 价值-价格敏感度的驱动因素

消费者价格敏感度的驱动因素如表3-1所示。

表3-1 价值-价格敏感度驱动因素

驱动因素	描述
支出规模	消费者支出规模越小,越不敏感
分摊成本	当部分或全部的购买价格由他人支付时,消费者较不敏感
转换成本	转换成本越高,消费者就越不敏感
风险认知	购买无法完成而导致的成本损失很大时,购买者较敏感
最终收益的重要性	若产品的购买只占为获取很高经济或心理收益而支出的成本的一小部分,消费者较不敏感
价格-质量认知	价格被视为产品质量的体现,购买者较不敏感
参考价格	产品价格相对于预期越高,消费者就越敏感
对于公平的认知	若产品价格在消费者所认为的"公平"或"合理"范围之外,购买者就比较敏感
价格框架	当消费者将价格看作一种"损失"而不是一种放弃的"收益"时,或当价格是分别支付而不是作为产品组合的一部分时,消费者较敏感

(四) 价格优化

在价格、成本和市场反应之间加以权衡,并通过这种互动程序来完善初步定价。通过动态的销售量变化与盈亏平衡,企业可制定更合理有效的价格水平。表3-2是盈亏平衡的销售量变化的实例。

表3-2 盈亏平衡的销售量变化

价格变化百分比	边际收益								
	5%	10%	20%	30%	40%	50%	60%	70%	80%	90%
35%	−88%	−78%	−64%	−54%	−47%	−41%	−37%	−33%	−30%	−28%
25%	−83%	−71%	−56%	−45%	−38%	−33%	−29%	−26%	−24%	−22%
15%	−75%	−60%	−43%	−33%	−27%	−23%	−20%	−18%	−16%	−14%
5%	−50%	−33%	−20%	−14%	−11%	−9%	−8%	−7%	−6%	−5%
0%	0%	0%	0%	0%	0%	0%	0%	0%	0%	0%
−5%	NA	100%	33%	20%	14%	11%	9%	8%	7%	6%

续表

价格变化百分比	边际收益									
	5%	10%	20%	30%	40%	50%	60%	70%	80%	90%
−10%	NA	NA	300%	100%	60%	43%	33%	27%	23%	20%
−15%	NA	NA	NA	NA	167%	100%	71%	56%	45%	38%
−25%	NA	NA	NA	NA	700%	233%	140%	100%	78%	64%

注：NA代表"无法做到的"。

案例3-1 去哪儿网比价策略

1. 八成年轻用户先比价再下单能省上百元

疫情结束后，旅游恢复进入快车道。去哪儿数据显示，2023年上半年，各项业务全面恢复并超过疫情前。其中，上半年热门城市机票预订量同比2019年增长10%，热门城市酒店预订量同比2019年增长近九成。

去哪儿的一项用户调研显示，"去哪儿便宜""怎么玩省钱"是今年旅客出游最关注的问题。超八成的年轻用户（28岁以下）会在手机里装两个及以上旅行App，且在下单前会进行多平台比价。

旅客下单前的平均搜索比价次数从疫情前的8次增长到现在的13次，目的是找到性价比更高的出游方案。黄小杰介绍，除了跨平台比价，用户还会通过组合不同出行方案，来获得更优惠的价格，例如"机票＋火车票"组合、中转航班等。

平台不完全统计显示，有比价行为的用户，平均每单能节省20元至上百元。

2. 优化产品供给＋"黑科技"把价格打下来

价格优势一直是去哪儿的生命线。"我们一方面通过供应链端获得具有竞争力的低价，另一方面通过降低内部运营成本，来守住价格优势。"黄小杰透露，去哪儿的核心业务线会将价格优势率作为重要指标进行监控，动态价格优势率均在80%以上。

与此同时，去哪儿通过产品功能方面的创新来为用户提供更具性价比的出行解决方案。去哪儿火车票业务近期上线了"省时票""低价票"的"黑科技"功能，通过不同线路组合，仅慢几分钟，却能节省上百元。例如，G1475成都东—上海虹桥二等座价格为1187.5元，通过"低价票"功能购买成都东—汉口（站内换乘）—上海虹桥，仅比直达车慢4分钟，就能节省452.5元。

去哪儿顺势推出大额暑期福利，参与活动的用户最高可以领888元旅行红包，还有明星惊喜来电、专属周边大礼包、1000元免单券包等多重福利。

（资料来源：中国旅游协会，2023-07-11，https://mp.weixin.qq.com/s/qKzsJc8m8L-WjFDhvJ9HyQ。）

第二节　战略融入：跨越产品生命周期

一、产品生命周期

产品生命周期(product life cycle)是从新产品的构想一直到产品消失的整个过程。大多数的产品生命周期曲线呈"S"形，它可以分为4个主要阶段：导入期、成长期、成熟期、衰退期。

一种产品在不同的生命周期阶段，市场对其的反应会有显著差别，因此会有不同的销售量和利润表现：在产品开发期间该产品销售额为零，公司投资不断增加；在导入期，销售量增长缓慢，初期通常利润偏低或为负数；在成长期，销售量快速增长，利润也显著增加；在成熟期，利润在达到顶点后逐渐走下坡路；在衰退期，产品销售量显著衰退，利润也大幅度滑落。

二、产品生命周期与价格战略

在产品的不同生命周期阶段，由于其市场表现的差异，要进行价格战略调整，以实现利益最大化。

（一）导入期

在产品导入期，要有2%~5%的潜在买家接受产品后，产品需求才开始加速增长。此时企业调整价格，可通过试验促销进行价值沟通，也可通过直接销售进行价值沟通。

（二）成长期

在产品成长期，重复购买者不再对产品价格犹豫不决。对于有差异化的产品，企业应集中精力发展产品的独特性，适宜采用撇脂定价法；渗透价格法可以防止竞争对手模仿。对于低成本产品，若价格弹性小，实施中性定价；若价格弹性大，实施渗透定价。

（三）成熟期

在产品成熟期，价格竞争加剧：重复购买者提高了识别、评价能力；竞争对手的模仿、超越减弱了产品的差异性；已有的利润会吸引大量新进入者。企业要对成本和使用改善加以控制，扩充产品线，并对分销渠道实施持续评估。

（四）衰退期

在产品衰退期,有三种不同策略:精简策略、收割策略、巩固策略。例如,面临数码相机的冲击,柯达采用了精简策略,有意识地退出广阔的传统相机市场,保留在一次性相机中的地位;宝丽莱则使用了收割策略,为实现业务收入最大化,在短期内将传统相机业务当作"金牛"业务,但长期内撤出市场;尼康和佳能认识到艺术摄影市场的可能性,采用巩固策略,即重组业务,并提高产品的性能和定价。

第三节 战略基础:成本与竞争

一、成本如何影响定价战略

（一）利润率分析

利润率分析主要是基于交易的数量与价格变化的频率,建立并完善自动价格优化系统,并在此基础上进行增量保利分析与风险分析,最终完成利润率分析的工作(见图3-3)。

图3-3 利润率分析

（二）增量成本

增量成本是由产量增量导致的总成本的变化量,等于生产增量之后的总成本减去生产增量前的总成本。表3-3提供了一个交响乐队的增量成本例证:第一种情况是需要在星期日重演,产生了增量演出成本及其他可变成本;第二种情况是由于开发新系列的演出会,产生了增量排演成本、增量演出成本及其他可变成本。两种情况最终都导致了净利润下降。

表3-3 交响会增量成本及利润

利润核算	Ⅰ正常情况	Ⅱ星期日	Ⅲ新系列
价格	$4	$6	$10

续表

利润核算	Ⅰ 正常情况	Ⅱ 星期日	Ⅲ 新系列
产品销售量/(张)	200	700	800
收入＝价格×产品销售量	$800	$4200	$8000
其他放弃的销售收入	0	$1500	$1000
收入所得	$800	$2700	$7000
增量排演成本	0	0	$4500
增量演出成本	0	$2000	$2000
可变成本	$200	$550	$700
增量成本	$200	$2550	$7200
净利润贡献	$600	$150	－$200

（三）可避免成本：沉没成本的对立面

可避免成本是指在某特定方案下可消除的成本，一般而言，可变成本都是可避免成本。例如，20元的书价，两千本存货，第一年售出一半。利率提高，导致每本书4元的利润不足以支付存货所占运营资金的利息成本。那么，该如何定价才能减少成本支出？销售顾问建议折价出售，这个策略可行吗？库存一本书的累积利息成本见表3-4。

表3-4　库存一本书的累积利息成本

存货年数/年	1	2	3	4	5	6	7	8
保留存货的利息成本*	$1.80	$3.92	$6.43	$9.39	$12.88	$16.99	$21.85	$27.59

注：*第n年的利息成本＝$10(1.18^n-1)$。

（四）边际收益率对盈亏平衡销售量的影响

前面提到"盈亏平衡的销售量变化"实例，此处结合成本探讨边际可变成本和沉没成本对价格的影响，即通过边际收益率对盈亏平衡销售量产生的影响。表3-5是实例数据。

表3-5　边际收益率与盈亏平衡

	产品A	产品B
制定价格时所占百分比：		
可变成本	80.0%	20.0%
固定或沉没成本	10.0%	70.0%
净利润	10.0%	10.0%
边际收益率	20.0%	80.0%

续表

	产品 A	产品 B
对盈亏平衡销售量的影响：		
价格降低 5%	+33.3%	+6.7%
价格降低 10%	+100.0%	+14.3%
价格降低 20%	∞	+33.3%
价格提高 5%	−20.0%	−5.9%
价格提高 10%	−33.3%	−11.1%
价格提高 20%	−50.0%	−20.0%

例如，在每日平均房价（ADR）与每间可售房收入（RevPAR）的问题中，应改变经营动机，使目标变成尽可能在高峰时段获取更多利润，同时确保非高峰时段的入住率并获得盈利。

（五）纵向一体化、转移成本与定价

非纵向一体化成本结构的实例如表 3-6 所示。

表 3-6　非纵向一体化的成本结构

	当前的价格、成本及销售量	10% 的价格削减、30% 的销售增加	变化
独立制造有限公司			
Omega 零部件有限公司			
当前产品销量/（件）	1000000	1300000	+300000
价格	$2.00	$1.80	−$0.20
可变的原料成本	$1.20	$1.20	0
可变的劳动力成本	$0.20	$0.20	0
固定成本	$0.40	$0.31	−$0.09
边际收益	$0.60	$0.40	−$0.20
边际收益率	30.00%	22.22%	−7.78%
每年的税前利润	$200000	$120000	−$80000
Alpha 零部件有限公司			
当前产品销量/（件）	1000000	1300000	+300000
价格	$0.30	$0.30	0
可变的劳动力成本	$0.05	$0.05	0
固定成本	$0.20	$0.15	−$0.05

续表

	当前的价格、成本及销售量	10%的价格削减、30%的销售增加	变化
边际收益	$0.25	$0.25	0
每年的税前利润	$50000	$125000	+$75000
Beta零部件有限公司			
当前产品销量/(件)	1000000	1300000	+300000
价格	$0.90	$0.90	0
可变的劳动力成本	$0.35	$0.35	0
固定成本	$0.40	$0.31	−$0.09
边际收益	$0.55	$0.55	0
每年的税前利润	$150000	$315000	$165000

在不能转移定价的情形下，对Omega零部件有限公司而言，边际收益（价格—可变成本）为$0.60，价格降10%，需增加50%的销售量，才能保持利润不变；价格增10%，放弃的销售量不能超过25%。你的选择：降价还是加价？

纵向一体化成本结构的实例如表3-7所示。

表3-7 纵向一体化的成本结构

	当前的价格、成本及销售量	10%的价格削减 30%的销售增加	变化
联合制造有限公司			
当前产品销量/(件)	1000000	1300000	+300000
价格	$2.00	$1.80	−$0.20
可变的原料成本	没有	没有	没有
可变的劳动力成本($0.20+$0.05+$0.35)	$0.60	$0.60	0
固定成本($0.40+$0.20+$0.40)	$1.00	$0.77	−$0.23
边际收益	$1.40	$1.20	−$0.20
边际收益率	70%	67%	−3%
每年的税前利润	$400000	$560000	$160000

在可以转移定价的情形下，边际利润为$1.40，边际收益率为70%。降价10%，可以增加16.7%的销售量；加价10%，销售量损失不超过12.5%。你的选择：降价还是加价？

二、竞争：理解定价博弈

（一）竞争优势：利润的唯一可持续来源

高度竞争环境下的定价尤为困难。竞争环境中的市场具有不确定性，定价不仅要考虑企业的内部因素，还要考虑外部竞争对手的行动以及市场的变化。在确定性环境下，定价的改变一定会引致销售量的改变；而在竞争环境下，定价改变很可能引致竞争对手的定价改变。只有拥有竞争优势，企业才能在合理定价的基础上获得可持续利润。以低价策略为例，只有那些拥有成本优势，可以阻止竞争对手将价格降到更低的企业，才能通过降价获得长期优势。

（二）应对价格竞争

对于竞争对手的价格行动，企业是否需要全部做出回应？这需要企业做出合理权衡，主要有两个考虑因素：竞争对手的价格行动是否会威胁到企业的市场地位以及是否会给企业带来高昂的回应成本。企业对竞争对手价格行动的回应如图3-4所示。

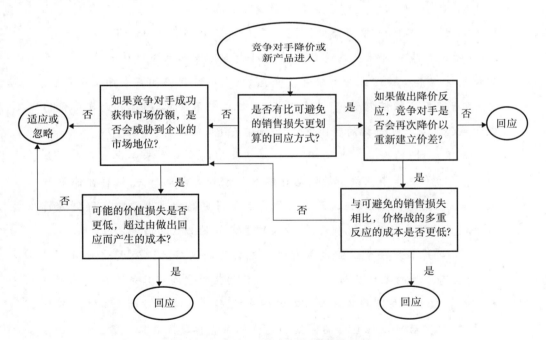

图3-4　如何回应竞争对手的价格行动

（三）把握竞争时机

信息时效性是价格竞争中的关键。企业需要实时收集并评估竞争对手的信息，并快速做出判断，选择应对方式。在以下四种情况下，企业可以考虑采取价格调整：①企业已经拥有或者可以通过低价战略实现巨大的增量成本优势；②价格的调整不会导致竞争对手做出反应；③企业可以用配套产品的利润来有效地补贴其在某一市场上的损失；④价格竞争可以充分扩大市场容量，就算竞争对手跟随降价，全市场的利润仍然增加。

案例3-2　OTA价格战殃及酒店连锁业

2012年携程全面介入艺龙发起的酒店OTA行业的价格战，一直持续到2013年底。2014年去哪儿全面转型OTA挑起了更大的一轮价格战，并且一直在继续。这期间品牌连锁酒店一般不允许OTA给用户返现，而小品牌或单体酒店一般都允许OTA返现。这样在品牌连锁酒店与其竞争对手之间本来已经平衡的价格关系就被打破了。

原来如家、汉庭、7天、锦江之星这样的品牌连锁酒店，依靠自己大量的会员可以维持很高的自有渠道预订比例，OTA给它们贡献的预订量占比一般都小于10%。如家就宣布了其会员数量达3860万人。因此，为了维持自己的直销体系，品牌连锁酒店就一定要守住自己官网最低价的优势。但是，OTA打价格战的时候是在连锁酒店官网价格的基础上给用户返现，相当于变相把官网最低价这点给打破了。虽然OTA返给用户的钱表面上是OTA出，酒店不用负担任何费用，不会有损失，但是当用户发现OTA的实际价格低于连锁酒店官网价格的时候，他们就会在OTA预订了。

为了应对OTA的这些影响，华住酒店集团的季琦表示要建立一个更大的联盟体系，把非华住旗下的酒店也纳入其预订平台里面去，这样才能更好地对抗OTA。本质上说，这是为了让自己获得更高的市占率以赢得更多的话语权。从酒店行业的发展看，走向集中也是一种必然的趋势。

当然，并不是每个创业者都有机会把自己的酒店品牌做成大型酒店集团，小型有个性的特色酒店也依然会有自己的生存空间。只是这种模式下的经营和管理方法与连锁品牌酒店不完全一样，这种模式注重的是口碑而不是会员体系，甚至可以把自己的营销和定价体系直接建立在第三方上面，自己专注于做好服务和口碑。这样只要在成本和收入之间做好平衡，酒店同样可以创造客观的收益。

（资料来源：蓝莓科技，2015-08-15。）

第四节 渠道的收益管理

一、渠道的重要性

渠道是一组独立的组织,致力于向消费者或商业用户提供产品或服务。渠道是将顾客推向产品的关键,是酒店收益管理中关键的外部利益相关者,与动态定价密切相关。随着互联网应用的普及,酒店分销渠道发生了重大变化,而且还在不断发展。随着分销渠道的发展,酒店不断调整其渠道策略,但其策略目标仍然不变:为酒店带来利润最大化。国际酒店集团完整的销售渠道组合如图3-5所示。

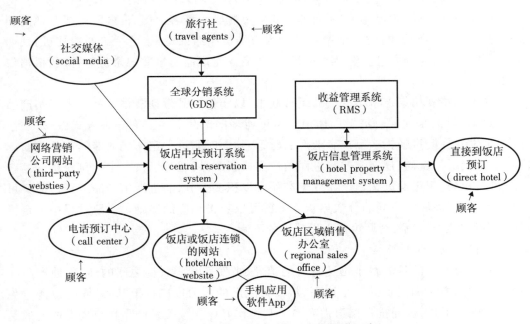

图3-5 国际酒店集团完整的销售渠道组合

二、渠道的定价

从定价的角度来看,合适的渠道、良好的渠道关系能加强企业与顾客之间的黏性,提高市场竞争力,降低销售成本和掌握市场信息,从而缩短产品向顾客转移的时间,使产品价值尽快转化为收益。渠道合作关系主要有三种:生产商与零售商关系,生产商与分销商关系以及分销商与零售商关系。对于企业来说,出于不同的目的、经济考虑等多方面的因素,根据不同的合作关系,需要采取不同的渠道战略。

在企业的渠道合作关系中,谁能影响顾客行为,谁就有定价能力。现实中存在拉动型和推广型两种分销渠道的定价战略(见表3-8)。

表3-8 渠道战略选择

	拉动型渠道战略	推广型渠道战略
生产商利益考虑	通过折扣和促销,使低销量品牌能够进入市场	通过密集广告和大量营销活动推动销量增长
渠道经济	由多个品牌分摊高额利润以及由销售、广告或服务带来的高成本	要求通过以最低的成本,有效地增加销量以实现盈利
细分市场类型	分散的小众细分市场,利基市场	大众市场
对渠道的依赖	中到高	低,甚至不依赖
密集度	有选择性、分散	密集

1. 拉动型渠道战略

生产商有定价权。减少批发折扣,制定并推广建设零售价来压缩零售商利润,但同时使用折扣方式,确保避免"零售商使用本品牌吸引顾客上门,但鼓励购买其他高利润产品"。①分布折扣:对于销量超过平均市场份额的渠道,给予一定的额外折扣(如1%),并且可以超额累进。②后端反复:零售商先将产品出售并记录份额扩展,根据份额增加返利。

这种战略利用渠道将不同产品组合起来,以畅销产品带动滞销产品或者畅销产品互相带动,目的是向同一消费群体销售尽可能多的产品。主要有三种方式:一是硬性规定批发商在购进畅销产品或者老产品时,必须同时购进一定比例的滞销产品或新产品;二是吸引批发商,规定只要购进滞销产品或新产品,就可以按一定比例获赠畅销产品;三是积分,规定购进畅销产品或老产品可以积多少分,购进滞销产品或新产品又可以积多少分,最后将不同的分数累积起来就可以获得相应的奖励。实践过程中一定要注意协调渠道的关系,否则可能引发渠道的不满。

2. 推广型渠道战略

推广型渠道的目的在于迅速打通经销商、批发商和零售商之间的通路,使产品在最短的时间内布满渠道的各个层面,从而为随后的大力推广打下基础,同时也能避免竞争对手的干扰,进而抢占渠道占有率。其运作好坏直接关系产品在市场上的流通是否顺畅,以及在整体策略上是否能策应对消费者的拉动。最适合的方式是针对渠道开展返利,以利益刺激渠道积极进货,并配合生产商大力宣传。

三、渠道的合作战略

(一)渠道关系维护

良好的渠道关系是通过渠道获利的关键,在实际的运作中有非常多维护渠道关系的方法(见表3-9),但是每种方法都有其特定的使用条件,在合适的条件下灵活应用合适的方法才能发挥其应有的效果。

表3-9 维护渠道关系的方法

维护方式	具体方法
渠道返利	实物返利、费用返利、扣点返利、模糊返利、现金返利、现金卡
赠送礼品/产品	经销商进货时,按照一定比例赠送礼品或市场上畅销的其他品牌的产品
压货	一是硬性规定,二是配合实施一定的激励措施,三是加大消费者促销力度加以引导
兑奖卡	主要针对批发商和零售商,适用于产品销售稳定而且销量较大的阶段
配额	俏货配额;滞货配额;新货配额;库存配额;囤货配额
工具支持	往往用于产品的推广初期,需要促使经销商加强对市场基础工作的建设,同时也能较多地利用经销商的资源和精力

(二)渠道谈判

在与强势渠道商谈判的过程中,可采取以下策略:①让强势渠道商之间相互谈判,以在一定程度上削弱其谈判实力,但要防止强强联合;②对于具有排他性的强势渠道商要给予充分支持,以合作共赢;③将零售商的价值量化,以更好地比较不同方案,做出最明智的决策;④消除不必要的成本,为自己争取更大的谈判余地;⑤对提供的产品进行细分,以更有针对性;⑥采取"分而治之"的战术。

1. 战略定价金字塔是什么?
2. 跨越产品生命周期的定价具体指什么?
3. 成本类型与成本结构有哪些主要内容?
4. 如何应对价格竞争?
5. 分销渠道定价的要点是什么?

案例学习

宝洁的定价与渠道

第四章
动态定价

1. 学习动态定价，了解如何制定价格、修正价格和调整价格。
2. 学习并掌握影响服务定价的因素及服务定价方法。

北京酒店，为何突然涨价"凶猛"?

据出行平台统计，北京是2023年旅游的大热门城市，机票、景区门票和酒店的预订量较2019年均明显增长。去哪儿大数据显示，截至7月12日，北京地区暑期景区门票预订量同比2022年增长8.8倍，同比2019年增长1.2倍；暑期飞往北京的机票预订量同比2019年增长三成，价格上涨两成；暑期酒店预订量同比2019年增长2.1倍，热门酒店预订商圈有前门、王府井地区、国贸地区、西单等。

酒店供不应求，价格就被抬了上来，让许多网友大呼"震惊"。"前几天在北京540元订的酒店，同一房型已经涨到877元，误打误撞省了钱。""暑假前订的豪华酒店，最近有一家从两晚1750元涨到了一晚1700元，另一家从两晚3188元涨到了3888元，周五、周六则是两晚4488元。""从4月开始做北京酒店测评，最近更新少的最主要原因就是太贵了!"社交媒体上，网友、博主们频频对北京酒店涨价的话题"激情开麦"。"每天都在挑酒店，我都想住车里了。与其暑假往外跑，还不如找个时间请假去。"一位自驾游的网友无奈地说。

通过携程平台查询到，北京王府井大街附近的桔子水晶酒店7月22日(周六)的房价在830元到1650元不等，部分房型售罄。在旅客评价中，一位今年2月入住过高级大床房(无窗)的消费者称其当时房价为每晚300多元，而该房型7月22日的价格为859元，按此计算，该房价在约半年时间内涨了将近两倍。

除此类涨价幅度较大的情况外，也有部分酒店较年初涨幅在50%以下；

部分在天安门、故宫等热门景点附近的经济型酒店，往年旺季定价也会动辄上千，而今年在此基础上再度涨价。

锦江酒店方面表示，截至目前，锦江旗下全国酒店入住率及RevPAR（每间可售房收入）同比均有较大幅度提升，其中RevPAR增幅超30%，达五一假期后新高，且高于2019年同期。

一、为何涨价感受明显？

从总体来看，北京酒店高出数倍的涨价并不是普遍情况。携程数据显示，今年6月至今（6月1日—7月10日）北京酒店订单均价同比2022年增长超三成，北京酒店预订量同比2022年增长超2倍。

根据中国饭店协会发布的历年数据，中国内地住宿业客房总规模（不含隔离酒店）在2019年底为1891.7万间，2020年底为1620.4万间，2021年底为1423.77万间，2022年底为1529.1万间，即2022年底比三年前减少了362.6万间客房。文旅部发布的数据显示，2023年上半年，中国国内旅游总人次为23.84亿，比2022年同期增加了9.29亿。

可以看出，在今年"井喷"式的出行恢复之下，又值暑期高峰，市场供给亟待提升。

携程相关负责人介绍道，今年暑期通过携程预订北京酒店的游客，"80后"占据半壁江山，以50%的比例高出去年同期十个百分点，此外"90后"占20%，"00后"占8%。"预计北京酒店预订热潮会随暑期北京旅游火爆持续下去，在开学前会出现小降温。"该负责人表示。

北京第二外国语学院中国文化和旅游产业研究院副教授吴丽云指出，今年暑期酒店价格上涨受到供给和需求端的多重因素影响。"首先，今年以来无论是商旅还是旅游的需求都迎来集中释放，北京等热门目的地迎来了大批来自全国各地的游客。此外，疫情期间一些酒店因经营不善而被淘汰，而正常运营的酒店或也存在员工流失的情况，导致今年酒店供给方面会有一定不足，人员储备也存在缺口，这些因素都会对酒店价格上涨带来影响。"她表示，虽然理解酒店把握市场回暖机遇，追求利润，但价格还是需要与产品和服务的价值相匹配。

"由于住宿业不属于垄断性公共服务行业，买卖双方均具有自由选择权。建议游客来京选择住宿酒店时，可以结合自身经济实力，考虑避开景区周边，选择地铁和公交沿线酒店，这样既方便快捷又经济实惠。"北京市旅游行业协会饭店分会会长吴晓燕在接受《中新经纬》采访时说。

二、酒店涨价真能"上不封顶"？

在市场规律之下，酒店价格并非可以"上不封顶"。

"虽然没有法律规定禁止酒店涨价，但酒店定价受到政府市场监管部门约束，并非可以不受任何限制地任意涨价。发改委等在2010年发布的《关于规范酒店客房市场价格的意见》中提出，旅游热点区域和大型活动场所周边地区，可根据《价格法》的规定，对酒店客房价格实施最高限价等临时价格干

收益管理

预措施。具体标准国家并没有统一规定，由各地政府自行决定。"上海汉盛律师事务所高级合伙人李旻讲道。

如果酒店定价违反了当地限价标准，会受到怎样的惩罚？李旻解释称，根据《价格违法行为行政处罚规定》，经营者如不执行提价申报或调价备案，或不执行规定限价、不执行法定价格干预措施等，会被责令改正，没收违法所得，并处违法所得5倍以下的罚款；情节严重的责令停业整顿。

"在暑期旅游旺季期间，热门城市的酒店价格上涨是可以预见的。从供需角度来看，在酒店价格上涨、利润率提升后，会有更多资金的投入，造成供给放大，供需关系的调节也会影响酒店价格。从市场热度来看，十一后或会迎来一定回落。"谈及未来酒店价格趋势，吴丽云分析称。

吴晓燕表示："随着暑期的结束，相信酒店房间市场价格会逐步回归到正常水平。行业协会也会进一步发挥指导作用，呼吁酒店最大程度地让服务和价格水平相匹配。"

（资料来源：中新经纬，2023-07-22，https://www.163.com/dy/article/IA8K65T20519C6T9.html。）

案例思考：
1.酒店价格变动受哪些因素影响？
2.酒店动态定价的负面影响有哪些？

1.动态定价
2.服务定价
3.价值定价策略

第一节 动态定价的原理

一、动态定价的使用原因

假设你在一个星期天，去当地的一家杂货店购买你喜欢的面包。平时这种面包是3块钱一个，然而今天面包变成了6块钱一个。当你询问价钱变化的原因时，答案是这个面包每到周日的需求量就会大幅上升，面包店为了获取更多收入，把价格提升了。那么你还会买这种面包吗？你以后还会去这家杂货店吗？再假设你要参加一个有你最喜欢的乐队表演的音乐会，你想要第一排的座位，但是由于第一排只剩几个座位了，其票价是后排座位的两倍。那么你还会购买第一排的座位吗？或者假设，你在新年之际想在重庆解放碑附近预订一个房间，以便参加新年倒计时，但是由于当晚的房间需求量非常大，房价上升为平常房价的两倍，你还会在那里预订房间吗？

因此，动态定价的根本原因是供需不平衡。通常认为，航空业是一个频繁由于供需不平衡而对价格进行调整的行业——当预期需求增加时就提高价格，当预期需求减少时就降低价格。通常乘客面对的价格浮动，有很多方面的解释，可能是因为服务档次的变化（头等舱、商务舱、经济舱），可能是因为购票日期的不同（提前21天购票、当天购票等），也可能是因为购买票数的不同（批发商购票、旅行社购票、休闲旅客购票等），但最根本原因还是供需不平衡。其他运用收益管理进行动态定价的行业，包括航海业、火车行业、影视行业等，这些行业的共同点是它们的服务具有不可储存性，从而很容易产生供需不平衡。

酒店亦是如此，采取在适当时间提高或降低房价的做法。因此，如果一个酒店在每年10月份的入住率是较稳定的，那么就不太可能给予一个需求量大的团体客人折扣，除非这个团体愿意购买额外的酒店服务以补偿房价折扣。在大多数情况下，消费者能够理解由于供应不足导致的价格上升。但是，不是所有的行业都能有效地应用供需原理。比方说，在节假日由于小汽车的使用率上升，石油公司同步提升汽油价格，公众对汽油价格上升的直接反应是对"大石油公司"表达愤怒和批评，而且要求相关部门调查和控制汽油价格。

同时，酒店从业者必须知道，不合理的定价调整可能导致消极的结果。因此，酒店从业者正确理解动态定价的定律和使用前提，是对其进行有效运用从而实现收益最大化的前提。

二、动态定价的理论基础

（一）动态定价管理的基本理论基础

动态定价管理的基本理论基础是供需原则和差别定价。

对于酒店动态定价，理解供需原则十分重要，因为酒店的产品具有生产和消费的同时性和高投入成本。假设一个城市在明年将举行重要年度会议，酒店业面临的问题是即使需求在会议期间大量增加，但酒店可供销售客房的数量无法增加。这是因为酒店不能在短时间内筹资以及构思、设计和建设客房；而且即使可以实现，会议结束后，这些额外客房的需求将会消失。因此，这样做是不明智的。对于出租车业务来说，这个问题就简单得多，既可以在会议期间增加出租车的可得数量，也可以通过延长司机在职时间，或同时使用两种策略，从而从增加的需求中获利。供需原则对酒店动态定价的重要性还在于，相对于其他行业，酒店产品具有不可储存性。例如，在鞋展期间，如果某双鞋在第一天没有卖出，可以尝试在第二天将其出售，无须额外支付成本；但是对于酒店来说，如果酒店在第一天晚上没有售出101房，那么在那个晚上101房的潜在销售收入就永远丢失了。

差别定价既是一门艺术也是一门科学。它的艺术性体现于寻找到一种细分市场的方法，以便根据顾客的价格敏感度进行差别定价。它的科学性体现在通过制定和更新价格，最大化细分市场的总收益。差别定价虽然是动态定价的重要手段，但是容易引起顾客的不公平感。因此，了解顾客对各种差别定价策略的公平度感知，是采用动态定价时需要特别注意的。

（二）动态定价的注意事项

在动态定价过程中，管理者要注重对以下几点的把握。

1. 价格的可变性

酒店收益最大化的战略，是将同样的产品在不同的需求情况下按照不同的价格出售。航空公司的变动价格制度得到大部分顾客的认可，利用同样的原理，酒店行业也可使用相应的动态定价策略。按照酒店行业的惯例，顾客喜欢价格折扣、产品升级、酒店赠送的礼品等，但酒店无法完全满足顾客的期望。因此，酒店需要从顾客的角度进行动态定价，采用不同的价格防护栏，使顾客感到物有所值，其目的是保证收益的最大化。

2. 价格的公正性和可接受性

酒店业作为服务行业，由于生产和消费的同时性，顾客只能根据对价格和服务的期望来判断价格的合理性，因此公正就显得更为重要。只有让顾客感受到公正，顾客才会接受酒店的定价，从而实现收益最大化。顾客的可接受性反映在满意度上，如果酒店的利润增加导致顾客满意度下降，说明顾客认为酒店的价格并不公正。

3. 价格的合理性

顾客对价格是否合理的判断，依赖于顾客对酒店名誉的认识。酒店名誉度高，价格的接受程度就高；酒店的名誉度低，价格的接受程度就低。同样，合理的价格能够提高酒店的名誉度。

4. 定价的诚实性

诚信是企业在社会生存和发展的基础，如果顾客发现酒店利用市场权利而对顾客不诚实，酒店就会失去在顾客心目中的地位，从而失去顾客。

5. 溢价和折扣

顾客对价格的认识，是实际价格和期望价格的比较。顾客的期望价格会参考酒店的门市价，在顾客心里，总是想得到比期望价格低的报价。但现在大多数酒店制定的门市价和实际出售的平均房价相距太远，这样的门市价不再能给予顾客参考，因而也失去了原有的意义。

第二节　动态定价的过程

在传统意识中,管理者通常认为顾客是被动的,他们的需求由外部的变量决定,他们不会主动参与决策,其决策取决于最开始的供给的类型或者属性。但在实际的消费过程中,顾客在决策中扮演着主动性角色。也就是说,产品或服务的价格由需求与供给双方共同决定。那么,需求与供给的具体内容主要包括哪些?是根据市场需求改变供给,被动定价;还是根据企业供给改变需求,主动定价?除了需求与供给之外,我们还需要考虑什么因素?有哪些定价方法?以下将具体分析定价的流程、步骤及定价方法的运用。

一、价格制定

(一)确定定价目标

企业的定价目标是以满足市场需要和实现企业盈利为基础的,它是实现企业经营总目标的保证和手段,也是企业定价策略和定价方法的依据。企业的定价目标主要包括拓展目标、利润目标、销售目标、竞争目标和社会目标(见表4-1),不同目标对应不同的价格措施。

表4-1　企业定价目标及其具体措施

目标	具体措施
拓展目标	维持企业生存、扩大企业规模、多品种经营
利润目标	最大利润、满意利润、预期利润、销售量增加
销售目标	提高市场占有率、争取中间商
竞争目标	稳定价格、应对竞争、质量优先
社会目标	社会公共事业、社会市场营销责任

(二)确定需求

1. 需求的影响因素

顾客的需求是不断变化的,除了社会政治、经济、文化等宏观因素,还有人口统计指标、消费者偏好、替代品价格等因素,都会影响顾客的需求。其中,消费者的价格敏感度是重要的影响因素,表4-2列出影响消费者价格敏感度的9个因素。

表4-2　影响价格敏感度的因素及其特点

因素	特点
独特价值效应（unique-value effect）	产品越独特，顾客对价格越不敏感
替代品知名效应（substitute-awareness effect）	顾客对替代品了解越少，他们对价格的敏感度越低
难以比较效应（difficult-comparison effect）	如果顾客难以对替代品的质量进行比较，他们对价格较不敏感
总开支效应（total-expenditure effect）	开支在顾客收入中所占比重越小，他们对价格的敏感度越低
最终利益效应（end-benefit effect）	开支在最终产品的全部成本中所占比重越小，顾客的价格敏感度越低
分摊成本效应（shared-cost effect）	如果一部分成本由另一方分摊，顾客的价格敏感度较低
积累投资效应（sunk-investment effect）	如果产品与以前购买的产品合在一起使用，顾客对价格较不敏感
价格质量效应（price-quality effect）	假设顾客认为某种产品质量更优、声望更高或是更高档的产品，顾客对价格的敏感度就较低
存货效应（inventory effect）	顾客如无法储存商品，他们对价格的敏感度就较低

（资料来源：Nagle T T.The strategy and tactics of pricing[M]NJ:Prentice Hall,1987.）

2. 需求的价格弹性

需求价格弹性（price elasticity of demand）是指需求对价格变动的反应程度，会影响经营者的价格决策。一般情况下，价格上升，需求减少；价格降低，需求增加。因此，需求曲线是向下倾斜的。在以下几种情况，需求可能缺乏价格弹性：替代品很少甚至没有，或没有竞争者；顾客对较高的价格不敏感；顾客对改变他们的购买习惯和寻找较低价格表现迟缓；顾客认为由于质量改进，或者正常的通货膨胀和其他一些因素，定价较高是公道的。

3. 估计需求趋势

既然需求是会变化的，那么选择合适的方法来估计需求趋势就尤为重要。估计需求趋势主要有以下几种方法。①统计分析法，即统计过去的价格、销售数量和其他因素的数据来分析它们之间的关系。这种数据分析法适用于纵向估计（随时间变化）和横向估计（在同一时间不同地点），但是建立合适的模型和处理数据需要相当高的统计技术。②价格实验法，这种方法由贝内特（Bennett）和威尔金森（Wilkinson）开创，具体操作为：在商店里有计划地变动几个产品的价格，并观察研究不同价格是怎样影响销售量的。③询问判断法，即询问购买者在不同的价格水平下，他们会买多少产品。这种方法的主要问题是购买者通常表示价格较高时会降低他们的购买愿望，这迫使企业不敢制定高价格。

（三）估计成本

1. 成本的类型

成本包括固定成本及变动成本。固定成本是不随生产或销售收入的变化而变化的成本，通常包括固定资产投资和一般管理费用。变动成本随着生产水平的变化而直接发生变化。

2. 不同的成本行为

在不同的生产和销售方式下，企业的成本变化趋势是不一样的，包括基于经验曲线的成本行为和基于差别营销报价的成本行为。①基于经验曲线的成本行为，例如，根据经验效应，当产品的生产和销售增加一倍时，单位成本就降低10%～30%。②基于差别营销报价的成本行为，如今，企业努力使它们的报价适应不同的购买群体和零售商渠道，为了估算对不同购买群体和零售商的实际盈利水平，企业必须应用基于活动的成本（activity-based cost）进行会计核算。

3. 目标成本法

目标成本法的思路：首先研究销售诉求和竞争价格，确定产品的定价，然后根据目标利润确定目标成本，最后检查每一个成本项目——设计费用、工程费用、服务费用、销售费用等，确保最后的成本项目在目标成本之内。必要时需要考虑调整成本项目，如减少供应商等，来降低总成本。

（四）比较分析竞争者

在现实中，竞争者的定价方法和市场反应，是企业制定产品价格的有效参考。企业将自己的价格与成本和竞争者进行比较，以了解自己是否具有竞争优势。

竞争者的产品价格等信息，是企业制定自己价格的一个起点。如果企业提供的产品与一个主要竞争者提供的产品相似，那么企业必须把价格定得接近于竞争者的水平，否则可能失去销售额。倘若企业提供的产品在品牌、质量方面有优势，企业定价就可以比竞争者高。

要注意的一点是，竞争者会对市场上的价格变化迅速做出反应。也就是说，盲目的低价策略可能并不能带来竞争优势。只有那些利用成本优势，使竞争者定价无法比自己低的企业，才能通过降价获得好处。

（五）选择定价方法

定价方法是企业在特定的定价目标指导下，依据对成本、需求及竞争者等状况的研究，运用价格决策理论，对产品价格进行计算的具体方法。定价主要包括成本导向、竞争导向和顾客导向三种类型，具体方法有以下几种。

1. 成本加成定价法（markup pricing method）

成本加成定价法指的是在产品的成本上加一个标准的加成来制定产品价格的方

法。成本加成定价法被普遍应用,因为相对于需求而言,卖方更容易把握成本变化。当需求变动时,企业无须频繁地调整价格,只需要调整成本。当行业的所有企业都使用这种定价方法时,产品的价格就会趋于一个平衡的水平。成本加成定价法能避免市场价格的频繁变动,降低价格竞争,对买方和卖方来讲都比较公平。

2. 目标利润定价法(target-return pricing method)

目标利润定价法又称投资收益率定价法,是根据企业的投资总额、预期销量和投资回收期等因素,通过量本利分析法制定产品价格的方法。

3. 认知价值定价法(perceived-value pricing method)

企业越来越明白定价的关键不只是卖方的成本,还在于买方对价值的认知。因此,把价格建立在顾客对产品的认知价值的基础上,依据产品带给顾客的附加利益推定顾客对价值的认知,并在此基础上确定该产品的价格,这种方法即认知价值定价法。

4. 差别定价法(difference pricing method)

差别定价法是指企业通过不同的营销方式,使同种同质的产品在消费者心目中树立起不同的产品形象,进而根据自身特点,选取低于或高于竞争者的价格作为本企业产品价格的方法。因此,差别定价法是一种进攻性的定价方法。

5. 密封投标定价法(sealed-bid pricing method)

竞争性的定价方法也适用于一些对工程进行投标的企业。企业定价的基点与其说是依赖对企业成本或需求的关注,不如说是取决于预期的竞争者将制定怎样的价格。某企业想要赢得某个合同,这就需要它制定比其他企业较低的价格。同时,企业不能将价格定得低于成本,以致恶化它的地位。在密封投标定价法中,如何保持投标价格和企业利润的平衡?可采用期望利润判断法(见表4-3),每个方案的期望利润=每个方案可能的企业利润×递价中标率。

表4-3 期望利润判断法

企业的递价 (company'bid)/元	企业的利润/元	递价中标率	期望利润 (expected profit)/元
9500	730	0.81	591
10000	4380	0.36	1577
10500	8030	0.09	723
11000	11680	0.01	117

(六)选定最终价格

企业在考虑经营目标、需求、成本、竞争者基础上,最终确定的价格必须考虑以下因素。

(1)最终价格必须同企业定价政策相符合。企业的定价政策是明确企业需要的定价形象、对价格折扣的态度,以及对竞争者价格进行回应的指导思想。

(2)最终价格必须考虑是否符合政府有关部门的政策和法令规定。

（3）最终价格要考虑消费者的心理。利用消费者心理,采取声望定价,可以把产品的价格定得较高,以促进销售。

（4）选定最终价格时,还须考虑企业内部有关人员(如推销人员、广告人员等)对价格的意见,考虑经销商、供应商等对所定价格的意见,考虑竞争者对所定价格的反应。

二、价格修正

为了综合考虑不同地区需求和成本、市场细分差异、购买时订单的水平、交货频率、服务合同和其他因素等的变化情况,企业通常不是一次性定价,而是采用灵活多变的方式确定产品的价格。主要有以下5种价格修正策略:地理定价(geographical pricing)、价格折扣和折让(pricing discounts and allowance)、促销定价(promotional pricing)、差别定价(discriminatory pricing)与产品组合定价(product-mix pricing)。

（一）地理定价

地理定价是指企业针对全国(世界)不同地区的顾客为同一产品制定差异化的价格,主要要考虑以下两个方面内容。①边远地区顾客价格问题。企业的顾客遍布各个地方,企业该不该对边远地区的顾客制定较高的价格以弥补较高的装运成本或减少其业务的风险? 对于这个问题,企业应该通过管理层多次的会议进行决策,并制定相关标准。②交付款项的方式。交付款项的方式也是地理定价应该考虑的因素,如何交付款项(特别是在国际贸易中),当购买者缺乏足够的硬通货来偿付他的购买物时,这一因素就显得尤为重要。很多时候购买者在付款时需要提供其他的条款,这种实践导致对销贸易的兴起。

（二）价格折扣和折让

大多数企业通常都酌情调整其基本价格,以鼓励顾客及早付清货款、大量购买或增加淡季购买,这种价格调整被称为价格折扣和折让。价格折扣和折让的主要形式有以下几种。①现金折扣(cash discounts),是针对及时付清账款的顾客的一种价格折扣,如"2/10,净30"。②数量折扣(quantity discounts),是企业因顾客购买数量大而给予的一种折扣。数量折扣通常提供给全部的顾客,可以在非累计基础上提供折扣(每张订单),也可以在累计基础上提供折扣(在一个规定的时期内订购的数量)。③职能折扣(functional discounts),又称功能折扣或贸易折扣(trade discounts),是企业向贸易渠道成员所提供的一种折扣。对不同的贸易渠道成员,企业可以提供不同的功能折扣,因为它们提供的是各种各样的服务。④季节折扣(seasonal discounts),是企业向那些购买非当令产品的顾客提供的一种折扣。季节折扣使企业在一年中得以维持稳定的生产。⑤旧货折价折让(trade-in allowances),这种形式在汽车行业和一些其他耐用消费品的交易中较为普遍。⑥促销折让(promotional allowances),是指企业为了报答经销商参加和支持广告或销售活动而支付的款项或给予的价格折让。

(三)促销定价

企业可以采用几种定价技术来刺激顾客更早地购买,包括牺牲品定价、特别事件定价、现金回扣券、较长的付款条款、保证和服务合同及心理折价等方式。①牺牲品定价(loss-leader pricing),企业以少数产品作为牺牲品将其价格定得很低,以招揽顾客,并期望他们购买正常标价的其他产品。②特别事件定价(special-event pricing),企业利用一些特别事件(如开业庆典、开业纪念日或节假日等),降低某些产品的价格来吸引更多的顾客购买。③现金回扣券(cash rebates),企业有时会在特定时间内向顾客提供现金回扣,刺激他们购买产品,这有助于企业在不降低目录价格的情况下达到清仓的目的。④较长的付款条款(long-term payment),销售者特别是贷款银行和汽车企业,延长顾客的贷款时间,可以减少顾客每月的付款金额。⑤保证和服务合同(warranties and service contracts),企业可以增加免费保证或服务合同来促销。⑥心理折价(psychological discounting),这是指企业先故意将产品价格定得很高,然后大幅度降价出售,如"原来标价是359元,现在是299元"。

(四)差别定价

企业常常会以两种或两种以上不反映成本比例差异的价格来推销一种产品或者提供一项服务,以适应在顾客、产品、地理位置等方面的差异,即差别定价。差别定价有以下几种形式。①顾客细分定价(customer-segment pricing),针对同样的产品或服务,对不同顾客制定不同的价格。②产品式样定价(product-form pricing),根据产品的式样不同,制定的价格也不同。③地点定价(location pricing),即使所提供的产品在每个地点的成本是相同的,对不同地点也可制定不同的价格,如剧院的位置价格。④时间定价(time pricing),不同季节、不同日期甚至不同钟点,都可以采取不同的价格,如酒店客房在节假日高峰期价格较高。

实行差别定价,必须具备一定条件:第一,市场必须能够细分,而且这些细分市场要显示不同的需求程度;第二,付低价的细分市场人员不得将产品转手或转销给付高价的细分市场;第三,在高价的细分市场中,竞争者无法以低于企业的价格出售;第四,细分和控制市场的费用不应超过差别定价所得的额外收入;第五,实行这种定价法不能引起顾客的反感和敌意;第六,差别定价的特定形式不能违法。

(五)产品组合定价

产品组合定价是指企业寻求不同产品的组合,以获得最大利润,包括产品线定价法、选择特色定价法、附带产品定价法、两段定价法、副产品定价法、捆绑定价法等。①产品线定价法(product-line pricing method),根据购买者对同一产品线上不同档次产品的需求,精选设计几种不同档次的产品和价格点。②选择特色定价法(optional-feature pricing method),企业在提供主要产品时,还提供其他各种可选择产品或具有特色的产品。③附带产品定价法(captive-product pricing method),某些产品必须与它的主要产品搭配在一起才能使用,如打印机和打印色带,可将主要产品和附带产品组合定价销售。④两段定价法(two-part pricing method),服务性企业常常收取固定费用,另加一笔可变的使用费,如电话月租费和通话费。⑤副产品定价法(byproduct pricing method),在生产加工食用肉类、石油产品和其他化学产品时,常常有副产品,如果这些副产品对某些顾客群具有价值,可根据其价值定价。副产品的收入多,将使企业更易于为其主要产品制定较低价格,以便在市场上增加竞争力。⑥捆绑定价法(product-bundling pricing method),企业常常将多个产品组合在一起降价销售,顾客可能本来无意购买全部产品,但由于在这个价格束上节约的开支相当可观,常常会购买组合产品。

三、价格调整

(一)发动降价

企业在以下情况须考虑降价:生产能力过剩、产量过多;面对竞争者的"削价战",企业不降价将会失去顾客或减少市场份额;科技进步,劳动生产率不断提高,生产成本逐步下降;发动降价以期望扩大市场份额,从而依靠较大的销量,以降低成本;在经济衰退时期不得不降价。

发动降价战略的风险:①低质量误区(low-quality trap),消费者可能会认为产品质量低于售价高的竞争者产品的质量;②脆弱的市场占有率误区(fragile-market trap),低价能提高市场占有率,但可能并没有提高顾客忠诚度,顾客随时会转向另一个价格更低的企业;③浅钱袋误区(shallow-pockets trap),如果竞争者具有深厚的资金储备,他们也能降价并能持续更长时间。

(二)发动提价

提价的原因是多方面的,包括成本膨胀(cost inflation)、供不应求(over demand)、产品性能提高、竞争减少等,以下是常用的几种调价方法。①延缓报价(delayed quotation pricing),到产品制成或者交货时才制定最终价格,这在生产周期较长的产业如工业建筑和重型设备制造业等相当普遍。②价格自动调整条款(escalator clauses for price fluctuation),如企业要求顾客支付交货前由通货膨胀引起的全部或部分增加的费用。③分离产品与服务(unbundling of goods and services),企业把产品分解为各个零部件,按照多个构件定价出售。④减少折扣(reduction of discounts),企业减少常用的现金或数量折扣。

(三)对竞争者价格变化的反应

在同质产品市场(homogeneous-product market),面对竞争者的降价策略,企业有以下几种选择。①维持原价格(maintain price),这种反应发生在以下几种情况:降价会

视频链接
▼
价格制定的程序

失去很多的利润;不降价不会失去很多的市场份额;重新获得市场份额的机会不大。②提高被认知的质量(raise perceived quality),在维持原价的基础上改进产品质量,使顾客看到更多价值,可以增加收益或使损失更少。③降价(reduce price),有些时候企业不得不降低自己的价格,以达到竞争者的价格水平,因为在市场对价格很敏感时,如果不降价将失去很多的市场份额,而且很难重新获得市场份额,但降价时也要保持产品质量不变。④提高价格同时改进质量(increase price and improve quality),可以提价并引入一些新的高质量产品,提高产品的竞争力。⑤推出廉价产品线反击(launch low-priced fighter line),如果某个正在丧失的细分市场对价格是敏感的,可以在经营产品中增加廉价品种,或者另外创立一个廉价品牌。

案例4-1　迪士尼成功背后的动态定价

当你听到"迪士尼"这个名字的时候你第一时间会想到什么?米老鼠?大白?迪士尼乐园?如果你是一个商人,你可能会首先想到迪士尼强大的品牌公认力和它长久以来的受欢迎程度。也许很少有人会立刻联想到商业数据分析这一点,但这恰恰是迪士尼保持成功的一个秘密——将数据分析和定价与收益优化管理应用在它的整个商业战略决策中。

尽管剧场相对较小,演出时间也不够长,《狮子王》却是截至目前总收入最高的百老汇演出。这是如何实现的呢?《狮子王》极高的知名度和受众度是一个原因,但还有一个原因是动态定价模式——更广泛来说,又被称为定价与收益优化管理。迪士尼《狮子王》百老汇演出的票务动态定价系统,一共分为三个主要个步骤:

(1)根据过往15年来票房收入的趋势预估每场演出的票房需求,得出需求价格公式,并界定合理的价格范围;

(2)根据剧场大小和地形来划分区域,根据座位限制、票价档数和需求价格公式来得出最优化的票价;

(3)开放售票后,实时观察票房表现,并根据票房表现来调整价格。

《狮子王》百老汇演出的例子,强调了数据分析和动态定价对迪士尼成功起到的重要作用。

(资料来源:大数据文摘,2015-03-20。)

第三节　服务定价

无形服务的价格具有不同于有形产品价格的特殊之处。哪些因素影响了服务的定价?服务的定价方法有哪些?决定使用何种服务定价方法时要考虑哪些因素?

一、服务的特征

服务的特征对其定价有着很大的影响。在不同的服务形态和市场状况中,这些特征所产生的影响也不同。

(一)服务的无形性

对于有形产品而言,生产成本与价格之间的关系十分明显,但服务的无形性特征使得服务的定价远比有形产品的定价更为困难。在购买服务时,顾客不能客观地、准确地检查无形无质的服务。第一次购买某种服务的顾客甚至不知道该服务产品里面到底包含什么内容,再加上很多服务的提供者会按各类顾客的不同要求,对服务内容做适当的添减,使得顾客只能猜测服务产品的大概特色,然后同价格进行比较。

(二)服务的易逝性、不可储存性

服务的易逝性、不可储存性使服务的供求始终难以平衡,从而产生了不同时期有差别的服务产品价格。当供大于求时,服务企业可能必须使用优惠价及降价等方式,以充分利用剩余的生产能力,如航空旅行和假期承包旅游团的定价。但是,企业如果经常使用这种定价方式,往往会增强顾客的期待心理,因为他们会对降价产生预期,从而故意不消费某种服务。顾客往往可以推迟消费某些服务,甚至可以自己来实现某些服务的内容,类似的情况往往导致服务企业之间更激烈的竞争。当然这也可能提高某些市场短期价格的稳定程度。

(三)服务质量的差异性

服务质量的差异性使价格竞争更加激烈。一方面,越是独特的服务企业,越可以自行决定价格,只要顾客愿意支付此价格。在这种情况下,价格可能用来当作质量指标,而服务企业的声誉,则可能形成相当的价格杠杆。另一方面,有些服务类别没有统一的质量标准以供比较,往往是顾客要求得越多,则其得到的也就越多,而价格则没有变化。这种情况为企业选择细分市场和制定价格战略提供了决策依据。

(四)生产和消费的不可分开性

服务受到地理因素或时间的限制,顾客只能在一定的时间和区域内才能接受服务,这种限制不仅加剧了企业之间的竞争,而且直接影响到服务的定价水平。

二、服务定价的影响因素

影响服务定价的基本因素和有形产品一样,包括成本因素、需求因素和竞争因素。

（一）成本因素

服务营销人员必须理解服务产品的成本随时间和需求的变化而变化。服务产品的成本可以分为三种，即固定成本、变动成本和准变动成本。

（二）需求因素

需求价格弹性对企业收益有着重要影响。在现实生活中，不同服务产品的需求价格弹性是不尽相同的，因此其定价决策也不同。例如，在某些市场上，需求受到价格变动的影响很大（如市区公共交通服务、旅游娱乐等），而有些市场则影响较小（如医疗、中小学教育等）。

（三）竞争因素

以市场为基础，市场竞争程度的不同决定着企业定价策略的不同。

完全竞争市场，指那些不存在足以影响价格的企业或消费者的市场，是一种不受任何阻碍和干扰的市场结构。其特点是没有一个企业或消费者能控制价格，企业进入市场很容易并且资源可以随时从一个使用者转向另一个使用者。在这种情况下，企业的定价活动几乎发挥不了作用，只能接受市场竞争中形成的价格。而要获取较多的利润，也只能通过提高劳动生产率，节约成本费用，使本企业的成本低于同行业的平均成本。事实上，这种完全竞争的市场状态并不存在，很多产品市场只是接近于完全竞争状态。例如，一些生产简便、供应来源便捷的日用小商品等，对于这类商品，不可能通过加强营销措施来提高价格，提高价格只会造成销售困难。

完全垄断市场，指一种产品完全由一家企业所控制的市场状况，又称纯粹垄断市场或独占市场。其主要特征是市场价格由一家企业控制，从理论上讲垄断企业完全有定价的自由，通常通过市场供给量来调节市场价格。完全垄断只有在特定的条件下才能形成，比如拥有资源垄断、专卖、专利产品的企业，如电力、自来水等企业。但实际上完全垄断市场如果过分抬价会受到消费者抵制和政府的干预，同时对市场的完全垄断会使企业缺乏降低成本的外在压力，导致销售价格较高及生产效率低下，社会资源配置不佳。

垄断竞争市场，指一个市场中有许多厂商生产和销售有差别的同类产品。垄断竞争介于完全竞争和完全垄断之间，是现代市场经济中普遍存在的典型竞争形式。其主要特征是同类产品在市场上有较多的厂商，市场竞争激烈。由于产品存在差异性，少数拥有某些优势的厂商可以占据一定的市场地位，影响并控制一定的市场价格。

寡头垄断市场，是一种由少数卖方（寡头）主导市场，同时包含垄断因素和竞争因素但更接近于完全垄断的市场结构。它的显著特点是少数几家厂商垄断了某一行业的市场，这些厂商的产量占全行业总产量很高的比例，从而控制着该行业的产品供给，个别厂商难以单独改变价格。商品的价格主要实行操纵价格，即由寡头们通过协议或默契决定。这种价格一旦决定，会保持较长时期不变，一般不会出现某个寡头升降价，其他寡头随之升降价的现象,但各个寡头在广告宣传、促销方面竞争较激烈。在现实经济中,寡头垄断比完全垄断更为普遍,如西方国家的汽车业、飞机制造业、钢铁业等都是寡头垄断行业。

三、服务定价方法

影响服务定价的因素来自三个方面,与此相对应,服务定价方法也包括三种,即成本导向定价法、竞争导向定价法和需求导向定价法。

(一)成本导向定价法

成本导向定价法是指企业在合理利润的前提下,依据其成本决定价格的方法。这种方法在产品定价上简单明了。与制造业企业比起来,服务企业的成本明显复杂得多。成本导向定价法要求服务企业不仅要从会计以外的视角看待成本,还应该把成本看成企业努力为顾客创造价值的一个组成部分。

根据服务企业的不同特点,选择适合的成本基准定价方法,主要存在以下两类。

(1)存在显著变动成本和半变动成本的服务企业(如专业服务公司),采用传统的成本核算方法,即将固定成本、半变动成本和变动成本集中计算,以及盈亏平衡分析法等。

(2)与其他组织共享基础设施的复杂生产线,采用作业成本法。作业成本法把直接成本和间接成本(包括期间费用)作为产品消耗作业的成本同等地对待,扩大了成本的计算范围,使计算出来的产品成本更准确真实。

(二)竞争导向定价法

竞争导向定价法是以在竞争环境中的生存和发展为目标的定价方法,以竞争者各方面之间的实力对比作为定价的主要依据。单位服务成本最低的企业有着令人羡慕的市场优势,通常被称为价格领导者。竞争导向定价法有通行价格定价(如干洗店、快递企业)与主动竞争型定价(如航空业、通信业)两种方法。竞争导向定价法也存在一定的实施难度及问题。①小企业的定价无法与大企业竞争。例如,小便利店的定价就不能像连锁便利店一样把价格定得太低,否则没有利润。②设定合适的竞争因素存在一定困难。例如,健身中心制定会费时,需要根据地理位置、健身设备、健身教练、健身项目等各种因素与竞争对手进行比较,很难得到一个统一的比较因素。

要注意的是,价格竞争的激化会使竞争者越来越多、替代品越来越多、竞争者和替代品供货商分布越来越广泛、行业产能过剩越来越大。

(三)需求导向定价法

需求导向定价法的出发点是让价格与顾客的价值感受一致,价格以顾客愿意为企业提供的服务支付多少为导向。顾客总是把价格与服务的价值联系起来,但是服务提供给顾客的价值很难估测。为了合理而有效的进行资源配置和定价,收益管理需要判断需求对价格变化的反应灵敏度,以及在不同价位从各个顾客群体那里所能获得的净收益,而价格弹性与需求及价格之间有固定的联系,因此价格弹性可以间接帮助企业进行需求预测。

四、价值定价策略

各种有形产品定价的概念和方法均适用于服务的定价。但是,受服务特征的影响,企业与顾客之间的关系通常比较复杂。企业定价不单单是给服务一个价格标签,更是顾客对服务的价值感知。而且服务的真实成本不等于提供给顾客的价值,因此很难根据需求确定服务价格,这存在两种情况。①成本小于价值的情况。例如,裁缝修改裤脚的物料成本可能不到一元钱,为何收费是 10 元?对于一条 50 元的长裤和一条 500 元的长裤,改裤脚是否都收 10 元?②成本大于价值的情况。例如,一次航班只有一名旅客在上面,飞机是开还是不开?此外,顾客支付的非货币成本也是很重要的需要考虑的因素。

根据顾客对"价值"的需求不同,服务定价策略也有其不同的特点。根据顾客对价值的不同感知,可采用四种不同的定价策略(见表 4-4)。

表 4-4 价值感知与定价策略

价值感知	得到低价格	得到某种心理需求的满足	得到高性价比的服务	得到较好的综合服务体验
定价策略	折扣定价 尾数定价 渗透定价	声望定价 撇脂定价	超值定价	俘获定价 捆绑定价 结果导向定价

(一)得到低价格

低价格并不能保证高价值,但能通过提高效用与价格的比值而提高顾客的感知价值。当顾客就是希望得到低价格时,可以采取的策略有以下几种。①折扣定价,如现金折扣、数量折扣、季节折扣等。②尾数定价,许多产品的价格,宁可定为 0.98 元或 0.99 元,而不定为 1 元,这是适应消费者购买心理的一种取舍。尾数定价使消费者产生一种价格低的错觉,定为 0.98 元或 0.99 元比定为 1 元反应积极。③渗透定价,在新产品投放市场时,价格定得尽可能低一些。

(二)得到某种心理需求的满足

顾客在购买产品或消费服务的过程中,往往会受一种或几种心理的影响与主导,如攀比心理、求异心理。这时顾客所感知的价值就相当于他们的心理需求,获得价值的过程就是满足他们自身心理需求的过程,可以采取的策略有以下几种。①声望定价,企业凭借自身的品牌优势制定高价格,从而限制潜在顾客数量,打造稀少、高端的印象。"一分钱一分货",价格代表质量。②撇脂定价,通过制定较高价格将超常规利润像撇取牛奶上面的奶油一样迅速收回,主要针对新产品、专利产品、需求价格弹性小的产品、流行产品和未来市场形势难以测定的产品等。

(三)得到高性价比的服务

对于顾客来说,价值是每一元钱效用的最大化。换句话说,价值就是感知利益与价格的比率。超值定价更趋向于这样一种定价方式,即通过降低价格,提高感知利益与价格的比率,进而提高顾客的感知价值,提高顾客心目中服务的性价比。这不同于低价策略,低价策略更注重价格本身,而超值定价更关注顾客感知到的效用与其付出的比率。

(四)得到较好的综合服务体验

顾客得到的不仅是消费过程的服务,还有消费前和消费结束后的服务体验。因此,顾客考虑价值时关注的不是服务和成本本身,而是通过综合各种体验来衡量服务的价值。因此,可以采用的定价策略有:①俘获定价,例如数字电视企业免费为用户安装设备、酒吧的特价啤酒;②捆绑定价,即将有些单独出售时顾客可能不需要的服务与热门服务捆绑销售;③结果导向定价,以最终服务结果为定价依据的定价方法,能够增加消费者感知公平。

复习思考

1. 影响价格敏感度的因素有哪些?
2. 价格修正的类型及方法有哪些?
3. 发动价格变更的途径及步骤有哪些?
4. 影响服务定价的因素有哪些?
5. 服务定价方法包括哪些?

案例学习

伦敦美食——
Just Around the Corner

第五章 预　　测

1. 了解收益管理中的预测问题、预测变量,掌握收益管理的预测方法。
2. 了解收益管理预测的准确性及需求修复概念,掌握酒店不同细分市场的预订模式。

携程发布端午出游预测:高星酒店套餐出现价格洼地

近日,携程发布《2022端午假期出游趋势预测大数据》。跨省游回暖、大西北升温、住宿体验和花式玩法持续创新,成为今年端午旅游市场的主要特点。部分旅游业态相比今年五一和清明假期呈现好转迹象。

作为时下热门的微度假产品之一,端午假期的露营产品火爆程度甚至高于今年五一,同样是距离假期还有半个月的窗口期,端午假期的露营产品预订量相较五一假期高出一倍以上,最早下单的用户提前3个月就已预订了端午露营产品。

1. 跨省团队游交易额周环比微增,新疆团队游环比增长4位数

近期,随着甘肃、山东等地区恢复跨省游,跨省游得以在端午旅行的预订周期内迎来小幅回暖。携程数据显示,5月13日至5月19日,通过携程平台预订端午跨省团队游的交易额环比前一周增长超过20%,同口径下,省内团队游环比增长近40%。

同样是3天假期,与今年清明假期相比,端午假期的跨省团队游订单量已经提前半个月恢复至清明假期的55%以上。在游客旅行决策周期显著缩短的背景下,跨省团队游仍有较大的复苏潜力,预计端午假期的跨省团队游整体交易额将超过清明,从而为上半年的假期跨省团队游画上一个句号。

从端午假期跨省团队游的预订表现来看,大西北的旅游热度出现明显上升。截至5月20日,热度排行前5的省(市、区)分别是新疆、四川、云南、西

藏、福建。其中,选择新疆目的地出行的占比高达53%,团队游产品成交量环比上月增长达4位数。其次是四川省,占比达15%。

值得注意的是,今年端午假期,乡村旅游在西北五省(市、区)(陕西省、甘肃省、青海省、宁夏回族自治区、新疆维吾尔自治区)的表现尤为火爆。携程数据显示,截至5月20日,西北五省(市、区)的乡村旅游订单相比今年五一假期已经实现3位数增长。其中,新疆的端午假期乡村旅游订单相比今年五一假期增长近600%,领跑西北五省(市、区)。

此外,从跨省团队游的用户构成来看,"80后""90后""00后"仍是市场主力军。从跨省自由行来看,端午假期的机票均价相比去年同期减少近10%,相比今年五一假期减少16%。端午假期前的半个月内,18~24岁大学生群体的机票预订占比提升超过30%。携程研究院战略研究中心副主任张致宁认为,毕业季的临近以及暑假的提前或成为大学生群体出游高峰产生的重要因素,这部分年轻用户不仅将为端午旅游市场的复苏注入活力,也将为接下来的暑期旅游市场回暖提供助力。

2. 高星酒店预售同比增长近20%,酒店套餐迎来近3个月预订峰值

尽管疫情带给旅游业的不确定性大大缩短了消费者的决策周期和出游半径,但是,人们的旅行热情却持续高涨。一些用户更是在五一假期过后,就开始为端午假期甚至更长期的旅行做准备。携程平台数据显示,在过去的半个月内,通过携程直播、携程特价专区等渠道售卖的高星酒店预售产品预订量较去年同期增长近20%。与传统的即订即用的酒店产品相比,高星酒店预售产品具有性价比高、所购房券有效期长、部分产品节假日通用等特点。

从近期酒店预售交易额较高的目的地来看,三亚、杭州、湖州、苏州、宁波分列前五名。由于疫情的原因,上海首次缺席榜单前五,湖州则作为"黑马"闯进三甲。为了进一步助力目的地快速复苏,近期,携程也与三亚和湖州开启了一系列营销活动。

今年端午假期,许多露营地将举办端午主题活动,比如做美食——包粽子,做手工——香囊制作,趣味运动——投壶,自然体验——艾叶采摘,等等。融传统文化风俗于旅游度假场景,也是文旅融合的一种生动体现。

除了火爆依旧的露营产品外,今年端午假期,小众旅游玩法也比较走俏。携程平台数据显示,以跳伞项目为主打的旅游产品,在过去一周的预订量环比增长超过40%,交易额环比增长300%。

值得注意的是,为了进一步激活旅游市场的消费活力,携程上线了门票拼团活动,两人即可成团,最高立省69.1元,部分产品支持随时退、随买随用、无须取票。活动覆盖了华东、华南、华中地区的多个知名景点。

据携程门票拼团项目负责人张玥介绍,自拼团产品上线以来,引流效果环比提升50%,拼团产品的订单转化效果环比提升75%。除门票拼团外,接下来也考虑将线路产品纳入其中。"拼团的产品在为用户创造更多优惠的同时,也希望借助私域流量,将拼团产品分享出去,从而为景区带来更多的订

单。"张玥说。

（资料来源：酒店观察网，2022-05-23，http://www.jiudianguancha.com/view-14605.html。）

案例思考：

1. 案例中2022年端午假期出游趋势预测具体体现在哪些方面？
2. 酒店业可以采取哪些有效措施来应对端午假期的出游热？

1. 预测的步骤
2. 预测的方法
3. 需求修复

第一节 预测的内涵

一、需求预测的重要性

企业经常要进行各种各样的预测，如预测产品的销售量和销售收入、原材料的价格、能源的价格及消耗量、劳动力的成本等。企业整理并分析相关数据，通过预测的结果来计划和组织未来的经营和销售。因此，准确有效的预测，有助于企业获得最大收益，避免因短视和仓促决策而丧失良机，从而节约成本，提高利润率。

需求预测是收益管理中的基础部分，是其他收益管理模块的基石，超订、存量控制和定价等决策都是在需求预测的基础上开展的。高质量的定价、存量控制等需求管理决策都依赖于精确的预测。预测工作的好坏直接关系到收益管理工作的成败，因为收益管理的每个决策都是建立在收益管理人员对未来预知的基础之上。例如，酒店收益管理人员每天都要面临不同的决策问题：是关掉某些销售渠道还是继续开放；是提高某天的房价还是降低房价；是接受这个团队预订还是接受另外一个团队预订。准确的预测能够给酒店带来更高的收入；反之，则会带来损失。

预测在收益管理中的作用不仅仅是基础和前提，还起到承上启下的作用。因此，我们要了解收益管理中预测的基本内容。

二、预测的变量

预测所使用的数据多种多样，不同企业需要预测多方面的数据才能进行最后的收益管理决策。需求预测是收益管理预测中的核心目标，是预测的核心变量。

在收益管理中,除了需求预测,还有许多重要的变量需要预测:顾客对价格的敏感度;与数量有关的变量,如缺货数量、缺货时间、最低库存量、库存变化规律;与销售过程有关的变量,如销售人员对销售机制、模式、定价策略的响应等。

不同行业的预测变量也不一样。例如,航空公司的预测变量有容量、起飞前航班不同时点剩余的机票数、取消预订概率以及"no-show"概率等;酒店业的预测变量有超售数据、市场细分数据、季节性数据、事件影响数据等。预测使用的变量需要收益管理经理根据预测模型及预测经验进行动态调整。

视频链接

预测的重要性与变量

三、预测的步骤

(一)数据收集和整理

市场分析预测始于数据的收集和整理,为了准确地预测,必须找到充分且准确的数据。对市场未来的理性把握,是建立在对过去和目前的数据研究的基础之上的。市场的发展变化通常都有一个过程和一定的趋势,从市场的过去和现状入手,一定程度上能找到未来变化的依据。

数据的收集包括对历史资料、现状资料和未来资料的收集。

首先是收集历史资料。大多数企业的信息管理系统对过去年度、月度甚至过去每天的数据都有保留,这些数据中包含的经营管理信息、报表等都能为管理者的预测提供依据。例如,酒店信息管理系统中可以获得历年的客房销售量、销售价格、销售收入、超预订情况、散客及团队情况等。

其次,收集关于现状的数据。这些数据主要包括当天、本周、本月或已得到的关于未来某个月的数据,如航空公司近期的预订情况、预订价格变化情况。航空公司数据库中主要包括两类预订数据,一类是按票价等级记录的预订机票数量,另一类是预订旅客的信息。表5-1是A航空公司P等级机票预订数据的记录表,当前日期是4月12日,第一行表示距离离港的天数,最后一列表示航班离港的日期,表中数据表示每日预订机票的总数。这些数据可以反映在不同的预订时间旅客对该等级机票的需求规律。

表5-1 A航空公司P等级机票的累积预订记录

—8天	—7天	—6天	—5天	—4天	—3天	—2天	—1天	0天	离港日期
6	9	20	24	33	41	54	57	70	4月10日
8	14	20	23	39	50	55	59	61	4月11日
1	3	3	3	6	12	14	20	28	4月12日
6	6	10	11	13	19	22	24		4月13日
3	11	19	25	30	31	33			4月14日
1	1	6	10	16	20				4月15日
0	1	2	8	13					4月16日
1	12	24	30						4月17日

最后，收集关于未来一段时期的数据，如未来几周、一年企业所在市场发展变化的数据和资料，包括本地社会经济的发展前景、本区域的行业发展状况、竞争对手的情况等。

当然，在数据收集后还需要进行数据的整理。现在企业的数据整理大多由计算机完成，许多信息管理系统可以自动生成报表，但有时数据整理也需要手动完成一些信息录入。另外，需要对大量的数据进行筛选，异常数据、录入的错误数据都需要删除，以免影响预测结果。

（二）数据分析和运算

收集和整理出一定的数据和资料后，还需要对它们进行分析和运算，这样才能对市场变化趋势进行预测。数据分析的结果呈现需要直观易懂，可以多利用表现发展变化趋势的图表和多做对比分析，如不同销售渠道之间的比较、不同年份的比较等。通过比较，有助于发现市场变化的规律及趋势。

在对数据进行简单的加工处理时，采用平均值、百分比以及简单的图表便可。但是，有时一些复杂的数据加工整理需要运用复杂的数学模型或借助计算机软件，如自适应算法、回归分析、线性分析等。在输入资料和数据后，这些模型或软件就会提供分析结果，辅助决策。例如，餐厅收益管理中需要收集餐厅各就餐团体登记时间、结账时间、消费额、就餐人数，通过数据运算与处理，可得出餐厅的每餐位小时收益（RevPASH）。表5-2是M餐厅2013年9月某周每天上午11点至晚上9点的RevPASH数据，得到这些数据需要利用分析软件建模处理。餐厅RevPASH越高，表明餐厅在该阶段收益越好，也说明餐厅在该阶段处于忙碌期。餐厅可以在高RevPASH阶段，提前递交账单，加快顾客就餐时间；在低RevPASH阶段，延长顾客就餐时间，鼓励顾客消费。

表5-2　M餐厅的RevPASH　　　　　　　　　　　单位：元

时间	11:00	12:00	13:00	14:00	15:00	16:00	17:00	18:00	19:00	20:00	21:00
星期一	197.3	194.3	155.9	244.4	181.3	335.7	354.4	353.7	346.7	325.7	379.3
星期二	174.1	203.6	198.7	177.0	265.6	328.7	321.5	315.3	283.7	427.8	468.0
星期三	176.6	139.4	243.5	243.5	207.5	379.0	346.6	450.9	424.1	305.4	410.4
星期四	201.9	212.1	203.6	154.0	156.3	352.1	440.0	366.6	287.2	418.6	476.1
星期五	235.1	234.8	154.0	154.0	280.7	394.4	394.8	403.8	409.3	402.4	373.0
星期六	239.5	242.1	264.3	280.0	280.0	405.6	362.8	384.8	335.0	260.3	434.1
星期日	239.0	245.3	201.8	359.9	201.0	350.3	363.9	350.7	342.9	291.3	351.0

(三)特殊数据

一些数据并不遵从市场的发展规律,如重大事件会影响市场的变动方向,使市场需求突然增加或减少。这些事件包括计划中的或者突发的事件,它们涉及社会生活的各方面,如政治、商业、文娱、宗教、节庆等大型事件。收益管理人员应当将这些事件纳入收益管理的考虑当中。大型展览、体育赛事、文娱活动等会给当地酒店带来快速增大的需求量;恶劣的天气、传染疾病等也会导致相关产业的减产或增产。例如,在广州酒店业中,每到中国进出口商品交易会(广交会)的前期,各家酒店的房价飙升、餐厅加价,但入住率依然升高。根据酒店对往年特殊事件的记录及汇总,酒店在次年相同期间的价格制定过程中,需要进行特殊的价格调整,实现更大收益。广州H酒店2012年上半年重大事件期间相关策略如表5-3所示。

表5-3 H酒店2012年上半年重大事件期间相关策略

编号	事件	时间	策略
1	广州国际旅游展览会(琶洲展馆)	3月1日—3月3日	房价调整
2	第111届春季广交会	4月15日—5月5日	各类客源房价调整
3	母亲节	5月13日	销售部、餐饮部推出优惠方案
4	高考期间	5月24日—6月10日	高考期房价调整

(四)预测结果反馈

经营管理者往往根据预测结果来制定收益管理目标并确定收益管理策略,在确保这些策略能得到贯彻执行之前,需要对预测结果进行判断。经营管理者采用的预测方法不同,得到的预测结果也不同。但是在实践过程中,预测往往不是一步到位的,而是要考虑变化并不断调整;预测方法也不是单独使用的,而是将多种方法进行组合应用。因此,每一阶段预测结果的有效反馈,对下一阶段预测的正确性至关重要。比如,对于不同的预测变量,运用哪种预测方法更接近哪种预测结果、更接近实际需求的趋势,这需要对比分析后做出判断。例如,如果能准确预测未来两个月市场供求关系的变化情况,便能选择最优的市场组合、产品组合、价格组合和销售渠道组合,控制好预订的节奏和进程,安排好人力物力,实现既定的收益管理目标。

在实践过程中,预测往往不是点预测,而是同时考虑时间变化的过程预测。这些流程基于定量预测方法,但是,有些时候人们难以获得预测需要的历史数据。比如,酒店的新客源、商场新上市的服装、新开发的高尔夫场地等,这些都可能没有历史数据供经营管理者参考。此时不能完全依赖于定量研究方法,应根据市场的变化情况,将定量预测和定性预测结合起来使用,提高预测的准确性。表5-4所示的是四家酒店的基本信息,旨在说明数据结果的运用及定性方法的分析过程。

表 5-4　四家酒店的相关信息

酒店	开业时间	客房数量/间	会议场所/个	会议室总面积/平方米	最大会议场地面积/平方米
1	2011年	487	10	18720	8900
2	2011年	493	17	29783	9628
3	2011年	445	13	14270	6967
4	1983年	850	15	25005	13002

这些数据的用处在哪里？首先看开业的年份，第4家酒店是1983年开业的，那么这家酒店的设备是否陈旧？员工有没有激情？相比新开业的酒店，这家酒店的员工是否更有经验，是否会提供更好的服务？酒店品牌是否在市场上占有很大的优势？顾客可能对这个酒店了解，而不了解其他3个品牌的酒店。其次，分析酒店的客房数量，第4家酒店客房数量是最多的，就可能需要更多的人力，根据不同的人员结构，定价的策略也会不一样。最后，分析会议场所，有一些酒店只有客房，但是如果酒店的主要客户群体是团队，那么就需要为其提供会议场地。酒店的客房数量与会议场所规模应该匹配，这关系到酒店设计的问题。例如，广州白云区一家希尔顿酒店，有一个1000平方米的会议室，但是客房只有200多间。这么大的一个会议场所，是可以接纳很多客人的，但相对而言，客房数量明显不足。如果一家拥有800多间客房的酒店，会议场所只有500平方米，会议场所配置不足就是该酒店的一个短板。当然还要考虑酒店的一些配套设施，如酒店是否有健身中心，有没有西餐厅，有没有特色餐厅，都会成为酒店的优势或者劣势。因此，企业在分析竞争对手时，不仅要看其基本设施，还要考虑竞争对手的方方面面，如企业的长期发展战略。只有根据这些，才能区分自身与竞争对手，根据市场的变化做调整。

案例 5-1　民宿收益管理如何在竞争中脱颖而出

任何个体和组织都不是独立存在于市场中的，必须适应周围的竞争环境，做到知己知彼，才能百战不殆，民宿也不例外。

在一些成熟的民宿集中区内，通常可能有几十甚至上百上千家民宿，跟自己同类同级别的竞争对手的数量也就不难想象。虽然大多数民宿体量都很小，比如平均每家有10间客房，若总共有30个竞争对手，无非也就是300间客房，还不及一间酒店的体量，但收益管理者需要面对的可是30位风格各异、思想各异的民宿从业者，复杂情况可想而知。

在这种市场环境下，民宿的收益管理者就需要更加频繁而持续地关注市场行情变化和竞争对手的反应。

1.划定竞争对手

通常情况下，酒店划定竞争对手会考虑几个方面的因素，如地理位置、目标客群、定位、体量、服务项目等，通过这些因素，明确5~6家主要竞争对手进行动态跟进和分析。和传统酒店相比，民宿的竞争对手划定主要存在两点区别。

首先是地理位置考量上的区别。民宿的客群大部分消费目的属于旅游休闲，因此需要打破传统单一的地域限制。这类情况主要发生于非集中型的乡村民宿。对于这类民宿，除了考量自身一定地理半径范围内的竞争对手外，还需要融合目的地竞争的因素，从消费者需求的角度出发划定竞争对手。对于乡村休闲类民宿而言，其主要客群来源于附近的大中型城市，以城市为原点向四周发散的同距离半径内的民宿都应划定为竞争对手。比如某民宿位于上海周边的某乡村，距离上海城区约2小时车程。从地理位置的因素出发寻找竞争对手，除了位于本民宿周边的项目外，以上海为原点，向任意方向发散3小时车程以内，可以同样实现周末两天一夜休闲度假的地域都应被纳入衡量范围。

其次是数量上的区别。民宿的单体体量普遍较小，但数量较多，尤其是丽江、厦门、西塘等成熟市场，城市内形态、定位、体量都差不多的民宿甚至可能有上百家。这样的数量给后续民宿业主的数据采集工作带来了很大困难，尤其是在目前没有成熟的第三方机构可以提供较为准确的民宿市场数据的情况下，这类民宿只有尽可能地在市场中寻找相对出众的竞争对手，或者根据消费者行为习惯继续细分划定因素，来精准定位对标项目。

因此，我们可以将民宿分为分散型民宿和集中型民宿，二者的竞争对手也应分别划定。分散型民宿即该项目周边小范围内没有过多的同类项目，主要的竞争对手来源于其他目的地，多发生在大城市周边的乡村民宿，除散客外会有一部分小团体客群。这类民宿的竞争对手划定因素主要有到主要客源地的距离、交通便利性、价格定位、客群属性定位（亲子、养老等）、客房数量、配套服务项目、周边景色或文化景点的知名度等。集中型民宿指同一区域内集中有几十家甚至上百家民宿，形成了民宿集合地带，代表性的地域就有上文提到的丽江、厦门、西塘等地，以接待散客为主。这类民宿的竞争对手划定因素主要有价格定位、主题风格及客群属性定位、平均出租率、OTA点评分数、数量、位置可见性等。

2.实时监测竞争对手

划定了明确的竞争对手后，就需要针对目标进行实时、详细的信息采集，用以做出正确的判断。从传统酒店收益管理的经验来看，通常信息采集的内容包括竞争对手的市场表现（出租率、平均房价、平均每间可售房收入等），以及如何达到这样的市场表现（包括各类线上线下的价格体系、团队客户的相关信息等）。民宿的信息采集也可以依据这两个主要方面展开，但是就"如何达到这样的市场表现"会有很多延展性的不同。比如民宿老板的个人性格特征就占据了决定性地位。例如，在淡季或者竞争较为激烈的市场，面对当日尾房的处理，不同的老板会做出不同的反应。传统的五星级酒店有价格一致性的限制，不可以随意在某些OTA上当晚降价甩卖，同时为了维护品牌的价值，即便空房，也基本不会随意做出大幅降价的决策。但是民宿老板基数庞大，每个人的诉求点不同，势必会导致不同的结果。有些主要做熟客的老板有维护形象的需求，不会轻易给陌生客人打折；有些主要做流量散客的老板认为当晚的收益最重要，降价对未来的生意不会造成太大的影响。如果我们需要尽可能地维护形象又提高当晚的收益，吸引临时散客，就需要精准对标这些会当晚甩卖的店，充分寻找自身的差异化。第一，从产品端出发，找到自身和对标民宿的根本差异，寻找优势。第二，根据优势定位人群，寻找愿意花更多的钱来消费这种优势的人。第三，根据这些客群的特征寻找可以定位的销售渠道并完善信息，做到精准销售。

总之，实时收集竞争对手在各个渠道的信息至关重要，同时需要融入对标民宿经营者的个人诉求和特征来分析所采集的信息，并做出相对应的决策。

（资料来源：酒店评论，2017-08-17，https://mp.weixin.qq.com/s/eQd7oirbm1B9S_gFC1fudw。）

第二节 预测的方法

预测的方法多种多样，有正式预测法与非正式预测法。非正式预测法是管理人员依靠直觉或主观判断的预测方法，用这种方法进行预测通常风险很大。正式预测法有两种：一是通过建立数学模型、运用数学公式以及其他数理统计的原理进行的定量分析法；二是通过开展深入细致的市场调研或者企业内部各级管理人员及外来专家的专题研讨来预测未来的定性分析法。随着科技的创新，一些新兴预测法不断被发明。

一、定量预测法

定量预测法需要处理较多的历史数据，因果分析法和时间序列分析法是主要的定量预测法。常用的因果分析法包括回归分析法、模拟法和贝叶斯分析法，利用因果分析法可以得出数据变化的原因及寻找影响因素；时间序列分析法能够预测某一时间的需求，但是无法解释原因。在实际运用过程中，往往结合这两种分析方法进行预测。

（一）因果分析法

1. 回归分析法（regression analysis method）

回归分析法认为，要预测的某个对象的结果依赖于其他的一些因素，或者是这些因素共同作用的结果。回归分析法研究的是因变量和自变量之间的关系，并可以用公式来描述这些关系。回归分析法的关键在于弄清因变量和自变量之间的关系,只有当二者关系紧密时才可采用回归分析法。

回归分析法按自变量的多少,可分为一元回归分析法和多元回归分析法;按因变量的多少,可分为简单回归分析法和复合回归分析法;按因变量和自变量之间的关系类型,可分为线性回归分析法和非线性回归分析法。

在一元回归分析法中,利用相关系数以及决定系数可以判定因变量和自变量之间的关系是否紧密。相关系数的计算公式如下:

$$r=\frac{\sum_{i=1}^{n}(x_i-\bar{x})(y_i-\bar{y})}{\sqrt{\sum_{i=1}^{n}(x_i-\bar{x})^2 \cdot \sum_{i=1}^{n}(y_i-\bar{y})^2}} \quad (公式5-1)$$

其中:r是相关系数;x_i是自变量;$\bar{x}$是x_i的平均数;y_i是因变量;$\bar{y}$是y_i的平均数;n是观测值的个数。

相关系数体现了因变量和自变量之间的关系,它的绝对值在0～1。如果相关系数为零,说明它们不相关;相关系数越接近1,说明正相关的程度越大;如果越接近-1,说明负相关的程度越大。

决定系数反映了自变量对因变量变异的影响程度,表示因变量的变异中可以被自变量解释的比例。对于简单线性回归而言,决定系数等于相关系数的平方。例如,$r^2=0.8$,意味着因变量80%的变异能被自变量解释,另外20%的变异由其他因素解释。

2. 其他因果分析法

其他因果分析法包括模拟法和贝叶斯分析法,这些方法都以计量经济学模型为基础。计量经济学模型是在回归方程的基础上发展起来的一种预测方法,由于这种方法很复杂,在收益管理中不是很常用。

(二) 时间序列分析法

时间序列分析法是根据历史统计资料的时间序列及变化情况,找出一定的周期性和规律性,预测事物发展的趋势。使用这种方法,首先要分析某段时间发生的情况的周期性或季节性变化的特点,然后以此为基础,预测未来同时段将会发生的情况。

时间序列分析法主要用于短期预测,可分为直接预测法、简单平均预测法、移动平均预测法和指数平滑法等。

1. 直接预测法

直接预测法是时间序列分析法中较简单的一种预测方法。使用这种方法通常用最近发生的情况来预测将来的情况。例如,上月酒店客房出售了5000间夜,这个月很可能也出售同样多的间夜。这个结论是建立在一个假设之上的,即并没有考虑每月季节性或周期性的变化,预测者很可能就在去年某月实际数量的基础上加上或减去一定的百分比来得出今年同月的情况。

虽然直接预测法建立在很简单的推算基础上,但是它有可能达到相当准确的预测程度,尤其是预测短期内的情况变化。这种预测方法的成本很低,适合小规模的酒店采用。有时使用这种预测方法的准确性甚至比使用投资很大的、很复杂的模型来预测的还高。

2. 简单平均预测法

简单平均预测法是将预测对象过去各个时期的数据平均，以这个平均数作为预测值。这个方法只适用于没有明显波动或较大增减变化的事件的预测。简单平均预测法可以分为加法预测模式（additive forecasting model）、乘法预测模式（multiplicative forecasting model）和加权平均预测模式（weighted average forecasting model）三种。以下主要通过案例分析详细说明这三种预测方法的计算过程。

案例5-2　H酒店客房需求预测

H酒店在离入住日不同天数时的客房预订情况如表5-5所示。3月15日，离入住日还有一周时，酒店已经卖出150间客房；离入住日四周时，酒店已经卖出50间。入住日的结果是250间，这是指入住日3月15日晚上12点时，酒店最终占用的客房数。可见，在入住日前一周内，酒店卖掉了100间客房；在入住日前四周内，该酒店卖掉了200间客房。由此类推，可分别得出入住日前若干天内酒店卖掉的客房数。

表5-5　H酒店在离入住日不同天数时的客房预订情况　　单位：间

入住日	入住日情况	离入住日还有若干天时的预订情况			
		7天	14天	21天	28天
3月15日	250	150	110	80	50
3月22日	246	141	102	69	34
3月29日	248	139	108	70	22
4月5日	244	144	103	63	31
4月12日	247	151	107	63	28
平均数	247	145	106	69	33
距离入住日若干天时获得新预订	0	102	141	178	214
预订量占实际客房销售的百分比	100%	59%	43%	28%	13%

（1）加法预测模式。如表5-5所示，该酒店在离入住日一周内，平均可卖出102间客房，两周内平均可卖出141间客房，三周内平均可以卖出178间客房，四周内平均可卖出214间客房。假设离入住日还有21天，该酒店已经卖出了60间客房，那该酒店入住日当晚能卖掉多少间客房？答案是238间，即60间与178间之和。

（2）乘法预测模式。乘法预测模式与加法预测模式类似，区别在于计算的不是平均值，而是预订量占实际客房销售的百分比。如表5-5所示，该酒店离入住日还有一周时，预订量占实际客房销售的59%；距离两周时，预订量占实际客房销售的43%;距离三周时,预订量占实际客房销售的28%;距离四周时,比例为13%。假如酒店离入住日还有一周时,已有121间客房预订,那么该酒店能出售的客房总数为205间(121/59%)。

(3)加权平均预测模式。加权平均预测模式综合考虑长期和短期的平均数,给予它们不同的权重,并据此进行预测。例如,距离入住日还有一周,按照历年的数据,长期预测可出售客房240间,而根据最近几周的数据,得出可出售客房260间。如果给予前者40%的权重,后者60%的权重,最后可得出能出售的客房为252间。该模式的挑战在于如何赋予短期和长期的权重,不同的酒店、不同的细分市场所赋予的权重都是有所差异的。收益管理者应该在实际操作过程中,摸索出适合本酒店本市场的权重分配。

3. 移动平均预测法(moving average method)

如果用来做预测的数据具有随机性,预测结果很可能出现偏差。移动平均预测法就是一种为了减少偏差,消除这些随机性的影响的方法。移动平均预测法是计算不断向前移动的若干个数据的平均值的方法,它通过引用越来越近的数据,不断修改平均值,并将平均值作为预测值,得出反映变化趋势的数值。

移动平均预测法的数学公式:

$$移动平均数 = \frac{过去n个时段的数据的总和}{n} \quad (公式5\text{-}2)$$

其中,n是这些时段的个数。n越大,越能降低随机性造成的偏差。

通常认为移动平均预测法比直接预测法准确得多,但是移动平均预测法也存在一定的局限性,即这种方法给予各个时段的数据同样的比重。然而,有人认为越靠近现在的数据越能反映未来的情况,在预测时应当给予靠近现在的数据更大的比重,即采用加权移动平均预测法。另外,移动平均预测法的局限性还表现在需要大量收集和保存数据,费时也费力。

下面介绍的指数平滑法能很好地克服这两个局限性,提高预测的准确性。

4. 指数平滑法(exponential smoothing method)

指数平滑法是根据本期实际值和过去对本期的预测值,预测下一期数值的方法,它反映了最近时期实际的数值对预测值的影响。这是一种在移动平均预测法的基础上发展起来的特殊的加权移动平均预测法,这种方法在企业管理领域很受欢迎。指数平滑法的基本思想是:如果对某个特定的时段的预测值过高,在下一个阶段预测时就要降低它;如果预测值过低,则需要提高它。指数平滑法的一个主要好处是预测时只需要两个时段的数据,无须获取太多数据,从而节省时间和人力。

在预测中,因果分析法和时间序列分析法相当有用,但都有局限性。首先,利用这两种方法时,对历史数据的依赖性较强,如果没有历史数据或数据不足,则无法预测。其次,这两种方法都假设过去的事情在将来一定会发生,而忽视了未来新发生的以及不再会发生的事。

例如,假设要预测4天之后酒店实际实现的预订数量。①选用直接预测法,根据上一年同一日期的数据进行判断,历史数据反映去年同一天售出了150间客房。②根据过去某段时间(短期)内酒店的预订曲线(见图5-1)进行预测,可以看出,这家酒店有250间客房,在抵达当天预订仅仅实现了245间;在抵达前4天的预订量大约为200间,占最后实际实现的245间的比例大约是80%。假设今天现有预订量100间,根据预订曲线,预测4天后实际实现的预订量应为125间(100/80%)。

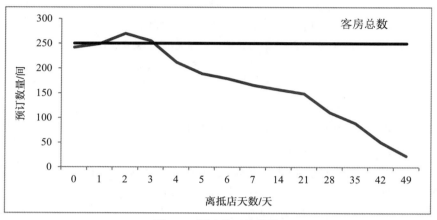

图5-1 酒店的预订曲线

下面要做的工作就是将根据直接预测法确定的数值和根据预订曲线确定的数值相结合,如进行加权平均等。当然,所要预测的日期距离现在越近,根据预订曲线确定的数值权重就越大;预测的日期距离现在越远,根据直接预测法确定的数值权重就越大。每个酒店确定的权重可能不同,但确定权数的目的都是尽量减少预测的误差。本例中,不妨假设根据预订曲线确定的数值权重为0.9,则预测4天后实际实现的预订量为125×0.9+150×0.1=127.5(间),大约是128间。

当然,无论使用什么预测方法,有一点是相同的,即需要大量的历史数据作为预测依据。鉴于预测的重要性,酒店在选用预测方法和计算机辅助系统时一定要选择适合本酒店的情况和方法,否则会适得其反。此外,仅仅依靠定量预测法是不全面的,存在一定的预测偏差,还必须结合一定的定性预测法。

二、定性预测法

当定量预测缺乏数据或者数据不全时,可以结合定性预测法以补齐定量数据的不足。定性预测法主要依靠人的判断,当然这些判断需要以调查研究结果和收集的信息为依据。常见的定性预测法有市场调研法、企业员工意见综合法、德尔菲法等。

1. 市场调研法

市场调研是指为了提高产品的销售决策质量、解决存在于产品销售中的问题或寻找机会等,而系统地、客观地识别、收集、分析和传播营销信息的工作。

对于酒店而言,需要通过市场调研法获得的市场信息包括:①经济环境,如国内生产总值（GDP）、消费价格指数（CPI）等；②旅游行业环境，如旅游收入、城市接待过夜旅游者人数、城市接待过夜旅游者天数、城市接待过夜旅游者的客房收入等；③细分市场环境，如客房收入等；④其他，如展会日历、特殊事件等。

2. 企业员工意见综合法

企业员工意见综合法需要财务、销售、收益等相关的管理人员先独立进行销售情况预测，包括对购买力、市场需求变化趋势、竞争对手动向等问题的预测，然后开会讨论，汇总所有人的预测结果并整合，最后就预测结果达成一致意见。

3. 德尔菲法

德尔菲法是为了克服专家会议法的缺点而产生的一种专家预测方法。在预测过程中，专家彼此互不相识、互不往来，这就克服了在专家会议法中经常发生的专家们不能充分发表意见、权威人物的意见左右其他人的意见等弊病。各位专家能真正充分地发表自己的预测意见。该方法具体的分析流程如图5-2所示。

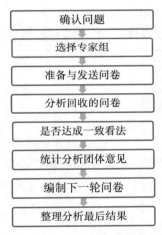

图5-2　德尔菲法的分析流程

三、新兴预测方法

除了以上常规的预测方法外，近年来还发展了不少新兴的预测方法，较为典型的有神经网络模型、模拟仿真法和复合预测法。其中，神经网络是目前发展迅速、应用广泛的前沿交叉学科，是一种非线性动力学系统。神经网络模型的特色在于能够分布式存储信息并能够并行协同处理信息，具有自组织和学习的能力。模拟仿真法能够较准确地模拟现实中顾客随机的预订和取消行为，但是前提是要建立概率统计模型，如二项分布或者泊松分布模型。复合预测法是为了解决单个预测方法在预测精度和稳定性上的缺陷而发展起来的，该方法可以有效提高预测的精度，并且减小预测的误差。

现将以上预测方法分类归总，如图5-3所示。

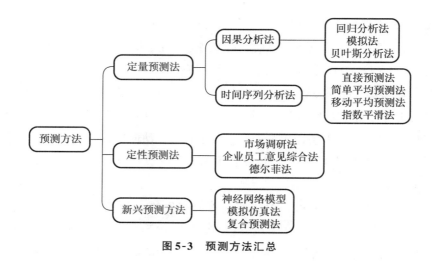

图 5-3 预测方法汇总

第三节 预测的准确性

一、预测的误差与精度

预测结果与实际结果相差较大,表明收益管理的策略过于激进或过于保守。确保预测的精度是保证收益管理工作有效的重要前提。可以用平均绝对偏差、平均平方误差、平均绝对百分比误差及平均百分比误差等指标衡量预测的精度。

(一)平均绝对偏差

平均绝对偏差(mean absolute deviation,MAD)是整个预测期内每一次预测值与实际值的绝对偏差的平均值,用公式表示:

$$\text{MAD} = \frac{1}{n}\sum_{i=1}^{n}|Z_i - \hat{Z}_i| \quad (公式 5-3)$$

平均绝对偏差的作用与标准偏差类似,但比标准偏差容易求得。平均绝对偏差能较好地反映预测的精度,但它不容易衡量无偏性。

(二)平均平方误差

平均平方误差(mean square error,MSE)是对误差的平方和取平均值。它可以把频繁出现的预测误差放大,而把偶尔出现的误差缩小,所以这个指标特别实用,它的计算公式是:

$$\text{MSE} = \frac{1}{n}\sum_{i=1}^{n}(Z_i - \hat{Z}_i)^2 \quad (公式 5-4)$$

（三）平均绝对百分比误差

在估计预测精度时，有时采用相对误差更加有效。相对误差是将实际值与预测值之差与实际值相比。平均绝对百分比误差(mean absolute percentage error, MAPE)就是一个衡量相对误差的指标，它的计算公式是：

$$\text{MAPE} = \frac{1}{n} \sum_{i=1}^{n} |Z_i - \hat{Z}_i| / Z_i \qquad \text{（公式5-5）}$$

（四）平均百分比误差

平均百分比误差(mean percentage error, MPE)同时考虑到正偏差和负偏差，而不是求绝对值，它的计算公式是：

$$\text{MPE} = \frac{1}{n} \sum_{i=1}^{n} (Z_i - \hat{Z}_i) / Z_i \qquad \text{（公式5-6）}$$

案例5-3　J酒店预测误差的计算

J酒店1月10日至17日出售客房数量为 Z_i。其中，Z_i 的预测值为 $\hat{Z}_i$，我们之前根据历史数据对每天的出售量进行了预测（见表5-6）。

表5-6　J酒店的需求预测

日期	Z_i/间	$\hat{Z}_i$/间	误差	误差绝对值	误差平方	$|Z_i - \hat{Z}_i|/Z_i$	$(Z_i - \hat{Z}_i)/Z_i$
1月10日	189	186	3	3	9	0.016	0.016
1月11日	175	189	−14	14	196	0.08	−0.08
1月12日	180	175	5	5	25	0.028	0.028
1月13日	185	180	5	5	25	0.027	0.027
1月14日	192	185	7	7	49	0.036	0.036
1月15日	181	192	−11	11	121	0.061	−0.061
1月16日	169	181	−12	12	144	0.071	−0.071
1月17日	174	169	5	5	25	0.029	0.029
合计			−12	62	594	0.348	−0.076

由公式5-3、公式5-4、公式5-5、公式5-6分别可得：

$$\text{MAD} = 62/8 = 7.75$$
$$\text{MSE} = 594/8 = 74.25$$
$$\text{MAPE} = 0.348/8 = 0.0435$$
$$\text{MPE} = -0.076/8 = -0.0095$$

二、需求修复

受收益管理策略的执行和顾客行为的影响,收益管理系统中记录的需求数据有时不能反映真实的需求,较好地修复这些受约束的需求,有助于企业更加准确地预测市场需求,制定出更加正确的收益管理策略,实现更大收益。

如在机票预订中,一旦某价格等级的舱位达到销售限制就会停止销售,通常只会提供价格更高的舱位去供旅客选择。但剩余销售周期内,仍可能有旅客的最高支付意愿为已关闭的低价格,其在不能购买到所期望的舱位时将离开,此时离开的旅客的需求就成了预订数据上未能反映的需求,也就造成了预订系统中的历史数据不能反映真实的需求的局面。即使在航空公司上座率很低的情况下,需求修复也能使得收益提升。因此,需要对航空公司订座系统关闭而导致的"溢出"旅客数量进行修复。设DCPx(data collecting point)代表任一采集点,DCP$(x+1)$代表紧随其后的下一采集点。从DCPx到DCP$(x+1)$的订座数据有时候增加,有时候减少,订座状态也不相同,所以采用的计算公式也就不同。一般需求的修复订座公式有两种:

$$\text{DCP}(x+1)\text{的修复订座} = \text{DCP}x\text{的修复订座} + \text{实际订座变化} \quad (\text{公式}5\text{-}7)$$

$$\text{DCP}(x+1)\text{的修复订座} = \text{DCP}x\text{的修复订座} + \max(\text{实际订座变化},$$
$$\text{历史平均订座变化}) \quad (\text{公式}5\text{-}8)$$

从DCPx到DCP$(x+1)$的订座数据增减情况不同,实际订座变化和历史平均订座变化的公式也不相同。当从DCPx到DCP$(x+1)$的订座数据增加时,实际(历史平均)订座变化=DCP$(x+1)$的实际(历史平均)订座−DCPx的实际(历史平均)订座;当从DCPx到DCP$(x+1)$的订座数据减少时,实际(历史平均)订座变化=[DCP$(x+1)$的实际(历史平均)订座/DCPx的实际(历史平均)订座]×DCPx的修复订座−DCPx的修复订座。

修复订座公式的选择由相邻采集点的订座状态和实际订座数据的变化决定,订座状态O代表开放(open),N代表关闭(close),如表5-7所示。

表5-7 订座修复公式的选择

DCPx的订座状态	DCP$(x+1)$的订座状态	实际	
		订座增加	订座减少
O	O	公式5-7	
O	N	公式5-8	
N	N	公式5-8	
N	O	公式5-8	公式5-7

具体应用见表5-8,表中数据给出了历史平均订座数据,抽取了一组实际订座并注明了不同的订座状态,需要求出修复后的订座数量。

表 5-8　修复订座数据

DCP	历史平均订座	实际订座	订座状态	修复订座
1	3	4	O	4
2	7	7	O	7
3	11	9	N	11
4	9	8	N	10
5	16	13	N	17
6	18	16	O	20
7	20	15	N	22
8	23	17	O	25
…	…	…	…	…

DCP1 至 DCP5 的修复订座计算过程包括以下 5 个步骤。

第一步：DCP1 的订座状态是 open，通常情况下是无约束的，因此 DCP1 的修复订座就等于实际订座 4。

第二步：DCP2 的订座状态也是 open，采用公式 5-7。实际订座变化＝7－4＝3。DCP2 的修复订座＝DCP1 的修复订座＋实际订座变化＝4＋3＝7。

第三步：DCP2 订座状态是 open，DCP3 的订座状态是 close，采用公式 5-8。实际订座变化＝9－7＝2，历史平均订座变化＝11－7＝4。DCP3 的修复订座＝DCP2 的修复订座＋max(实际订座变化，历史平均订座变化)＝7＋max(2,4)＝7＋4＝11。

第四步：DCP4 和 DCP3 订座状态都是 close，采用公式 5-8，并且实际订座数据 DCP4 小于 DCP3。实际订座变化＝(DCP4 的实际订座/DCP3 的实际订座)×DCP3 的修复订座－DCP3 的修复订座＝(8/9)×11－11＝－1。历史平均订座变化＝(DCP4 的历史平均订座/DCP3 的历史平均订座)×DCP3 的修复订座－DCP3 的修复订座＝(9/11)×11－11＝－2。DCP4 的修复订座＝DCP3 的修复订座＋max(实际订座变化，历史平均订座变化)＝11＋max(－1,－2)＝10。

第五步：DCP5 和 DCP4 实际订座状态都是 close，采用公式 5-8，并且实际订座 DCP5 大于 DCP4。实际订座变化＝13－8＝5，历史平均订座变化＝16－9＝7。DCP5 的修复订座＝10＋max(5,7)＝17。

同理可求出 DCP6～DCP8 的修复订座，计算结果见表 5-8。

案例 5-4　航空公司的座位控制

在航空公司收益管理中，座位控制是很重要的一部分。座位控制也叫舱位管理，其结果决定每个航班每种舱位可销售多少数量，进而最终决定了航班可售的价格应是多少。

由于舱位管理的最终结果决定了可售价格和舱位的可销售数量，有人就

视频链接

预测的精准度

认为舱位管理做的就是调整舱位销售数量的事而已,其实不然。整个舱位管理包括淡旺季的识别、需求预测和调整、订座曲线和上客特点的识别、节假日和特殊事件的识别和应对、超售的管理、订座缩减的管理、贱卖和虚耗座位的监控和评估、需求偏离预期或者订座曲线异常的评估、竞争对手可获取的最低运价识别和响应、舱位可销售数量的优化等。

以上每一个过程中,需求预测都起着重要作用。预测能不能反映市场需求的真实情况,将直接或者间接地影响舱位管理的后续内容,也影响到最终舱位可销售数量的多少。预测作为舱位管理的始发点,收益舱位管理人员应该给予更多的关注,而不要仅仅关注舱位可销售数量。对于需求预测的评判也不能仅仅考虑绝对的准确度,更要考虑预测需求确定性的概率提高了多少、是否能大规模自动化地完成。有时即使预测的准确度仅仅提高百分之一,由预测需求确定性概率的提高和大规模自动化带来的收入增加也是相当可观的。

在航班座位数确定的情况下,舱位管理在预测后的所有行动都是围绕"决定每一种价格在此航班上接受多少需求量"这一主题展开的。

(资料来源:民航资源网。)

第四节　酒店的预测

在酒店业中,不同客源市场具有不同的预订模式,酒店可以通过研究和利用预订模式的规律,合理管理价格的供给来获利,并提高预测的准确性。一般而言,酒店客人主要分为商务散客、休闲度假散客和团体客。不同的细分市场有不同的预订模式。

一、商务散客预订模式

通过分析商务散客预订数据可以掌握商务散客预订的规律。如图5-4所示,某酒店从入住日前100天到前35天,酒店商务散客的预订房间数从2间增加到28间;而从入住日前35天到前8天,预订量从28间增加到120间;从入住日前8天到当日还是120间,这期间预订的房间数没有增加,是因为增加的预订量和被取消或修改的预订量刚好相等。

由此可见,在入住日前4周开始,酒店商务散客的预订量激增,而之前较少。这与其入住目的有关,商务散客旅行的目的是开展商务活动,一般计划性较强,出差的时间定下来之后,一般都要确定相应的住宿,要提前做出安排。商务散客价格敏感度较低,因此,在商务散客预订量激增的时段应当将酒店客房价格定在较高的水平上。如果酒店能准确预测此期间将有多少间客房能以较高的价格销售给商务散客,就可以保留足够的客房,以获得更多收入。如果不这样做,就可能把客房以太低的价格过早地销售出去了,等到商务散客的需求增加,而且其能支付更高价格的时候,却没有空房可以提供。

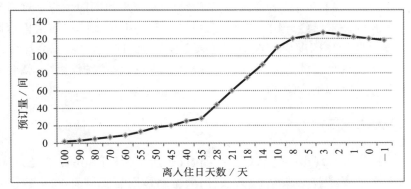

图 5-4 某酒店商务散客预订模式图

另外,在淡季时,如果提前预订天数超过 5 周,酒店可以把价格控制在比较低的水平,这样就可以用低价吸引一些对价格敏感、习惯较早预订房间的客人,以提高客房的出租率。因为酒店的客房是易逝的,如果不卖出,那在当天就无任何收入了。而在入住日前一周之内,酒店的价格就应当提升到较高水平,这个时间段客人往往因急于预订客房,其价格敏感度较低,市场上的客房供应量也已不够充足,酒店所面对的竞争便没有之前那样大了。当然,要注意的是,商务散客也会因为商务活动的临时变化而临时做出客房预订信息的改变。

二、休闲度假散客预订模式

同样,休闲度假散客也有自己的预订规律。如图 5-5 所示,某酒店休闲度假散客的预订一般提前一个多月就已开始,他们往往较早做出旅行计划,也需要比较多的时间去做好每个人的协调工作和申请假期,一般与家庭成员或朋友一起出游。

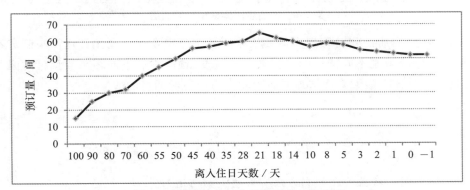

图 5-5 某酒店休闲度假散客预订模式图

因为是自费旅游,休闲度假散客对价格往往较为敏感,他们知道预订越早,可能得到越多的优惠。针对休闲度假散客,酒店要结合其他类型客人的订房数量以及订房高峰来制定价格。针对休闲度假散客较早预订的特点，在离入住日较早的时候，把价格控制在较低的水平上，吸引游客预订，以在激烈的竞争环境中扩大份额；当他们的预订量增加较快时适当提高价格，减缓房间订购的速度。

当离入住日少于4周时，就要开始提高价格了，来减少他们的预订。这时支付能力较强的商务散客的需求已经开始主导预订数量的变化，把更多的房间销售给商务散客更加有利可图。留给休闲度假散客的客房数量要准确把握：太多，就会导致在商务散客的需求增加时没有足够的房间提供给商务散客，使得利益受损；太少，就会导致在入住当天出现空房，也会影响酒店收入。

三、团体客预订模式

团体客的预订也呈现出一定的规律。如图5-6所示，每日客房需求量为50~100间的中等团体通常需要提前30天至60天预订；大型团体则需要提前60天至1年订房；一些小型团体，甚至需要提前超过一年的时间来预订。酒店接受什么规模的团队，需要结合商务散客和休闲度假散客预订后酒店客房的剩余量来安排，团体客能接受的价格往往较低，但也可弥补酒店有大量空房时的收入。

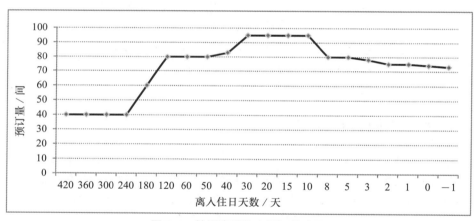

图5-6　某酒店团体客预订模式图

总而言之，酒店的收益管理人员要根据不同细分市场的不同预订规律来制定不同的策略去鼓励或限制不同群体的预订数量和进度，预测酒店不同客源的预订时间及预订量，达到从整体上最大限度增加酒店收益和市场份额的目的。

复习思考

1. 常用的收益管理预测方法有哪些？如何运用？
2. 衡量预测误差的方法有哪些？怎样运用？
3. 需求修复的含义是什么？为什么要进行需求修复？

第六章
超额预订

1. 了解超额预订的概念、原因,掌握超额预订的策略。
2. 了解过度超订的处理方法。

机票超售事件

美国当地时间2017年4月9日,原定于17:40起飞的美联航UA3411航班,出现了超售情况,需要4名乘客自愿下飞机。但由于种种原因,没有人愿意放弃。于是航空公司便"随机"选择了4名乘客下机。其中一名亚裔乘客表示自己是医生,必须要搭乘本次航班前往目的地为患者动手术,拒绝下机。在交涉无果后,空乘呼叫保安用极其暴力的方式带走了这名乘客。延误了两小时后,飞机最终起飞。

美联航发言人事后表示,公司遵循了正确的程序,该航班当时必须起飞,所以通知芝加哥警方协助。事情发生后,在美国的各大社交网站上,网友纷纷表示愤慨,并发出抵制美联航之声。面对网上一片声讨,美联航CEO穆诺斯10日发表声明,对这起"令人沮丧"的事件感到难过,并向这名乘客道歉。

(资料来源:广东共青团,2017-04-11,https://static.nfapp.southcn.com/content/201704/11/c364481.html。)

案例思考:
1. 美联航在处理此次机票超售事件时有哪些不足?
2. 美联航的机票超售事件给我们什么启发?

1. 超额预订
2. 过度超订的负面影响
3. 过度超订的处理

第一节 超额预订及其成因

一、超额预订的概念

超额预订（overbooking）是指在酒店订房已满的情况下，再适当增加订房数量，以弥补少数客人取消订房或"no-show"所造成的客房闲置的策略，目的是使酒店既定的资源发挥更大的效用。实施超额预订的关键是如何准确预测并确定超额预订的房间数量。超额预订率就是超额预订房间数与可预订客房数之比。从理论上讲，最优的超额预订房间数是当接受一个额外预订的边际收益等于边际成本时的预订数。公式如下：

超额预订房间数 ＝ 临时取消预订的房间数 ＋ 没有入住的房间数 ＋ 提前退房的房间数 － 延长住宿的房间数

客房闲置主要有以下几种情况：如果客人在预计抵达日当天或预计抵达日前一两天临时取消订房，称为临时取消订房（short-notice cancellation）；若客人订了房，但没有入住，也没有取消订房，这种情况归为没有入住（no-show）；如果客人本来打算住若干天，忽然临时改变主意提前退房，这种情况称为提前退房（early departure）；如果客人预订了客房，但比计划到达的时间晚了一两天才入住，这种情况称为延迟入住（delayed check-in）；相应地，如果客人订了房间，但比计划离开的时间晚一两天才办理离店手续，这种情况称为延长住宿（stay over）。例如，某酒店某天已订满，现在5间客房延长住宿，3间提前退房，2间没有入住，7间客房取消预订，那么该酒店这天的超额预订客房数应该为多少？

一般实施超额预订的酒店，遇到客人实际到达超过预计数时，就将客人介绍到别的酒店。但这并不能解决根本问题。美国运通公司曾做过一项调查，遇到超额预订而无法入住预订酒店的客人，半数以上表示，以后再也不会到那些酒店入住。这种因酒店失信而造成的服务质量下降，对客人来说是不能容忍的。为此喜来登酒店制定的"十戒"中就包括一条：不能拒绝接待预订已确认的客人。

二、超额预订的原因

（一）主要原因：no-show

并非所有的顾客都会如期抵达酒店入住。我们将未按预订时间到达的行为称为no-show（失约或退订）。no-show是采用超订的主要原因。对于酒店而言，顾客的取消订房或应到未到行为，造成酒店当天会有一定数量的空房，而这些空房原本可以出售给其他有需要的顾客,从而引起酒店收益的损失。因此,酒店收益管理使用超额预订策略,提高酒店因no-show而下降的出租率,以增加酒店收益。

顾客在预订时间没有入住有多种情况。有可能只是推迟预订的时间,延迟入住(delayed check-in);也有可能临时取消订房(short-notice cancellation),或未通过任何方式告知酒店,单方面不来入住,并且之后不再出现;还有可能是在入住后,提前离店(early departure)。与航空业相比,酒店的no-show率更高。根据国内外酒店经验,延迟入住的情况占酒店客房预订量的5%左右,临时取消订房量占酒店客房预订量的8%～10%,而未交纳订金的客人与商务客人出现no-show的可能性更大。

酒店的房间预订一般分为两类:团体订房和个人订房。团体订房一般指由国内外旅行社、专业会议、商业机构等事先计划和组织,与酒店签订订房合同。双方愿意共同履行契约,预订不到或临时取消的可能性极小,即使有变化也会提前通知。而个人订房一般不收订金,随意性很强,顾客出现no-show的可能性大。不同顾客群体也有着不同的no-show概率。

(二)其他原因

除了顾客no-show方面的原因,还有其他方面的原因,如重复预订,代理商、中介虚假预订。

(1)重复预订。例如,客人可能因为价格原因或出游人数不确定等因素而执行多次、多处预订。这种行为在随意性较大的自费旅游者中较为普遍,通过多次、多处预订,他们既可以拿到较低的价格,又可以确保抵达酒店时成功入住。

(2)代理商、中介虚假预订。酒店代理商或中介通过预期客房数,提前向酒店提供预订信息,当日实际入住数与其所报预期客房数不同且差距大于可接受范围,即为虚假预订。

三、超额预订率

通常,酒店接受超额预订的比例高低受以下几点因素的影响。

(一)酒店的类型

一般来说,连锁品牌的酒店凭借完善的统一预订系统和庞大的分店数量,可以适当提高超额预订率以提高利润,独立经营的酒店就相对保守一些。

(二)顾客细分市场

公费顾客和自费顾客:顾客因公费或自费,其消费行为会有较大的区别,一般公费顾客未入住率较低,不宜过度超额预订。

散客和团体顾客:由于散客的消费行为不确定性大,团体顾客的消费行为受牵制多,因此如果散客居多,超额预订比例可适当提高;如果团体顾客居多,超额预订比例可适当降低。

根据不同时间:细分酒店的淡季、平季、旺季和特殊季,细分节假日和工作日。在我国现阶段,节假日的未入住率较低,不宜过度超额预订。

(三)预订方式(booking pace)

如果临时性预订的客人较多,则超额预订的弹性较大;对于确认性预订,酒店有充分的时间给以书面确认,向他们收取欠款的可能性较小,但酒在失诺时的责任也相对较大,故超额预订的弹性较小;对待保证性预订的房间,超额预订无弹性。

因此,超额预订数的计算要受预订取消率、预订而未到率、提前退房率以及延期住店率等因素的影响。

假设,X 为超额预订数,A 为酒店客房数,C 为续住房数,r_1 为预订取消率,r_2 为预订而未到率,D 为预期离店房数,f_1 为提前退房率,f_2 为延期住店率,则:

$$X = C \times f_1 - D \times f_2 + (A-C)\frac{r_1+r_2}{1-(r_1+r_2)}$$

设超额预订率为 R,则:

$$R = \frac{X}{A-C} \times 100\%$$

例如,某酒店有标准客房600间,未来某日(10月2日)未结住房数为200间,预期离店房数为100间,该酒店预订取消率通常为8%,预订而未到率为5%,提前退房率为4%,延期住店率为6%,请问,就10月2日而言,该酒店:

应该接受的超额订房数为

$$\begin{aligned}X &= C \times f_1 - D \times f_2 + (A-C)\frac{r_1+r_2}{1-(r_1+r_2)}\\ &= 200 \times 4\% - 100 \times 6\% + (600-200)\frac{8\%+5\%}{1-(8\%+5\%)}\\ &= 62(间)\end{aligned}$$

超额预订率为

$$\begin{aligned}R &= \frac{X}{A-C} \times 100\\ &= \frac{62}{600-200} \times 100\%\\ &= 15.5\%\end{aligned}$$

该酒店共应该接受的客房预订数为

$$A - C + X = 600 - 200 + 62 = 462(间)$$

因此,就10月2日而言,该酒店应该接受62间超额订房;超额预订率最佳为15.5%;总共应该接受的订房数为462间。

案例6-1　酒店的no-show和取消预订现象

深圳大梅沙京基喜来登度假酒店①（Sheraton Dameisha Resort）是由京基集团（Kingkey Group）投资兴建、由喜达屋及度假村集团（Starwood Hotels and Resorts）管理的海滨商务度假型酒店，于2007年5月6日开业。

酒店主楼有客房370间，房型众多，另有别墅16套。酒店具有内部预订部、集团订房中心、酒店网站、在线旅行代理、传统旅行社等分销渠道，其客源主要分两部分，即商务顾客和度假散客。酒店制定担保及取消政策：对于公众假期（7—9月及周五和周六），需要强制担保，如需取消或更改预订，需提前3天（1天）通知，否则收取1房晚费用。该政策是否能有效实现对顾客取消预订和no-show的控制？学者收集到2010年7月1日至12月31日（为期6个月）的no-show和取消预订数据，总样本容量共5227条。获取了包括顾客性别、提前取消的天数、no-show和取消的房型、no-show和取消的金额、no-show和取消的原因等资料，辅以深度访谈，完善获得的资料。

调查结果表明，no-show和取消的预订客房共有5227间，其中取消预订为4278间，平均每天取消23间，平均每月取消713间；而no-show的客房数为949间，平均每天no-show的客房数为5间，平均每月no-show的客房数为158间。总体来说，取消量占总客房数的6%，no-show量占总客房数的1%。

对于取消预订行为而言，29.5%顾客在预订抵店当日取消预订，是一种临时的更改行为；提前1天和2~3天取消预订的顾客都占20.4%，说明酒店的预订政策对其行为存在一定的影响；11.6%的顾客提前10天以上就取消预订，而酒店对这部分顾客的取消原因大部分记录为"未知"。顾客取消预订所产生的金额在1000~2000元的比例最高，占40.8%，2000~3000元的占24.1%，1000元以下的占10.2%；而3000~4000元、5000元以上和4000~5000元的，分别占10.0%、9.0%和5.9%。在所有的取消预订中，取消率最高的房型是豪华海景房，占24.63%，海洋套房的取消率为6.9%；经典海景房是酒店重点推荐的一种房型，其取消率为2.52%。取消预订原因最主要的是行程取消或更改，占总样本的54.42%，大多是商务顾客或旅行社团队；因操作或多渠道预订而导致的重复预订占总样本的8.18%；天气因素、健康因素、交通事故、价格等原因所占比例非常小。

对no-show情况而言，77%的no-show是未担保的，其余23%的是信用卡担保的。no-show比率最高的房型是豪华海景房，占1.9%，与被取消预订比率最高的房型一致。no-show的客源中，绝大部分是无合同约束的散客，占42.9%，有合同约束的公司协议顾客和通过旅行社预订的顾客分别占30.5%

---

①2020年深圳大梅沙京基喜来登度假酒店换牌为深圳大梅沙京基洲际度假酒店。

和20.1%。由此可见,合同对no-show顾客的行为存在一定的约束力,但影响不明显。

基于酒店的no-show和取消预订情况,酒店采用担保等政策,不能有效实现酒店的损失最小化。为了弥补这些损失,酒店需要采用超额预订的策略。

(资料来源:熊伟,蓝文婷.基于no-show和取消预订的酒店顾客预订行为研究——以深圳大梅沙京基喜来登度假酒店为例[J].旅游研究,2012,4(3):51-59.)

第二节 超额预订的策略

一、超额预订适用的行业特征

超额预订策略适用的行业,主要有以下特征。

(一)提供产品的能力有限

不能迅速调整产品能力的行业,面对的问题是如何有效地分配产品以满足不断变化的市场需求,这可以用超额预订解决。例如,酒店所拥有的客房数量在短期内是有限固定的,增加新的客房数量在短期内不能实现且投资巨大。

(二)产品具有不可储存性

服务产品具有不可储存性,超额预订将产品的闲置降到最低限度。很多企业可以通过存货来缓解供求矛盾,但是有些企业的产品是无法储存的,如果不在给定的时间内销售,那么该产品的价值也就消失了。例如,如果一间客房在某一天没有被销售出去,那么这间客房在当天被使用和为酒店创造收益的机会就永远消失了。

(三)预订可预测

预测是超额预订的基础,酒店可以通过预订系统观察过去和目前的预订情况,预测未来的预订需求量、预订进度和预订的来源,设置超额预订率。

二、超额预订的使用

超额预订策略的实施对行业性质有一定要求,且不同行业超额预订的使用程度也不同,相应地,出现过度超订时给予的赔偿也不同,如表6-1所示。

表 6-1　超额预订的使用情况

行业	使用程度	出现过度超额预订时给予的赔偿
民航	非常高	赔偿,免费住宿就餐,等待下一航班
酒店	高	去附近其他的同档次或更高档次的酒店住宿
汽车租赁	高	等待或临时使用其他汽车租赁公司的汽车
航空货运	高	用下一班机运送货物,对货物到达的延期进行赔偿
订货型生产企业	中等	延期支付

三、超额预订的实施步骤

以酒店在节假日的预订为例,合理的超额预订实施步骤如下。

(一)预测客源情况

酒店管理者要做好客源预测工作,预测可以从多方面着手。

1. 往年同期客源情况的分析

营销人员应该细分和研究往年同期的每日客房出租情况,如每日出租房间数、散客房间数,以及来自协议的散客比例、来自订房中心的散客比例等,从而将以往的数据与今年同期预订情况进行比较。由于旅行社团队往往会提前预订,而且通常越接近指定日期,团队的房间数才会越确定,所以营销人员应每隔一段时间就要与旅行社核对团队的收客情况,防止旅行社为了控房而做虚假或水分较大的预订。

2. 了解本市同类酒店的预订情况

通过了解竞争对手和不同地段的酒店预订情况,酒店管理者可以估计出自己酒店客房出租的前景。

3. 关注各媒体报道

在酒店订房高峰期,特别是节假日期间,各大媒体都会争相从相关行业、酒店处了解到最新的情况,进行滚动式报道。

4. 通过其他渠道了解信息

酒店管理者可以从酒店主要客源地的酒店销售界同行、旅行社、客户那里了解信息,以便做出更准确的预测。

(二)做好价格调整的准备

根据预测情况,针对各种客源,制定不同的价格策略。新的价格要尽量提前制定,以便留出足够的时间与客户沟通。其间营销人员有大量的工作需要落实,不仅要通过电话、Email等通知客户,更要从关心客户的角度出发,提醒客户尽量提前预订,以免临时预订而没有房间。在价格调整中,不同客源的调整幅度可以不一样,对于一贯忠诚于酒店的协议公司客人,提价要稳妥,要与他们沟通,尽量在协议客人能够承受的幅度内提价;对于订房中心的客人,价格的调整可以从网上进行了解,特别是要调查同类酒店的调价情况,结合客人可以承受的范围和酒店自身情况综合考虑。酒店要以长远的

视频链接
▼

超额预订的策略

眼光来看待与客户之间的关系,不能只做一锤子买卖,因为建立良好的信誉是发展未来客源的基础,绝不可以因节假日客户增多而肆意涨价。

(三) 合理计划客源比例

根据调查与预测情况,合理做好客源的分配比例,如果预测天气状况不妙,可以增加团队的预订量;如果预测天气较好,可以减少团队预订量,但不能一刀切,不接团队,除非酒店以前从不与旅行社打交道。酒店可以通过价格的上涨来合理控制或筛选不同细分市场。对于长期合作的系列团队,应尽量提供一定比例的房间。

(四) 合理做好超额预订

为了降低超额预订的风险,酒店可以通过以往节假日 no-show 和取消预订的数据进行统计比较,得出一个合理的百分比,从而实现既能最大限度地降低由于空房而产生的损失,又能最大限度地降低由于未做好足够预订而带来的损失。因此,营销人员要做好预测和超额预订的策略制定,需要与总台一线员工进行沟通,并进行培训。

第三节 过度超订及其处理

超额预订应该有一个"度"的限制,以免出现因过度超订而无法使客人入住,或超订不足而使部分客房闲置。通常,酒店接受超额预订的比例应控制在10%~20%,具体而言,各酒店应根据各自的实际情况,合理掌握超额预订的"度"。

一、过度超订的负面影响

过度超订存在以下负面影响:

(一) 信誉及经济损失

过度超订可能导致客人对酒店的满意度降低,从而对酒店形象造成负面影响。此外,针对无法入住的客人的一系列赔偿、处理措施都会对酒店造成经济损失。

(二) 法律纠纷

例如,美国佛罗里达州制定的禁止超额订房的条例规定,酒店在顾客预订房间并预付订金时必须保证顾客有房间,如果后来客满无房间,酒店必须尽一切努力,找到其他住处以代之,必须退还订金,并按因超额订房而未住入该酒店的顾客人数,进行相应罚款。

(三) 消耗额外人力和物力

酒店对客服务是具有整体性和系统性的工作,为处理过度超订和进行补偿,需要订房部、销售部、前台相互协调沟通,这样会消耗更多的人力和物力。

二、避免过度超订的措施

（一）信息收集

超额预订虽然能为酒店带来收益的保障,但需要承担一定的风险。管理者需要根据经验对市场进行预测和对客源情况进行分析,做出适当的超额预订决策。首先需要收集相关信息,包括团体订房和散客订房的比例、各订房资料等。

(1) 掌握团体订房和散客订房的比例。由于团体预订与散客预订出现预订不到或者临时取消的可能性大小不同,酒店可以通过一段时间内团体预订与散客预订比例的测算,决定超额预订的幅度大小。

(2) 根据订房资料分析订房动态。酒店可以根据预订系统中的历史记录,筛选出过去订房不到、临时取消、提前离店及逾期留宿的客人,在以后的高峰期,可以根据实际情况不接受这些人的预订。

（二）预防措施

1. 仔细处理预订资料

每日应仔细审核当日所有的预订资料,及时处理重复、更改和取消的预订。在从预订到入住的这段时间内,会有一些客人因为种种原因而无法抵达或者取消了旅行,但不是所有客人都会主动通知酒店。前厅部要在客人抵达前通过电话与客人进行多次核对,一旦变更,迅速做出调整,并通知相关部门将客房重新预订或销售给其他客人。

2. 预订担保

预收保证金或要求信用卡担保,将风险合理转嫁给客人,尤其是在酒店营业高峰期如节假日、当地有重大经贸活动时。

3. 每日核对客房

每日核对每间客房的实际使用情况,及时确认当日预计离店客房,妥善安排提前退房客房,及时核对当天可以恢复使用的待修房。

三、过度超订的处理

对于酒店而言,过度超订纠纷处理需按照一定的程序进行,以便能更快更好地解决酒店的过度超订问题。

（一）确认客房超售服务失误

问题发生后,应该给顾客以真诚的道歉,并与顾客开展有效的沟通。通过耐心倾听,识别并确认客房超售给顾客带来的问题。

（二）解决超售给顾客带来的问题

一旦出现客房超售,不满的顾客会出现抱怨甚至投诉,投诉的一个重要目的就是获取补偿。有时仅仅给予补偿是不够的,还有其他的因素会影响顾客的补救满意度,如真诚的道歉、合理的解释、补救速度、主动性和不再失误的承诺保证等。

补偿方式包括:提供一定额度的补偿;赠送一定金额的代金券,促使顾客再一次来本酒店消费;为顾客提供相同档次的其他类型房间,必要时由上级批准为顾客免费升级至高一档次的房间;若酒店已经房满,征得顾客的同意,为顾客联系相同等级的酒店,并承担顾客入住该酒店的房费和其他必要开支。

可以通过运用心理学原理,处理超售问题。例如,酒店可以给予顾客一些承诺,比如,如果预订的顾客来到酒店发现没有房间了,酒店承诺免费给该顾客一张会员卡或者一定金额的代金券,使顾客在心理上得到满足,从而降低顾客对风险的感知,提升满意度。

（三）整体改进超订服务

针对在服务补救过程中发现的超订问题,提出改进措施,以此来优化超订服务系统,减少类似情况的发生。

1. 发现过度超额预订情况

出现过度超额预订时,应仔细审核当日所有预订资料,看是否有重复预订以及未及时更改或取消的预订。对于重点宾客或保证类预订,务必保证其订房,团体订房则次之安排,最后安排一般类的预订。

2. 查看房间状况

通过各种方法查核酒店所有房间是否已100%地实际占用,计算出当天可用房数量及预订房数量,统计出超额预订的房间数,及时上报主管或经理。

(1)打印一份当前房间状况报表,与客房部核对每间房的实际情况。

(2)打印一份当日预计离店客人报表,检查此类客人是否当天全部离店,注意不能接受任何续住请求。

(3)检查当日所有住店客人资料,看是否有提前退房的客人。

(4)打印一份待修房报表,与客房部核对是否有当天可以恢复的客房。

(5)检查当日是否有自用房,如有,可向客房部总监请示,看是否可能当天退出,以便提供给预订客人。

3. 做好超额预订到店客人的安排

由客房部总监出面,按统计出的房间数在其他酒店预订一日,或按照能准许客人返回本酒店的日期界限预订;当超额预订的客人到达后,总台要向客人做好解释说明,恳请谅解,适当时可请大堂副理或客房部总监当面解释。

(1)由大堂副理或客房部总监出面,安排车辆将客人送到已代订好的酒店,该酒店的设施标准至少与本酒店相同或高于本酒店。

(2)从本酒店至代订酒店的交通费及所订酒店房价高于本酒店房价的差额由本酒店承担。

(3)总台应记录代订酒店的名称、客人入住的房间房号及电话号码,并通知总机,以便有事时转告。

4. 后续工作

做好房间控制,一有空房立即留给以上客人,并立即通知大堂副理或客房部总监,以便他们安排以上客人返回酒店入住,维护本酒店声誉。同时,分析酒店过度超订出现的原因,并将资料存档。

5. 制定超额预订管理制度

酒店应制定完善的超额预订管理制度。以下是某酒店超额预订制度表,包括预防超额预订管理制度表(见表6-2)和处理超额预订管理制度表(见表6-3)。该类制度表用于登记超额预订前的工作流程及负责的部门、汇报的部门、签发的部门,有利于规范超额预订工作,提高超额预订的科学性和准确性。

表6-2 预防超额预订管理制度表

制度	预防超额预订管理制度					
执行单位	前台预订处		文件编号		签发日期	总页码
内容	1.每日打印第二天预期抵达客人名单。 2.核对所有第二天预期抵达的团体和散客预订,并准确统计出住房数,预计将要入住的客房数。 3.制作"星期预报房间状况报表"。 (1)该报表由预订处主管负责完成; (2)该报表每天下午制作,周一制作周二至下周一的用房数预报,周二制作周三至下周二的用房数预报,依次类推; (3)准确地统计出今后一周或几天内住店客人的人数和占用的客房数; (4)统计出今后一周或几天内每天离店的人数、空出的间数,同时要考虑客人延迟离店的规律; (5)统计今后一周或几天内预期抵达客人的用房数; (6)综合以上统计数字,凭借过去的档案资料,制作出"星期预报房间状况报表"; (7)报表抄送前厅部、客房部、销售部等业务部门。					
涉及抄报部门	前厅部及相关部门					
签发人签名	××部门经理: 现将《预防超额预订管理制度》抄发你部,请严格执行。 总经理:(签名)					
执行负责人签名	总经理: 兹收到《预防超额预订管理制度》,本人明白制度的详细内容并将严格贯彻该制度在本部门的执行。 ××部门经理:(签名)					

收益管理

表6-3 处理超额预订管理制度表

制度	处理超额预订管理制度					
执行单位	前台预订处	文件编号		签发日期		总页码
内容	1.出现超额预订首先告知预订客人因某些特殊原因，其订房暂不能确定。如果客人愿意，可把客人的预订放在酒店预订的"waiting list"（等待名单）上，根据前后次序，如有客人取消预订或提前退房，可以安排客人入住。 2.帮助客人联系同档次、价格相接近的酒店，帮助客人订房。第二天根据客房情况，如出现空房，把客人接回酒店入住。 3.在旅游旺季和重大节假日期间，前厅部经理可将15%左右的客房保留至最后出售，以作应急之用。					
涉及抄报部门	前厅部及相关部门					
签发人签名	××部经理： 现将《处理超额预订管理制度》抄发你部，请严格执行。 <div style="text-align:right">总经理：（签名）</div>					
执行负责人签名	总经理： 兹收到《处理超额预订管理制度》，本人明白制度的详细内容并将严格贯彻该制度在本部门的执行。 <div style="text-align:right">××部门经理：（签名）</div>					

复习思考

1.什么是超额预订？

2.假如你是一个酒店前台人员，面对因为超额预订而无法入住的顾客，你该如何与顾客沟通，并做出相应处理？

第七章
酒店的收益管理

1. 了解酒店业收益管理的发展历程及应用特点。
2. 掌握需求预测、客房超订、客房分配等酒店收益管理技术的应用。
3. 预测未来国内酒店业收益管理的发展趋势。

连锁酒店创新盈利模式：住酒店不花钱，售卖商品获利

　　随着"互联网+"与创新大潮的来袭，经济连锁酒店也开始尝试各种新颖的玩法，甚至一改以往依靠客房住宿费的盈利模式，通过销售商品获利。为何以经济连锁酒店为主业的酒店企业要打造中高端酒店产品？答案很明显：抢占细分市场。行业细分已经是未来的大趋势，不同的消费群体有着不同的消费需求，并且随着社会消费水平与意识的转变，中高端消费的市场越来越大，这对经济连锁酒店来说，也是很大的商机。

　　"投一产多"的运营模式。尚客优酒店除了拥有住宿业务，还在酒店大堂中开设了蛋糕店，在房间销售毛巾、浴巾等产品。目前，尚客优在其总部已经进行示范，把酒店大堂改造为一个蛋糕店与中式餐厅。从运营一年后的结果看，酒店辅助项目的盈利要远远超过酒店住宿本身的盈利。

　　践行"互联网+"思维。尚客优新推出的中档酒店橙客公寓定位于互联网公寓，针对闲散的家庭式物业，有着自主选房、微信客服（无前台）、微信支付（100%线上交易）、微信开锁、微信退房等特点，通过引入O2O模式和酒店标准化管理，推广"住宿、社交、管家式生活服务"的酒店模式。如家在中高端酒店产品中也注入了互联网因素。和尚客优一样，如家在其新推出的中高端酒店品牌中也利用移动互联网给顾客带来便捷的服务和体验。宾客们可以通过App实现从入住到退房无后顾之忧的住宿过程，比如用App实现预订、支付、选房、开门、退房、续住等全功能。除此之外，如家的智能酒店系统还可以实现远程智能调控客房里的温度、灯光模式、音乐、空气湿度与洁净度,移动设备可无线连接智能电视,实现双屏互动等。

(资料来源:360个人图书馆,2021-08-12,http://www.360doc.com/content/21/0812/17/7597514_990744700.shtml。)

案例思考:
1. 连锁酒店的创新盈利模式体现在哪些方面?
2. 案例中连锁酒店的盈利模式是否适合所有酒店类型?

1. 酒店业实施收益管理的特征
2. 每间可售房收入
3. 收益率

第一节　酒店收益管理特点与衡量指标

万豪国际集团为首个使用收益管理的酒店集团。如今,收益管理已被美国、欧洲等国家和地区的酒店集团及单体酒店熟知并运作于日常经营管理中。收益管理需综合考虑各项影响酒店出租率及房价的因素并对各渠道、各竞争对手及市场环境做准确分析,具有一定的复杂性。数学、计算机系统、统计学等相关知识和技术可有效服务于酒店收益管理。如今,包括万豪在内的酒店集团已拥有科学的收益管理系统,成为收益管理的最大受益者。

收益管理在酒店运营中作为一种有效的商务管理工具,在合适的时间,以合适的价格,将合适的产品通过合适的渠道销售给合适的客户,通过给予产品最合理的价格,使酒店的出租率和平均房价达到最佳的组合来获取最大化的利润。

一、酒店实施收益管理的特点

(一)产品和服务具有时效性和不可储存性

对酒店业来说,如果产品或服务未被充分利用就意味着要承担机会成本和收益的损失,想要增加收入就必须把闲置产品或服务降到最低限度。例如,客房在某天未被租出去,那么这间客房在这一天就损失了创造收益的机会,而且酒店提供给这间客房的服务能力也消失了。

（二）生产和服务能力相对固定且在短期内很难提高

由于酒店的固定资产比重较大，一旦酒店建成，在短期内增加客房数量是很难的。酒店的客房数量是相对固定的，如果全部的客房都住满客人，就算还有客人来酒店入住，酒店已经没有客房提供，失去了盈利的机会。因此，酒店需要应用收益管理将每间客房的可利用价值最大化。

（三）产品和服务可以进行细分

收益管理实施动态定价的基础就是市场细分。对于不同的细分市场，面对同质的产品和服务，客人愿意支付的价格也是不相同的。一般情况下，酒店的客人可以分为两类：一类是以休闲度假为目的的旅游客人，另一类是以商务活动为目的的商务客人。旅游客人可以细分为自费的旅游客人和公费的旅游客人等；商务客人又可以细分为政府客和公司客。另外，酒店还可以通过订房数量把客人分为团体客和散客。对于不同的细分市场，酒店应该针其特点，对需求进行预测，制定合理的价格和产品组合策略，实施收益管理，最大化地实现酒店收益。

（四）产品和服务可以提前预订

酒店的产品和服务可以提前预订，预订客人会由于各种原因改变或取消出行计划，如恶劣的天气、交通、健康状况等，而出现无故未到、临时取消、提前离店等情况，从而给酒店带来损耗。

（五）需求的波动性

酒店需求量的波动幅度也比较大，在一定程度上会影响酒店的收益。影响酒店需求量的因素很多，包括旅游淡旺季、国际形势、客人心理、大型展会等。收益管理可以通过一些规律和数据来预测酒店的需求，在旺季时，在客房量无法显著增加的情况下，可以适当提高酒店房价，增加酒店营业收入；在淡季时，为了吸引顾客，可以适当降低房价，提高酒店入住率。

（六）较高的固定成本和较低的可变成本

酒店的前期固定资产投资巨大，而水电费、工资、洗涤费、一次性用品的消耗等费用随销售量变化，且成本较低。换言之，酒店必须要有一定的基本业务量来维持正常的运作，而超过基本业务量所增加的收入就可以提高酒店的利润。这决定了酒店可以采取收益管理来最大限度提高收入。

二、酒店收益管理的衡量指标

如何判断酒店收益管理在工作实践中是有效的？这就需要选择一些可以衡量酒

视频链接

酒店收益管理的特点

店收益管理绩效的指标,包括客房出租率、每日平均房价、每间可售房收入、收益率和市场渗透指数等指标。

(一)客房出租率(occupancy,OCC)

客房出租率又叫住房率、客房销售率和客房占用率,是指酒店已经租出去的房间数与可供出租的房间总数的百分比。例如,某酒店某日可供出租的客房有100间,当日出租的房间为88间,那么这家酒店当日的客房出租率为88%。

$$客房出租率 = \frac{出租的房间总数}{可供出租的房间总数} \times 100\%$$

出租的房间总数是指酒店被占用或者已租出去的客房,不包括酒店免费提供给客人使用的客房和酒店内部使用的客房,因为这些客房并没有给酒店带来收入。可供出租的房间总数是指酒店客房内的设备设施齐全完好,能够租给客人使用的房间的总数。

$$可供出租的房间总数 = 酒店客房总数 - 酒店自用房 - 正在装修的房间 - 坏房 - 其他占用房$$

客房出租率表明了酒店客房的利用情况,客房出租率越低,说明没租出去的客房越多,客房闲置率就越高。所以,衡量酒店收益管理绩效的重要指标就是客房出租率。

(二)每日平均房价(average daily rate,ADR)

每日平均房价又称为平均房价和平均客房售价,是指酒店每间租用的客房的平均出租价格。

$$每日平均房价 = \frac{出租房间的总收入}{出租房间的总数}$$

例如,某酒店某日有85间客房被租出去,获得收入17000元,那么每日平均房价就是200元。

(三)每间可售房收入(revenue per available room,RevPAR)

每间可售房收入又称为平均客房收入,是指每天可供出租的客房平均给酒店带来的收入。

$$每间可售房收入 = \frac{出租房间的总收入}{可供出租房间总数} = 客房出租率 \times 平均房价$$

例如,某酒店某日可供出租的客房有100间,有85间客房当日被顾客租用,获得收入17000元,那么该酒店当日的每间可售房收入为170元。如果该酒店将其每间可售房收入提高10元,那么它的客房总收入可提高1000元。酒店单位客房的创收能力可以通过每间可售房收入直接反映出来,所以提高客房收入的重要途径就是提高每间可售房收入。

RevPAR是衡量收益管理绩效一个非常重要的指标。价格与需求是成反比例的,所以在大多数情况下,同时提高客房出租率和每日平均房价是很难的。例如当客房的价格升高时,市场对客房的需求就会下降,客房被租出去的数量会下降,导致酒店的客房出租率下降。因此,光看客房出租率,我们并不能判断一个酒店的经营优劣,同理,仅凭每日平均房价我们也不能做出判断,而RevPAR则可以帮助我们比较全面地了解一个酒店的经营状况,因为它综合客房出租率和每日平均房价两个方面来考察酒店的经营情况。

(四)收益率(rate of return)

收益率是衡量一个酒店经营业绩的重要指标。收益率是实际客房总收入占潜在客房收入的百分比,即每单位实际平均价格和每单位可能收取的最高价格之间比例。

$$收益率 = \frac{实际客房总收入}{潜在客房收入} \times 100\%$$

实际客房总收入是客房的实际收入额(出租房间的总数×实际房价),潜在客房收入是所有客房全部以客房牌价售出所获得的客房收入。例如,一家有100间房的酒店,设它的门市价为100元,年出租率为85%,则收益率=(100×100×365×85%)÷(100×100×365)×100%=85%。收益率越高,酒店客房收入越理想。假如收益率太低,如低于75%,要查找原因,可能存在定价错误、房价太高、竞争太激烈、客源结构有问题等情况。

以上是客房内部的指标,酒店还会用市场占有率和市场占有指数的变化情况来衡量本酒店在竞争市场中所处的地位,这些指标的介绍读者可查阅相关书籍进一步了解。

收益管理的指标

(五)市场渗透指数(market penetration index, MPI)

由于不同酒店具有不同的规模及客房数量,单纯客房出租率或平均房价的比较不能够准确地反映一家酒店较其他竞争酒店真实的竞争实力,所以需要用一种能够反映各个酒店规模的指数来衡量酒店的实际表现,该指数称为市场渗透指数,其以百分比来表示,即一家酒店实际取得的市场份额与其应得市场份额的比值。

$$市场渗透指数 = \frac{实际取得的市场份额}{其应得的市场份额} \times 100\%$$

当市场渗透指数大于100%时,表明超过了市场平均值;而低于100%表明没有达到市场平均值。当市场渗透指数等于100%时,则表示与市场平均值持平,换句话说,就是酒店达到了市场的平均表现,既不好也不坏。

市场渗透指数

案例7-1 酒店收益管理的挑战

酒店收益管理的应用已经不仅仅局限于客房,近年来,收益管理从客房拓展到了其他的领域,如餐饮、康乐等,我们称之为全面的收益管理。全面收益管理的概念也一直被酒店人津津乐道。但是，全面收益管理为什么没有真正实现？未来收益管理还会有哪些发展趋势？IT技术的发展、数据分析技术的成熟如何推动酒店收益管理更为全面化、战略化和自动化？

全面收益管理中艺术性和科学性两者间的平衡，也更倾斜于科学性一端。现在很多酒店管理人员缺乏管理收入和支出所需的全面知识，而改变未来收益管理人员的思维方式则是当务之急。一位优秀的收益管理负责人应该更多地站在战略高度，而非仅仅停留于战术的层面。很多酒店已经把酒店收益管理的角色改变为战略角色。

300多位来自酒店领域的收益管理从业者关于未来的展望中，有超过60%的人认为，未来收益管理会更侧重于全面收益管理；接近30%的人认为，收益管理会更加偏向于战略化，其他的还包括自动化分析、渠道收益管理、与市场销售部协同工作、技术化等。酒店收益管理所面临的最大挑战主要来自经济环境，除此之外，还包括来自OTA、市场竞争、业主、IT和财务等方面的压力。Kalibri Labs的CEO兼联合创始人Cindy Estis Green建议酒店经营者们采取相应策略和测量工具来将精细的营销数据整合到收益管理中去。这就涉及更广泛的方法、技术和思维方式。

现在典型的收益管理人员并不具备预期的技能组合，拥有多元化背景的人反而更适合这个岗位。

（资料来源：环球旅讯，http://www.traveldaily.cn/article/76859.html。）

第二节　客房需求预测

客房需求预测是指酒店依据历史资料的收集和分析，通过市场预测技术的运用，完成对顾客客房需求的预测，将数据提取的信息转化为服务竞争的优势。

酒店的需求具有很强的季节和时间波动性，需求预测的准确性直接影响酒店营运资金预算、物料采购计划、人力资源预算、员工定岗和排班，以及公关、广告和促销等计划。因此，酒店需要对市场需求情况、客房出租率情况进行有效预测。

一、预测的周期

根据预测的周期，预测可以分为长期预测、中期预测和短期预测。

长期预测是指以年或者季度为单位的需求预测；中期预测是指以7天至3个月为周期的需求预测；短期预测是根据提前预订的实际情况，对未来进行需求无约束的预测。

一般酒店提前6个月就开始接受预订，所以预订系统中的信息可以反映未来客房入住情况，这些数据往往反映市场需求的最新变化，利用这部分数据有助于提高预测的准确性。短期预测一般需要使用提前预订量、取消率、净拒绝数及净需求预订记录方面数据。净需求预订记录是一种历史数据,显示某一特定市场在过去某段时间内的预订量。短期预测过程常使用的模型为古典增量预测模型和改进型增量预测模型。

二、季节性预测

(一)预测步骤

根据季节性预测的方法,可以将季节性预测过程划分为三个步骤:首先,计算季节指数;其次,对非季节化数据进行回归分析以探明趋势;最后,还原非季节化数据以得到预测值。下面以 $a_i(a_i=a_1,a_2,\cdots,a_{16})$ 代表四个年度的不同季度来说明这三个步骤。

1. 计算季节指数

(1)计算移动平均值。

$$b_i = \frac{a_{i-2}+a_{i-1}+a_i+a_{i+1}}{4} \quad (i=3,4,\cdots,15)$$

(2)计算中心移动平均值。

$$c_i = \frac{b_i+b_{i+1}}{2} \quad (i=3,4,\cdots,14)$$

以第一年第三季度为例,$c_3=(b_3+b_4)/2$。

(3)计算季节不规则值。

$$d_i = \frac{a_i}{c_i} \quad (i=3,4,\cdots,14)$$

(4)计算季节指数。

因受到不规则波动的影响,同样是第三季度,d_3、d_7 和 d_{11} 之间存在差别,所以在计算季节指数时要分离时间序列中季节成分的影响。

$$g_i = \sum_{j=0}^{j=3} d_{i+4j}/3 \quad (i=1,2,3,4)$$

将 d_1,d_2,d_{15},d_{16} 定义为 0,故

$$i=1, g_1=(d_5+d_9+d_{13})/3$$
$$i=2, g_2=(d_6+d_{10}+d_{14})/3$$
$$i=3, g_3=(d_3+d_7+d_{11})/3$$
$$i=4, g_4=(d_4+d_8+d_{12})/3$$

利用季节指数对原始数据进行调整,可以得到非季节化需求量:

$$a'_i = \frac{a_i}{\sum_{i=1}^{i=4} g_i} \quad (i=3,\cdots,15)$$

2. 求趋势方程

求趋势方程有两种方法:一是寻找需求与相关变量的关系,如需求与居民可支配收入的关系;二是构建时间与需求的函数。

(1) 寻找需求与相关变量的关系。

收集需求与指定相关变量数据,通过数据分析寻找两者之间的关系。这种方法在统计学中较常应用,在此不再赘述。

(2) 构建时间与需求的函数。

假设酒店需求的线性趋势函数为:

$$a_i = l_0 + l_1 t_i$$

利用最小二乘法估计可得出:

$$l_1 = \frac{\sum_{i=1}^{16} t_i a_i - 16 \bar{a} \bar{t}}{\sum_{i=1}^{16} t_i^2 - 16 \bar{t}^2}$$

$$l_0 = \bar{a} - l_1 \bar{t}$$

式中,a_i 是非季节化的需求量,即 a_i'。

$\bar{a}$ 为所有历史季度的需求量的平均值:

$$\bar{a} = \sum_{i=1}^{16} a_i / 16$$

$\bar{t}$ 为所有历史季度序列的平均值:

$$\bar{t} = \sum_{t_i=1}^{16} t_i / 16 = 8.5$$

3. 计算预测值

使用方程 $a_i = l_0 + l_1 t_i$ 对非季节性值进行预测;使用方程 $a_i = a_i' \times \sum_{i=1}^{4} g_i$ 进行季节性调整。

(二) 季节性预测评价

季节性预测是一种成本低、简单易行的预测方法,可以对时间段进行逐步深化分析,如分析黄金周;但这种方法的缺陷是不够细致。

三、简单指数平滑法

简单指数平滑法是酒店收益管理中较常使用的预测方法。指数平滑法实际上是一种特殊的加权移动平均法。指数平滑法进一步加强了近期观察值对预测值的作用,对不同时间的观察值赋予的权数不同,从而加大了近期观察值的权数,使预测值能够迅速反映市场实际的变化。

根据平滑次数不同,指数平滑法可分为一次指数平滑法、二次指数平滑法和三次指数平滑法等。

当时间数列无明显的趋势变化,可用一次指数平滑预测。其预测公式为

$$Y_{t+1}' = aY_t + (1-a)Y_t'$$

其中:Y_{t+1}' 是 $t+1$ 期的预测值,即本期(t期)的平滑值;Y_t 是 t 期的实际值;Y_t' 是 t 期的预测值,即上一期的平滑值。

二次指数平滑预测是对一次指数平滑的再平滑,适用于具有线性趋势的时间数列。三次指数平滑预测是在二次平滑基础上的再平滑。

它们的基本思想都是,预测值是以前观测值的加权和,且对不同的数据给予不同的权数,新数据给予较大的权数,旧数据给予较小的权数。

酒店客房的需求预测

第三节　客房超额预订策略

现实生活中,许多顾客提前预订了酒店的客房,但由于旅行计划受到各种因素的制约,客人会出现延迟入住、没有入住、临时取消订房和提前退房的情况。这些情况是不可避免的,但这些情况的出现会导致酒店的空房增多、收入减少。为了避免客房的虚耗,减少酒店的损失,酒店可采取超额预订策略。

根据超额预订策略的制定方不同,超额预订策略分为直接超订和代理商超订,直接超订指由酒店统一制定超订策略。不同的超订策略制定方,其最小期望损失也不同,因此最佳超订策略也不同。

一、代理商超订

构建代理商 j 的超订损失表,如表7-1所示。

表7-1　代理商 j 的超订损失表

放弃预订的顾客人数 X_j/人	放弃预订的概率	超订房间数				
		0/个	1/个	2/个	3/个	L_j/个
$X_j=0$	p_{0j}	0	c	$2c$	$3c$	$L_j c$
$X_j=1$	p_{1j}	d	0	c	$2c$	$(L_j-1)c$
$X_j=2$	p_{2j}	$2d$	d	0	c	$(L_j-2)c$
$X_j=3$	p_{3j}	$3d$	$2d$	d	0	$(L_j-3)c$
$X_j=L_j$	p_{L_j}	$L_j d$	$(L_j-1)d$	$(L_j-2)d$	$(L_j-3)d$	0
期望损失		E^T_{0j}	E^T_{1j}	E^T_{2j}	E^T_{3j}	$E^T_{L_j j}$

代理商 j 有一定数目的超订选择,可以超订 $K(K=0,1,2,\cdots,L_j)$ 个房间。定义 E^T_{Kj} 为酒店采用代理商超订策略,超订 K 个房间时代理商 j 的期望损失,用公式表示为

$$E^T_{K_j}=\sum_{i=0}^{K}p_{ij}(K-i)c+\sum_{i=K+1}^{L_j}p_{ij}(i-K)d$$

第一个加项表示期望空房损失,第二个加项表示期望超订损失。例如,在表7-1中,当代理商 j 超订两个房间时,期望损失为

$$E_{2j}^{T}=p_{0j}\times 2c+p_{1j}\times c+p_{2j}\times 0+p_{3j}\times d+\cdots+p_{L_j,j}\times(L_j-1)d$$

代理商 j 的最佳超订策略应当是期望损失最小时的策略。

二、直接超订

定义 E_K^H 为酒店超订 K 个房间的期望损失,根据相似算法可得:

$$E_K^H=\sum_{i=0}^{K}p_i(K-i)c+\sum_{i=K+1}^{L}p_i(i-K)d$$

用 E^H 表示酒店的最小期望损失,则:

$$E^H=\min(E_0^H,E_1^H,\cdots,E_L^H)$$

第四节 酒店客房分配

收益管理中的客房分配就是寻找不同细分市场的最佳客房动态的分配方案,即在价格歧视水平上的客房供给的合理分配。首先根据预测的结果,采用统计学原理将各种因素综合起来,然后优化成一组实际可操作的客房分配规则,最后把这些规则反馈到销售系统,达到收益最大化的目标。本节主要分析了由单一市场至有 N 个子市场的酒店,如何分配客房以达到利润最大化。

一、客房分配

客房分配解决不同细分市场的价格制定问题,以及不同价格水平上的客房数量问题。一方面,酒店需要尽量保持较高的价格歧视水平,以尽可能获得较高的收益;另一方面,市场过于细分,通过单独管理、市场宣传等保持市场独立性的成本会急剧上升。

二、单一市场的客房分配

假设分配到单一市场的客房数是 $q_1(1\leqslant q_1\leqslant Q)$,则每一客户的售价均为 $p_1=f(q_1)$,此时,利润函数为

$$r_1(q_1)=q_1\times f(q_1)-(F+vq_1+K)$$

其中,F 为固定成本,v 为可变成本,K 为附加固定成本。

对 q_1 求导,求得使利润最大时的 q_1 满足下式:

$$f(q_1^*)+q_1^*f'(q_1^*)-v=0$$

当然,q_1^* 未必是整数,可以通过向上或向下取整数值使得利润取得最大值。将 $\pi_1(q_1)$ 定义为客房数是 q_1 时的单一市场的每日最大利润。如果 $q_1<q_1^*$,那么给这个单一市场分配 q_1 个房间就可使利润最大化;而当 $q_1\geqslant q_1^*$ 时,分配比 q_1^* 多的客房并不能额外提高酒店的利润。因此,在单一市场下,酒店的最大利润函数可以表示为

$$\pi_1(q_1)=\begin{cases}q_1f(q_1)-(F+vq_1+K),q_1<q_1^*\\ q_1^*f(q_1^*)-(F+vq_1^*+K),q_1\geqslant q_1^*\end{cases}$$

三、两个子市场的客房分配

假设分配给这两个子市场的客房总数为 q_2，其中分配给第一个子市场的客房数为 q_1，那么分配给第二个子市场的客房数为 (q_2-q_1)。图7-1中阴影部分为这种情况下酒店的收益情况。

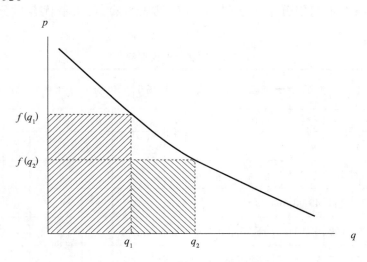

图7-1 两个子市场的收益情况

酒店每日的利润函数可以表示为

$$r_2(q_2)=(q_2-q_1)f(q_2)-v(q_2-q_1)-K-F+r_1(q_1),q_1\leqslant q_2\leqslant Q$$

将 $\pi_2(q_2)$ 定义为酒店的每日最大利润，可以用递归的形式表示为

$$\pi_2(q_2)=\max[(q_2-q_1)f(q_2)-v(q_2-q_1)-K-F+r_1(q_1)],1\leqslant q_1\leqslant q_2,q_1\leqslant q_2\leqslant Q$$

计算结果是 $\pi_2(q_2)$ 在 $q_2=q_1$ 时最大，这说明酒店只有将 q_2 个客房全部分给第一个子市场并采用统一价格 p_1，即仍为单一市场、单一价格，才能获得最大利润。

四、N个子市场的多级价格

（一）计算方法

假定将 q_n 个客房分配给 n 个子市场，第 n 个市场分配 (q_n-q_{n-1}) 个客房，则酒店每日最大利润为

$$\pi_n(q_n)=\max[(q_n-q_{n-1})f(q_n)-v(q_n-q_{n-1})-K-F+\pi_{n-1}(q_{n-1})]$$

其中，$q_{n-1}\leqslant q_n\leqslant Q, q_{n-2}\leqslant q_{n-1}\leqslant q_n, \cdots, 1\leqslant q_1\leqslant q_2$。

这样一直计算下去直到找到这样的 n，满足

$$\pi_n(q_n) \geqslant \pi_{n-1}(q_{n-1}), 并且 \pi_n(q_n) \geqslant \pi_{n+1}(q_{n+1})$$

则此时的客房分配最优，进而可以求出相应的 q_n，以及相应的市场价格 p_i。

（二）举例分析

某酒店有 400 间性质相同的客房；每天的固定成本为 $F=5000$ 元，可变成本为 $v=6$ 元；每个市场的附加固定成本为 $K=350$ 元；不同市场的需求函数 $p=126.99\exp(-0.004621q)$。根据不同细分市场下的模型解（见表 7-2），得出最优客房分配如表 7-3 所示。

表 7-2 客房分配模型解

子市场数 n	子市场1		子市场2		子市场3		子市场4		子市场5		子市场6		子市场7		子市场8		最大利润/元
	q_1	p_1	q_2	p_2	q_3	p_3	q_4	p_4	q_5	p_5	q_6	p_6	q_7	p_7	q_8	p_8	
1	192	52.69															3538.59
2	121	72.60	297	32.19													6968.44
3	88	84.56	202	49.93	364	23.62											8726.21
4	69	92.32	152	62.91	257	38.73	400	20									9718.19
5	54	98.95	117	73.96	191	52.54	282	34.50	400	20							10239.79
6	45	103.15	95	81.87	153	62.62	220	45.95	300	31.75	400	20					10485.65
7	38	106.54	80	87.75	127	70.62	180	55.28	241	41.70	313	29.90	400	20			10568.70
8	33	109.03	69	92.32	109	76.74	153	62.62	202	49.93	258	38.55	323	28.55	400	20	10547.58

表 7-3 最优客房分配

客房数/间	子市场	设定客房价格/元
38	1	106.54
80 − 38 = 42	2	87.75
127 − 80 = 47	3	70.62
180 − 127 = 53	4	55.28
241 − 180 = 61	5	41.70
313 − 241 = 72	6	29.90
400 − 313 = 87	7	20.00

视频链接
酒店客房分配

第五节 酒店舆评与收益管理

舆评管理对酒店和航空公司十分重要。一项针对1500名Tripadvisor用户的旅游调查发现,有80%的用户认为"回复客人评论的酒店会更加关心他们的客人",69%的用户认同"对差评做出攻击性回复会降低他们预订这类酒店的可能性"。从酒店的回复对顾客感知的影响中我们可以推测,酒店定期回复评论可以获得更高的排名和更多的预订查询。

还有研究发现,一家酒店每提升1%的网络评分等同于增加了0.89%的平均房价、0.54%的入住率和1.4%的每间可售房收入,这证明舆评管理的确可以驱动收益的提升。

一、舆评管理的目标

舆评管理的目标主要有三个。第一,向顾客传达酒店的态度,表示酒店正在倾听他们的意见,并且关心用户的满意度。第二,及时处理消极评论,这有助于改变顾客的观念,突出表现酒店积极的一面,也让酒店潜在的顾客对酒店更加放心。第三,建立顾客忠诚,回复评论可以向顾客展示酒店积极热情的待客态度,酒店对顾客的评论表示感谢,有利于建立顾客忠诚,促进再购意向。

二、舆评管理的评论回复策略

为了达到这三个目标,酒店管理者要制定舆评管理的评论回复策略。制定评论回复策略通常要考虑以下三个方面:第一,人员工作职责的界定,即明确是谁来进行评论回复管理;第二,评论回复的筛选,指的是选择需要回复的评论类型,确定是对全部渠道的评论的回复还是对重点渠道的评论的跟进;第三,回复的效率,指的是回复的时间要求以及数量和质量上的要求。

(一)舆评管理的评论回复策略——谁回复

酒店要明确回复评论的工作由谁负责,是酒店自身还是酒店集团,甚至是哪一位具体的酒店员工。而集团回复和酒店自身回复又各有不同的优缺点。集团回复属于集中化管理,可以区域化设岗,节约成本,其市场营销专业性更强,且更易衡量评论回复的工作表现;但又有参与性弱、与实际运营脱节、回复周期长等潜在缺点。酒店自身回复的优点在于及时、参与性强、对客人更了解;缺点在于可能存在语言障碍、回复带有个人情绪和色彩等。

（二）进一步确定评论对象、类型和渠道

对于要回复的评论来讲，酒店需要管理的舆评包括线上评论和满意度调查两部分，而针对线上评论的回复管理和针对客户满意度调查的回复管理之间是存在差异的。线上评论是公开的，并且评论者的评论是面向其他客户的。因此，他们有时并不在意酒店是否回复了。而满意度调查得到的数据是酒店自己享有的，其得到的内容更多是为酒店的运营者服务，为酒店提供了私下解决问题的机会，更有助于酒店建立客户关系，并且当这些接受调查的客户有投诉和不满时，他们尤其期待能够得到酒店的回复。

客户满意度调查分为在店调查和离店调查两种。离店调查的目标是对消极的评论在72小时内响应；而在店调查的目标是对消极的评论在2小时内响应。目前越来越多的酒店都更重视在店调查活动。原因有两个：其一，客人在酒店范围内出现问题时可以及时得到解决，容易使客人产生满意的体验，降低了客人在线上给差评的概率；其二，通过在店调查，酒店可以直接了解到不同国家的客人真实的整体状态和反馈，从而可以在短时间内做出反馈和调整。

对于评论类型来讲，根据情感态度的不同，可将评论分为积极、中立、消极三种类型，管理者需要针对不同类型的评论采取不同的回复策略。例如，对消极评论的回复要求是快速简洁、礼貌专业、真诚致歉、解决核心问题、提供处理进展以及一些个性化回复，也就是要对回复模板进行针对性的修改。对积极评论的回复要求是表示感谢、分享喜悦、突出细节、表达希望顾客再次到来的期望等。

由于不同渠道上的评论对酒店的影响程度不同，因此需要对评论渠道进行筛选。酒店需要决定是对所有渠道的评论都进行回复还是只对重要渠道的评论进行回复，以及是否针对不同渠道的评论采取不同的回复方式等。例如，优先处理重要渠道（如官网）的消极评论，而次要渠道的消极评论可在48~72小时内处理。

（三）回复效率，即回复的速度、数量和质量

回复速度从原则上来说越快越好。一般情况下酒店潜在顾客在预订行为之前至少浏览6~12条评论，回复太晚的话潜在顾客不能及时看到回复，因此酒店应该优先处理时间上最近的评论。回复数量也并不是越多越好，酒店可以选择回应100%的消极评论、50%的中立评论和25%的积极评论。

回复质量也是影响舆评管理效果的重要因素。一般情况下，酒店需要制定一个严谨的回复模板，但好的评论回复应该是在评论内容的基础上对模板进行灵活修改，使得回复具有针对性。同时，如果评论中提及多个消极的方面，在回复的时候最好能够选择较重要的三个方面进行解决。

三、酒店使用舆评数据提升收入

随着在线旅游评论网站的日益普及,消费者预订酒店房间的决策不再仅仅依据酒店价格的差异,而更多地受到在线评论即舆评的影响。酒店管理者利用对舆评的管理来提高酒店收入,并开发了相应的舆评管理系统,航空公司、餐厅也是如此。收益管理系统可以通过收集竞争对手的定价信息以及采纳最新的舆评数据来优化房价,从而实现新的收益契机和增长空间。

收益管理系统中最优房价的决策分为三类:第一类是根据不同的入住天数,系统做出不同最优房价的推荐;第二类是每日最优房价推荐;第三类是无限性定价,即酒店只需要设置一个下限和一个上限,以及每个级别中最小的价差值,系统会根据这些设置计算出最优的推荐房价,酒店可以根据不同情况选择适合酒店的最优房价的决策类型。

通常,房价每周、每天都可能有多次变动。而根据舆评制定最优房价是一种科学的定价方式,用这种科学的定价方式将酒店在线声誉、客户评论、舆评分数整合到最优房价的计算中,是最优房价计算需要考量的一个方面。

舆评竞争分析着重讨论酒店及其每个竞争对手的舆评分数和平均房价,以帮助酒店了解自身在舆评和价格方面的市场地位。以 IDeaS 的舆评分析图为例,如图7-2所示,水平线表示市场的平均舆评分值,垂直线表示市场平均房价,两条交汇的直线在平面上划分出四个象限。可以将每一家酒店的平均房价和平均舆评分值对应的点在图中表示出来。这样的方法突出了酒店和每一个竞争对手的舆评分数和平均价格,帮助酒店了解酒店的声誉和在价格方面的市场定位。

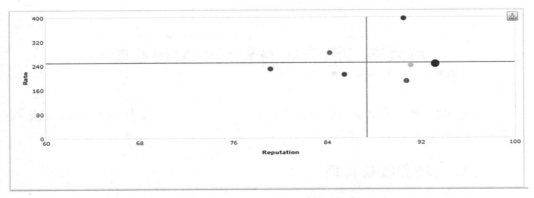

图7-2　IDeaS——舆评四象限分析

利用舆情数据可视化分析技术(见图7-3),酒店可以很清楚地看到自己和竞争对手价值和价格的比较,分析酒店是属于高质高价、高质低价、低质高价、低质低价中的哪一个,并据此进行收益管理的决策。

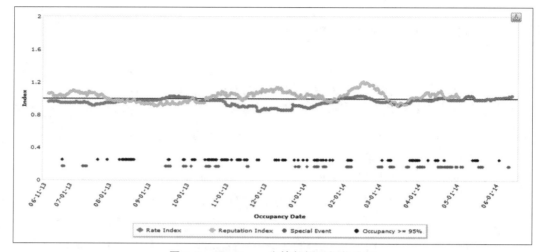

图 7-3　IDeaS——舆情数据可视化分析

这样的方法可以帮助决策者直观地确定酒店和竞争对手相对的关系,得到酒店和竞争对手在多维度上的表现趋势,评估竞争群体的有效性,让决策者清楚地认识到竞争群体是否是本酒店真正意义上的竞争对手。

可视化的优点在于能帮助酒店管理人员清晰地认识到舆评分值的高低和酒店客房售价之间正面或负面的相关性;并按照日期来跟踪市场对价格和声誉的反应,方便查看特殊事件和相对应的高需求期舆评的房价影响;还可以在较长时间段内跟踪关于舆评市场的房价分析。

除此之外,通过舆评表现分析图,酒店管理人员还可以根据以往的舆评分数和酒店的关键业绩数据对历史声誉做直观的分析,从而评估在线声誉如何影响酒店的业绩。

第六节　酒店收益管理的发展趋势

在这里,我们通过收益管理的核心三部分——人才、流程、工具——来讨论酒店收益管理的趋势。

一、完善培养收益管理人才

收益管理中的需求层、分析层、决策层会被淘汰,反馈和优化层会被保留,最终并入市场、客户关系或财务相关的职能中,这个过程可能很长,也有可能很短。但总的来说,未来客户体验会回归到服务行业的本源,并对收益管理经理提出要求,收益管理经理的形态和职能会多元化,没有任何管理方式、技巧、组织能够挑战最原始的商业规律。

二、收益管理流程区域化

酒店收益管理首先应该区域化,其次是集中化与独立化。不同的区域对收益管理部门的安排想法是不一样的,亚太地区、欧洲地区、中东地区都认为收益管理部门应该独立,而北美地区更多地认为收益管理部门应该放在其他部门下面。未来的收益管理更应该集中于整体的收益,更加关注全面与整体的营收。酒店对自身的 KPI、SOP、部门安排等都需要系统地进行调整,以适用市场的变化与需求。酒店的收益管理职能也应该更加独立,帮助酒店做全面的收益管理把控。

三、战略性收益管理工具

一方面,随着 IT 技术和数据分析技术的进步,酒店已经不再满足于现在已有的水平,希望有更好的工具来满足其他领域的收益管理需求。另一方面,收益管理中的艺术性和科学性两者间的平衡,将倾斜于科学性一端。收益管理的工具应该更多地站在战略高度,而非仅仅停留于战术的层面。

短期内发展方向:从市场结果预测转变为用户需求行为预测,前端数据分析崛起、经营数据分析式微,个人取代市场,local 取代 SOP。中长期的发展方向:传统预测建模行为会被打破、淘汰,机器学习会逐渐取代普通分析者,最后的解决方案会渐进为通过深度学习和 AI 来完成,并最终取代决策者。

1. 长期、中期、短期需求预测各有什么特点?适合哪些情形?
2. 如何计算客房超额预订的最小期望损失?如何安排被拒绝入住的顾客才能平衡顾客满意度及损失?
3. 如何确定客房分配数量?
4. 酒店收益管理的发展趋势如何?

收益管理中的酒店战略定位

酒店收益管理进入云时代

第八章
餐厅的收益管理

1. 了解餐厅收益管理的发展历程及特点。
2. 掌握餐厅收益管理的指标运用。
3. 掌握餐厅收益管理的策略,预测其发展趋势。

2021餐饮行业发展报告

自2000年到2015年,有着品牌意识、品质和服务意识的餐饮经营者,伴随着国内商业地产蓬勃发展的红利,成就了不少耳熟能详的品牌,如西贝莜面村、海底捞、味千拉面等。但随着商业地产市场饱和甚至过剩,消费市场也随着整体经济形势而逐步降温,餐饮市场对餐饮经营者的要求也越来越高,竞争也越发激烈。尤其是最近几年,曾经的成功者也遭遇了经营亏损,这从海底捞、呷哺呷哺、味千拉面、九毛九等上市公司的财务报表中都可以看出端倪,"看一叶而知秋"。

2021年,中国餐饮门店数量前4名的品类分别是中式快餐、中式正餐、轻餐饮、火锅。

中式快餐细分品类前5名分别是简餐、小吃、粉面、卤味、馅品。

中式正餐细分品类前5名分别是烧烤、川菜、江浙菜、粤菜、东北菜;菜品前10名分别是羊肉串、酸菜鱼、锅包肉、宫保鸡丁、烤鸭、干炒牛河、大盘鸡、肉蟹煲、糖醋里脊、剁椒鱼头。

火锅在2021年获得了超过20%的增速,但客单价小幅走低。火锅细分品类前5名分别是串串香、鱼火锅、重庆火锅、小火锅、牛羊肉火锅。

1. 各业态的平均客单价

总体平均:2021年客单价42.9元,2020年客单价55.7元。

正餐:2021年客单价86.4元,2020年客单价71.6元。

快餐：2021年客单价27.8元，2020年客单价29.4元。
火锅：2021年客单价82.5元，2020年客单价68.1元。

2. 到店频率

月均到店1～5次的消费者占比最高，占39%；月均到店6～10次的消费者占27.5%；月均到店11～20次的占12.7%；月均到店20次以上的占2.5%。另有18.3%的消费者基本不去餐馆。

3. 外卖规模

2020年，外卖规模已经达8352亿元，同比2019年增长27.8%。而2021年的外卖规模突破1万亿元，占餐饮总收入的21.4%，同比2020年增长20%。

4. 餐饮消费特征

(1)"90后"，尤其是"95后"渐成消费主流，但目前"80后"仍是我国餐饮市场消费主力人群。

(2)"人均不过百"依然是主流，客单价80元同比增长7%，但总体平均客单价走低。

(3)"她经济"导致决策与买单两极分化，女性影响餐饮消费决策的占85%，但不是买单主力。

(4)"社区食堂"模式大有可为。工作日就餐需求增多，老龄化加剧。

(5)早餐与夜间消费需求增多，全时段运营成为越来越多餐饮企业的选择。

(6)价位与口碑决定初始决策，餐饮平台、短视频、直播、连锁复购深度影响决策。

(7)短视频成为传播新阵地。视频平台渗透率排名前三为抖音、快手、B站。

(8)最不满意的是环境，"嘈杂""等位体验差"等是差评关键词。

2021年，我国GDP约114万亿元，第一产业农业占比7.3%，第二产业工业占比39.4%，第三产业服务业占比53.3%。第三产业服务业中，社会消费品零售总额为44万亿元，占GDP比重约38.6%，而这其中餐饮服务贡献金额为4.6万亿元，占GDP比重为4%左右。根据以上数据，全国4.6万亿元的年餐饮消费中，按照食材，食用油占比约5%，肉类占比约40%，酒类占比约5%；按照1斤猪肉消耗3斤粮食饲料、1斤食用油消耗3.5斤大豆、1斤啤酒消耗2斤粮食来进行粮食换算的话，餐饮业消费量减少30%，这意味着可以节省6500万吨粮食，粮食对外依赖程度可以下降大约40%。"粮食安全""绿色环保消费"是未来相当一段时间内鼓励的一种消费方式。

(资料来源：餐饮行业网，2022-11-24，http://cyhy.cn/xinwen/1997.html。)

案例思考：

1. 餐饮平台(美团、饿了么)的火热对餐饮行业收益管理有哪些影响？
2. 餐饮业在绿色消费方面可以有哪些突破？

1. 餐厅收益管理的特点
2. 餐厅时间管理策略
3. 上座率
4. 餐厅收益率

第一节 餐厅收益管理概况

一、餐厅收益管理的研究

收益管理最早起源于航空业,后来扩展到酒店、汽车租赁、旅行社等行业,在国内外受到企业重视,也成为相关研究的重要议题,但是国内外针对餐厅收益管理的研究还较少。从1961年至2013年,在康奈尔接待业季刊CHQ上发表的关于餐厅收益管理的文章仅有50篇左右。

Kimes和Chase(1998)首先提出餐厅收益管理(restaurant revenue management)的概念,从定价管理和时间控制两个维度,以象限的形式分析了餐厅实施收益管理的可行性及特殊性。Kimes引入假设的数据说明餐厅经营业绩的衡量指标每餐位小时收益(RevPASH)相对于上座率(seat occupancy)及平均消费额(average checkout)的科学性。RevPASH也被称为餐厅收益率,指餐厅每小时每个座位带来的收益,综合反映餐厅平均消费额及每个餐位使用率等相关信息。餐厅收益率能够反映餐饮企业收益状况及餐桌利用情况,但不能全面反映餐厅的盈利能力,因此有学者更加关注餐厅的盈利能力。

Kimes等将餐厅收益管理及运用框架引入Coyote Loco餐厅和Chevys餐厅两个案例企业,论证了餐厅实施收益管理的可行性,并提出餐厅收益管理实施的5个步骤,追踪研究发现,餐厅收益管理5个步骤的实施最终可以实现餐厅收入的大幅度提高。Thompson(2010)回顾了近50年来的文献后认为,餐厅收益管理领域的研究主要集中在概念框架和策略分析两个方面。其中,概念框架包括存量控制和顾客体验,策略分析主要包括差别定价、时间控制和菜单管理。

国内学者最早被酒店餐厅部门的收益管理吸引,从而开始了对餐厅收益管理相关概念及指标的全面了解。国内学者也尝试对餐厅收益管理中的差别定价和时间控制进行初步研究。有学者认为,餐厅收益管理策略包括容量控制、就餐时间控制、价格管理、等待策略、预订策略和市场营销策略。

二、餐厅收益管理的特点

（一）餐厅产品和服务的基本特点

1. 消费与生产的同时性

作为服务业企业，餐厅区别于制造业企业的最大特点是餐厅提供的产品和服务具有时效性，消费与生产同时进行。顾客在餐厅进行消费之前很难感受产品和服务的品质。而其他的有形产品，如汽车、电视机及其他生活用品，顾客可以通过一般零售店的展示来获知其质量，然后决定是否购买。因此，餐饮业应该塑造良好的口碑和形象，使顾客在消费之前就能了解餐厅提供的产品和服务，减少顾客期望值与实际体验的落差，提高顾客满意度。餐厅提供的服务，开始于顾客进入餐厅，到点菜，再到菜品制作完成上桌，直至顾客用完餐离开餐厅。

2. 餐厅的服务能力相对固定

餐厅的服务能力相对固定，同时受到厨房工作能力的约束，如果餐厅已经满客，其生产和服务能力就达到了极限。假如继续有顾客前来，就只能让顾客等待。餐厅的需求波动较大，很难估测顾客的数量和产品的销售量，因此需要通过收益管理合理地调配供给和需求。在预测需求的基础上，餐厅可以在一定的限度内灵活加座，还可以通过改变菜单来提高出菜的速度。

（二）餐厅产品和服务的需求特点

1. 根据需求可细分市场

餐厅的客源市场通常都不是单一的，从大的层面，可以划分为全价顾客和折扣价顾客。例如，广州某国际品牌餐厅的主要客源包括折扣价顾客（美食会会员、优惠券使用者等）、全价顾客，其中全价顾客占餐厅顾客总数的三分之一不到，美食会会员是该餐厅最大的消费群体。

一般来说，餐厅的顾客可以分为：价格敏感型顾客与非价格敏感型顾客；预约顾客与非预约顾客。收益管理针对顾客不同的消费能力和消费需求，来制定相应的产品和价格组合战略，以实现餐厅的总收益最大化。

2. 需求波动大

顾客对餐厅提供的产品和服务的需求随着时间的变化而变化，有些地方的餐饮业有着明显的淡旺季之分。餐厅可以通过预测市场的季节性变化，在需求高峰期适当提高价格以增加收益，在需求低谷期适当降低价格以提高销售量，从而实现餐厅的总收益最大化。

3. 需求可预测

顾客何时到达餐厅具有不确定性，因此对用餐需求的精确预测存在困难。尽管如此，管理人员仍然可以通过餐厅实际的销售数据及餐厅的预约数据，来预测未来产品和服务的需求量和预订进度,从而使价格、预订量、销售渠道和细分市场实现最佳的组合。餐厅可以统计每个时间段抵达餐厅的人数,从而针对不同时间段采取不同的定价及管理策略。

餐厅收益管理独特的特点,决定了餐厅收益管理在价格、时间、容量上应采取相应的策略。

案例8-1:约翰的沉思

约翰坐在餐厅的座椅上,回想刚才忙碌的午餐时间,然后看着现在上座率大概只有50%的餐厅,陷入了一阵沉思。此情此景,与忙碌的午餐和晚餐时间相比,差别太大了,约翰感叹着。

约翰是一家意大利餐厅的经理,他发现餐厅在午餐和晚餐时间段都有一个忙碌阶段,过了这个忙碌阶段,餐厅就餐人数就很少了。这种现象在周末的时候更加突出,有时候餐厅因为餐位不够,不得不拒绝一些顾客。如果在就餐高峰阶段,餐厅能够实现满上座率,将会获得更大的收益。但是,当餐厅餐位数不能满足顾客需求,且顾客不愿意长时间等待的时候,餐厅将失去这些顾客,从而失去一部分收益,甚至有可能影响这些顾客将来对餐厅的光顾。约翰沉思着:应该采取什么样的策略才能更好地提高餐厅收益,且提高收益的同时不会影响顾客对餐厅的满意度?

(资料来源:Kimes S E,Wirtz J.Revenue management at Prego Italian restaurant[J].Asian Case Research Journal,2003,7(1):67-87.)

第二节 餐厅收益管理的策略

收益管理策略包括定价、时间控制及容量控制三个方面。与传统行业的收益管理相比,餐厅的时间控制要针对不同的服务环节进行分析;餐厅的定价策略主要以差别定价为主,相关定价模型较少;餐厅的容量控制主要包括最优化的餐桌结构选择。

一、时间管理

控制用餐时间可以提高餐厅收益率,但与航空公司和酒店相比,餐厅的时间占用更加不确定,这增加了餐厅收益管理的难度。

餐厅的时间构成包括顾客等待时间、顾客用餐时间及翻桌间隔时间。除了翻桌间隔时间比较容易控制外,顾客等待时间依赖于顾客到达时点及当时座位占用情况,顾客用餐时间受个性特征、消费心理等因素的影响,具有随机性。因此,餐厅经营者若想提高对时间的预测和控制能力,首先要分析服务流程,得到每个环节精确的时间长度,然后采取相应的时间管理策略。

（一）餐厅服务流程

一般来说，餐厅为顾客提供产品和服务的流程如图8-1所示，主要包括顾客等待时间、顾客用餐时间及翻桌间隔时间。从图8-1可知，餐厅"用餐时间"比顾客真正用于吃饭的就餐时间长。

图8-1　餐厅服务流程

（二）控制等待时间和用餐时间

时间管理策略的主要目标在于缩短顾客等待时间和用餐时间，根据不同的目标，采取相应的措施（见表8-1）。

表8-1　餐厅时间管理策略

目标	员工措施	顾客措施
缩短顾客等待时间	预测 超额预订	预约押金 预约确认 免费服务鼓励
缩短顾客用餐时间	菜单设计 流程分析 员工培训 通信系统	提前清理餐桌 主动递送账单 运用咖啡吧和甜品吧 视觉信号

控制用餐时间可以提高餐厅收益率。以M餐厅为例，该餐厅有100个座位，顾客的平均用餐时间为60分钟，在4个小时内它有能力接待400位顾客，如果顾客的平均消费额是30元，那么餐厅的收益是12000元（30×400），餐厅收益率就是30元/（座位·小时）（12000÷400）。如表8-2所示，如果平均用餐时间可以缩短，餐厅收益率将随之提高；假设平均用餐时间减少到40分钟，餐厅收益率可增长50%。

表8-2　M餐厅顾客的用餐时间与收益率

平均用餐时间/分钟	翻桌数	收益/元	餐厅收益率/[元/（座位·小时）]	增长比例/（%）	累计增长比例/（%）
60	4.00	12000	30.00		
59	4.07	12204	30.50	1.69	1.69

续表

平均用餐时间/分钟	翻桌数	收益/元	餐厅收益率/[元/（座位·小时）]	增长比例/（%）	累计增长比例/（%）
58	4.14	12414	31.04	1.72	3.45
57	4.21	12636	31.56	1.75	5.26
56	4.29	12858	32.14	1.79	7.14
55	4.36	13090	32.72	1.82	9.09
54	4.44	13334	33.34	1.85	11.11
53	4.53	13584	33.96	1.88	13.21
52	4.62	13846	34.62	1.92	15.38
51	4.71	14118	35.30	1.96	17.65
50	4.80	14400	36.00	2.00	20.00
49	4.90	14694	36.74	2.04	22.45
48	5.00	15000	37.50	2.08	25.00
47	5.11	15320	38.30	2.13	27.60
46	5.22	15652	39.14	2.17	30.43
45	5.33	16000	40.00	2.22	33.33
44	5.45	16364	40.90	2.27	36.36
43	5.58	16744	41.86	2.33	39.53
42	5.72	17142	42.86	2.38	42.86
41	5.86	17560	43.90	2.44	43.34
40	6.00	18000	45.00	2.50	50.00

在实践中具体操作如下：

1. 调整座位组合，优化容量分配

通过改进座位组合类型，优化容量分配，可以缩短顾客的等待时间，餐厅服务的效率将会提高，从而实现餐厅服务能力与顾客需求之间的平衡。

2. 提高员工的服务能力，优化餐厅的服务流程

在用餐高峰期，通常会有许多顾客等待，此时服务员可以让正在等待就餐的顾客提前浏览菜单并进行点菜，这在减少顾客等待时间的同时也减轻了厨房备菜的压力；员工要熟悉菜单的内容，从而使顾客能够较快地了解菜肴的品质与特色；同时员工应该参与顾客点菜的过程，在用餐高峰期应该尽量向顾客推荐制作时间较短的菜品，而避免推荐制作时间较长且制作工艺烦琐的菜品。此外，如果顾客的就餐时间较长，服务员可以主动递送账单，或者在餐厅的显著位置放置时钟以达到视觉暗示作用，并且在征得顾客同意的情况之下提前清理餐桌，以缩短翻桌时间。

3. 降低顾客到达的不确定性

对餐厅而言，如果事先预订的顾客在抵达餐厅之前取消预订或者比预订的时间推迟抵达，甚至对预订不做回应，这些情况都会给餐厅带来损失。事实上，这样的事情在餐厅时常发生。降低顾客到达的不确定性，可以从以下几个方面采取管理措施。

（1）预约确认。在客人抵达之前，餐厅应该通过电话与客人进行多次预约确认，一旦客人取消预订便迅速做出相应的调整。

（2）设置预约押金。预订需要支付一定数量的保证金，这样可以将一部分取消预订的风险转移到顾客身上，有效防止餐厅收益的减少。

（3）超额预订。超额预订可以有效降低顾客取消预订的风险，增加餐厅的收益。然而，超额预订也有一定的风险，一旦预订客人全部抵达，餐厅将面临供不应求的尴尬局面，因此控制好超额预订的幅度十分关键。幅度过大，将会导致已经预订的顾客没有餐位，引起顾客的不满，降低餐厅的信誉；幅度过小，餐厅将出现剩余餐位，难以实现收益最大化。

一般来说，管理人员可以通过餐厅的预订系统在一定程度上获知未来顾客预订的进度及预订的来源，从而做好相应的准备工作。

4. 缩短用餐时间

在就餐过程中，不少顾客会出现就餐时间延长等现象，这无疑会给餐厅带来损失，因此可采取一定的优惠政策来缩短顾客就餐的时间。例如：在一定的时间内就餐完毕可以享受优惠折扣；针对对优惠政策不敏感的顾客，餐厅可以采取强制的时间限制方法，如若超过就餐时间，需要额外加收费用。另外，也可以在餐厅内开设咖啡吧和甜品吧等休闲娱乐设施，以此来吸引顾客离开餐桌，缩短顾客的用餐时间，同时还可以为餐厅带来额外的收入，并且提高顾客的满意度。

二、定价管理

（一）差别定价与公平感知

基于需求的差别定价是餐厅收益管理的基本手段，但是差别定价又容易引起顾客反感，导致顾客的流失。设置价格围栏的基础是对顾客支付意愿、消费习惯、消费需求等进行的细分。围栏可以包括预订、预付、限制条件的取消或更改、罚金、使用时间限制和最低消费额等。因此，了解消费者对不同价格策略的公平感知，是设计差别定价策略的重要依据。根据杨慧等（2008）关于消费者对餐厅差别定价的公平度感知情况的研究，可以得到如下结果。

1. 周末—平时的差别定价

顾客并不能接受这种差别定价，对于周末涨价的策略，顾客会感觉不公平。

2. 晚餐—中餐的差别定价

根据调查，较之周末提价的做法，把晚餐时段的价格调高一些更不容易被顾客接受。若采用午餐打折的形式，顾客同样会感到不太公平。显然，餐厅要实施这种差别定价策略要冒相当的风险。

3. 高峰期—非高峰期的差别定价

高峰期就餐人数通常很多,顾客等不到座位就会离开;而在非高峰期,又会出现座位闲置的情况。在就餐高峰期提高价格,可以起到转移顾客的作用,但会使价格敏感型顾客离开,因此要控制好价格提高的幅度。

4. 超时—提前的差别定价

研究结果表明,顾客对超过建议用餐时间要增加收费的做法感到反感,但是如果在建议时间内用餐完毕可以享受优惠活动,则顾客可以接受。

除此之外,顾客认为餐厅发放优惠券、建立会员制度,以及根据就餐位置的优劣来进行差别定价相对公平。消费者对餐厅差别定价的公平度感知如表8-3所示。

表8-3 消费者对餐厅差别定价的公平度感知

价格围栏类型	价格围栏	差别定价策略	均值	总均值
非物质型 (时间围栏)	周末VS平时	周末提价	4.87***	4.52**
		平时打折	4.14*	
	晚餐VS中餐	晚餐提价	4.92***	4.55***
		午餐打折	4.14**	
	高峰期VS非高峰期	高峰时段提价	5.02***	4.62***
		非高峰时段打折	4.15**	
	超时VS提前	超出建议时间加收费用	5.04***	4.38*
		提前用餐完毕有折扣	3.77***	
非物质型 (可控围栏)	任用优惠券VS限用优惠券	发放优惠券,但有使用条件	4.01	3.44***
		优惠券无限制条件	2.81***	
非物质型 (特征围栏)	会员VS非会员	非会员额外收取费用	5.00***	3.95
		会员可享受折扣	2.96***	
物质型	风光区VS非风光区	风光区加收费用	4.69***	4.03
		非风光区打折	3.30***	
	有演出VS无演出	有演出时额外收费	4.58***	3.73*
		在非演出时间段打折	2.93***	

注:*表示显著性水平$p<0.1$,**表示显著性水平$p<0.05$,***表示显著性水平$p<0.01$。

(二)表达方式与公平感知

根据杨慧等(2008)的研究,以上价格围栏中,除了任用优惠券VS限用优惠券外,其他七种价格围栏都可以提炼为"提价"和"折扣"两种表达方式,根据调查结果和对均值差异的检验,消费者对"折扣"的接受程度普遍大于"提价",如图8-2所示,数值1表示绝对接受,越接近5表示越不接受。

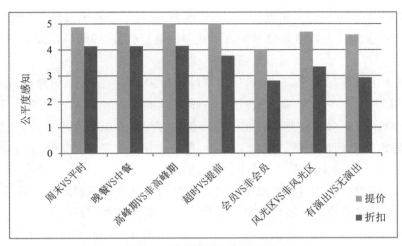

图 8-2　价格表达与顾客感知

（三）定价策略

差别定价是餐厅收益管理主要的定价策略，但是也会影响顾客的公平感知。因此，餐厅在实施差别定价时，应谨慎使用，要立足于顾客公平感知分析的基础之上。餐厅顾客对差别定价的感知与顾客本身特点相关，包括顾客来源地、性别、年龄等因素。因此，综合现有对国内餐厅差别定价的研究，国内的餐厅可以从以下四个方面实施差别定价策略。

第一，尽量不采用"提价"的表达方式。

第二，尽量不采用与时间有关的价格围栏，如果实在希望提高翻桌数，可以采用"在建议时间内用餐完毕可以享受优惠"的策略。

第三，可控围栏、特征围栏和物质型围栏的"折扣"表达方式会有较好的效果。

第四，如果餐厅面向的是交际应酬型顾客，也可以考虑使用时间围栏，不过要采用"折扣"的表达方式。

当然，每个餐厅的特点不同，面对的顾客群体也不相同，顾客对差别定价的感知是有差异的。

三、容量控制

大部分服务企业都受到不同形式的生产能力的限制，利用现有生产能力进行容量控制，可以提高收益。容量控制就是在规定的时间及既定的人员、设备、设施条件下实现产量最大化或收益最大化。

航空业、酒店业的容量控制是指在某一时刻决定是否接受顾客对某一类型产品的需求。航空业的容量分配管理中，较有名的有 Littlewood 准则，即假设只有折扣票和全价票两种票价等级，当来自潜在的全价票顾客的收益大于来自折扣票顾客的收益时，停止销售折扣票。因此，在开始销售之前，航空公司就可以对每个价格等级的顾客确定一个保护水平和分配量。根据 Littlewood 准则,要将一个座位卖给折扣票顾客,必须保证收益不小于将其保留给全价票顾客所获得的期望收益,即要满足以下不等式:

$$P_2 \geqslant P_1 \cdot F_P(X_1 \geqslant y_1)$$

其中,P_1 表示全价票的价格,P_2 表示折扣票的价格,X_1 表示全价票的随机需求,y_1 表示全价票的保护水平,$F_P(X_1 \geqslant y_1)$ 表示全价票需求高于保护水平的概率。但是,利用 Littlewood 准则求解多等级票价问题中的最优预订限额和保护水平时,计算量非常大,在短时间内难以得到最优预订限额。因此,现在往往通过期望边际座位收益(EMSR)启发式算法,确定一个接近最优预订限额的预订量。

在餐厅的收益管理中,容量控制策略主要是为了在高需求时段容纳尽可能多的顾客,以有效提高服务效率。容量控制在餐厅实践中要同时考虑三个方面:预订、顾客类型和餐桌安排。

(1) 目前,预订系统已被很多餐厅采用,特别是中高档餐厅,为了更好地建立科学的预订系统,餐厅要记录顾客"取消""无故不出现"及"晚到"的信息,为超额预订等措施提供依据。

(2) 餐厅规模大小、餐桌间的空间要求、不同就餐团体的人均消费额、顾客愿意等待的时间和高峰期持续时间都是影响餐厅选择顾客的因素。有研究表明,随着就餐人数的增加,消费额也会增加,但是就餐人数的增加也会延长其就餐时间,使餐厅翻桌数降低。因此,一部分餐厅管理者也会倾向于选择就餐人数较少的就餐团体,以为餐厅带来更高利润,他们认为就餐人数较多的就餐团体不仅平均消费较低,而且就餐时间更长;也有餐厅等人数较少的就餐团体入座后才接纳人数较多的就餐团体。

(3) 餐桌安排影响等待时间,较长的等待时间是顾客不满意的主要原因,要根据就餐团体不同人数及到达时间采取不同的餐桌安排策略。目前常用的有四种餐桌安排方式(见图 8-3),分别为从前到后、从外到内、从内到外及随机模式。从内到外及随机模式的方式难以实现餐桌组合,整体上,从前到后及从外到内的方式有利于缩短顾客等待时间,提高顾客满意度,从而提高餐厅收益。

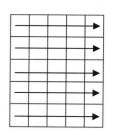 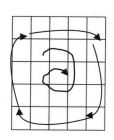 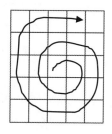 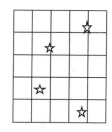

图 8-3 餐桌安排方式

(资料来源:Johye Hwang. Restaurant table management to reduce customer waiting times[J]. Journal of Foodservice Business Research,2008,11(4):340.)

随着互联网的发展,越来越多的顾客在网上预订,这部分人往往会通过网络关注餐厅的剩余座位数量。餐厅的剩余座位数量对顾客选择行为的影响存在这样一个有趣的现象:当顾客在线搜索到餐厅信息时,如果发现餐厅的预订很少、剩余座位数量很多时,多数顾客会认为餐厅的食物不好或者服务不好,从而放弃在该餐厅预订;如果餐厅的预订较多、剩余座位数量很少或需要顾客等待时,顾客会认为预订后用餐人数太多或上菜速度慢,从而放弃预订。可见,顾客对餐厅容量紧缺性的感知与顾客价值感知和公平度感知之间有复杂的关系,容量控制策略需要基于一定的顾客感知分析。

案例8-2 北京香格里拉酒店的餐厅动线设计

动线是商业活动的命脉,好的动线设计能让商业活动中的产品变得鲜活起来。动线设计的最终确认一定要经过运营人员的提前演练,这样设计出来的动线方案才会"接地气",才能真正为运营赋能,而不是"埋雷"。

动线的目的是保障高效的商业活动,获取最大的商业综合收益。在所有商业动线中,餐厅动线听起来似乎比较容易,但由于不同的餐饮业态和服务需求差异很大,比如带演出的餐厅、自助类餐厅,以及中餐厅、西餐厅、韩日料理餐厅等,其动线差异还是非常明显的,所以做一个好的餐厅动线没有那么简单。北京香格里拉酒店的餐厅动线设计考虑了以下几个方面。

一、动线设计应该是实实在在走出来的

餐厅动线分为客流动线、服务动线、烹饪动线、后撤动线、紧急动线(发生突发事件时能让客人和服务人员安全离开)。餐厅动线设计的目的是保障食品、器皿、垃圾在餐厅区域内操作、储存和流动的安全高效。

好的餐厅动线一定不是"纸上谈兵"设计出来的,设计师在图纸上的动线设计只是客流动线和服务动线的初步方案。最终的动线方案需要餐厅工作人员反反复复走出来,餐具和餐位的尺寸是不同专业人士相互合作一点一点总结出来的。

二、动线设计从重视一个餐盘的大小开始

设计好菜单,面对如此多的美食,客人首先要选择一个顺手的盘子。而餐厅动线和坪效(每平方米面积上可以产出的营业额)是相互关联和影响的,其中餐盘的形状大小至关重要。这也是为什么餐盘多为圆形,因为周长相等的所有平面图形中,圆的面积最大,且圆与圆之间可以留有较大空隙。提供客人心仪的餐盘,缩小餐桌面积,并减少取餐的往返次数,这些都关联着动线效率。较大的盘子会增加客人的进食量,用较小的盘子盛装食物,视觉效果更丰盛,餐盘大小对成本有较大影响。

为了确定餐盘的大小,北京香格里拉酒店用两个多月的时间用小刀扣泡沫盘子,主要为平衡八个因素:第一,满足不同客人用餐心理需求;第二,各种餐盘匹配,方便互补;第三,与食品视觉搭配美观;第四,安全卫生;第五,餐盘占桌面和储藏柜面积最小;第六,灵活;第七,洗涤破损率低;第八,成本低。一次次地反复修改,最终确认了各类餐盘规格。

三、厨房动线设计也不容忽视

设计好就餐区域,厨房也是不可忽视的区域。餐厅总面积的三分之一给厨房,这部分为非收益面积,厨房的功能分配依据是菜单,加工菜的操作台很重要,形式有一字形、H形、L形、背靠背等摆放形式,每种形式根据厨房的面积决定,它更多涉及在一个平面内上下左右弯腰伸手,在手臂活动范围内缩短下肢的移动距离。

厨房动线设计是为了资源的平滑流动,包括食品、员工和设备的流动。理想情况下,这种资源的流动应该呈直线,具有最少的交叉轨迹和后撤轨迹。餐厅的客人动线,单向动线至少保持60厘米宽,双向动线要保持120厘米宽。对于突发事件发生时的紧急疏散动线,要模拟一个200人的餐厅紧急疏散,需要几个受过培训的服务员协助,确认需要多长时间完成有序疏散,这样才能直接发现问题。这些问题需要设计师与餐饮专家共同探讨。

北京香格里拉酒店最终设计的餐厅动线起点位于酒店大门口,到了用餐时间,客人进入大堂就能听到琴声,顺着声音望去就会看见一个表演者在弹琵琶,其位置是在大堂吧的舞台对面,客人进入大堂,向左前方走就会看到甜品展柜,再往里看就会看到厨师正忙碌着从烤箱里取出刚刚出锅的蒜香面包,它被称为欢迎面包。从听觉、视觉、嗅觉几个方面让客人心动行动。

(资料来源:酒店评论,2023-06-19,https://mp.weixin.qq.com/s/NYSD-dVbMLuEKmpC2WrG17g。)

第三节 餐厅收益管理的指标

衡量餐厅收益管理策略实施的绩效,需要选择一些衡量指标。传统的衡量指标有上座率、餐桌利用率、平均消费额,改善后比较全面的衡量指标为餐厅收益率。

一、传统指标

(一)上座率(seat occupancy,SO)

上座率是餐饮业用来度量运作绩效的常用指标,我们用$[t_1, t_2]$表示考察时段,S表示考察时段餐厅可用总座位数(可用的座位数量×翻桌数),$S(t_1, t_2)$表示考察时段总上座数,用SO表示考察时段的上座率,则$SO = S(t_1, t_2)/S$。但是单独使用上座率作为餐厅收益管理的衡量指标并不能准确反映餐厅的收益情况,当平均消费额偏低时,高上座率可能也并不能带来较高的整体利润。

（二）餐位利用率（table utility, TU）

餐厅的餐位具有不可储存性，且可以在短时间内多次销售、多次翻桌。用 D 表示顾客的平均用餐时间，用 TU 表示该时间段的餐位利用率，则 $TU=S(t_2,t_1)/(S\times D)$，餐位利用率与上座率是相似的两个指标，只不过餐位利用率要精确到每小时。如果用餐团体人数与餐厅的餐桌配置不匹配，会有较大的不确定性。例如，在情人节，顾客都需要二人餐桌，而且拼桌的可能性很小，如此会导致其他类型餐桌的剩余，造成很大的浪费。

（三）平均消费额（average checkout, AC）

餐厅收益管理还可以使用每已用餐位平均收入，即平均消费额这一指标来衡量餐厅的经营状况。假设 $TR(t_1,t_2)$ 代表该时段的收益，则 $AC=TR(t_1,t_2)/S(t_1,t_2)$。假如单独使用平均消费额作为餐厅收益管理的衡量指标，就会忽略时间的关系，因为平均消费额较高的顾客用餐时间一般较长，这样将降低翻桌数。

二、改善指标——餐厅收益率

餐饮业通常用上座率和平均消费额等指标来衡量餐厅运作的绩效，但是前者偏重顾客数量，后者偏重顾客的消费金额，因此可以采取一个更为全面的衡量指标——餐厅收益率 RevPASH（revenue per available seat-hour）。收益率一般指投资的回报率，以年度百分比表达，根据当时市场价格、面值、利率及距离到期日时间计算，它是指每个与时间相关的存货单元上的收益。餐厅提供的产品和服务可以定义为每个座位上的可用时间，所以餐厅收益率表示每餐位小时收益。

我们用 $[t_1,t_2]$ 表示考察时段，$TR(t_1,t_2)$ 表示该时段的收益，S 表示该时段内餐厅可用总座位数，$S(t_1,t_2)$ 表示考察时段总上座数，即该时段内享受到服务的顾客数量，D 代表顾客的平均用餐时间，则该时段的餐厅收益率为

$$\text{RevPASH} = \frac{TR(t_1,t_2)}{S \times D}$$

用 SO 表示上座率，用 AC 表示平均消费额，比较发现指标存在如下关系

$$\text{RevPASH} = SO \times \frac{AC}{D}$$

RevPASH 将上座率、平均消费额与平均用餐时间结合起来，不仅考虑了顾客数量，还考虑了消费金额和顾客用餐的时间因素，是一个相对全面的衡量指标。

各指标比较如表 8-4 所示。

表 8-4　餐厅收益指标比较

评价指标	定义	计算公式	优点	缺点
上座率	所有餐位的利用情况	$\dfrac{S(t_1,t_2)}{S}$	反映餐厅利用餐桌设备的关键指标	没有考虑消费金额，不能全面反映餐厅的收益情况
餐位利用率	所有餐位在单位时间内的利用情况	$\dfrac{S(t_1,t_2)}{S \times D}$	反映餐厅利用餐桌设备的另一指标	没有考虑消费金额，不能全面反映餐厅的收益情况
平均消费额	平均每已用餐位带来的收入	$\dfrac{TR(t_1,t_2)}{S(t_1,t_2)}$	某一程度上反映餐厅的效益	没有考虑就餐时间，不能全面反映餐厅盈利能力
餐厅收益率	每个餐位每小时的收入	$\dfrac{TR(t_1,t_2)}{S \times D}$	综合上座率、平均消费额、就餐时间	未考虑成本的变化

案例 8-3　不同定位的餐厅中收益率的应用

某大学周边的四家餐厅定位不一样，按照不同的收益指标，有不同的比较结果。如表 8-5 所示，餐厅 A 需求较低，若能够实施一些旨在提高需求的措施（降价、打折、赠送优惠券），会对提高餐厅收益率有改善；餐厅 C 和 D 的需求量已近饱和，如果规模难以扩大，应该考虑优化服务流程，缩短用餐时间，提高翻桌数。

表 8-5　不同评分的比较

餐厅	上座率/（%）	平均消费额/元	餐厅收益率/[元/（座位·小时）]	按上座率排名	按平均消费额排名	按餐厅收益率排名
A	30	36.00	10.80	4	1	3
B	60	25.00	15.00	3	2	2
C	80	20.00	16.00	2	3	1
D	90	12.00	10.80	1	4	3

案例 8-4　餐厅不同时间的收益率

由表 8-6 可知，M 餐厅星期五、星期六、星期日的餐厅收益率很高，每天的高峰时段为 18:00—21:00，为提高翻桌数，可通过在这些时间段减少在座客人饭后水果或者茶水的供应，提供餐后休闲区等方式，缩短用餐时间。

表8-6 M餐厅在不同时段的餐厅收益率　单位：元/(座位·小时)

时间	17:00—18:00	18:00—19:00	19:00—20:00	20:00—21:00	21:00—22:00
星期日	23.9	67.2	64.3	63.6	36.3
星期一	1.9	29.1	29.2	35.2	29.5
星期二	6.1	29.6	54.6	46.1	54.7
星期三	7.5	27.0	39.2	42.9	22.6
星期四	2.2	14.7	48.6	33.7	28.4
星期五	14.9	60.4	87.6	81.7	92.1
星期六	27.2	62.2	119.8	126.0	115.9

第四节　会议及宴会的收益管理

一、会议及宴会收益管理的特殊性

在客房收益管理实施的过程中，有些酒店逐渐意识到，其团体客客房业务的管理经常受到会议及宴会场地甚至餐饮设施因素的影响，特别是那些会议及宴会场地较大的酒店。

部分酒店管理人员开始思考，是否应将会议及宴会的管理融入酒店客房的收益管理中，以达到酒店整体收益的优化。尽管酒店管理人员已经意识到会议及宴会收益管理的重要性，但到底应该如何开始会议及宴会收益管理工作，如何衡量会议及宴会的业绩表现，以及如何开展会议及宴会场地的实际管理工作等问题，仍然困扰着大家。

为什么会议及宴会收益管理在过去谈论得多而实践较少呢？一方面，在目前酒店行业的组织架构中，到底由哪个部门负责会议及宴会的收入并没有统一的标准。有些酒店是由餐饮部负责，有些则由销售部负责，这些部门中的大部分人员都没有丰富的会议及宴会场地管理经验，更不用说从收益管理的角度采取调控措施。另一方面，与客房相比，会议及宴会各个过程中的数据不完整，缺少包括销售过程、预订过程、决策过程、消费过程和评估过程等在内的重要数据。

近年来，会议及宴会的收益管理得到很好的实践，而各个酒店不同的产品定位、市场环境、文化基础等也决定了会议及宴会收益管理的差异。因此，为了更好地进行会议及宴会收益管理，酒店需要有部署、有针对性地推进，根据酒店的短期、中期、长期战略目标，制定会议及宴会收益管理的具体行动路线。

二、会议及宴会收益管理的流程

在大胆地尝试和实践后,从最初的"了解"阶段的历史数据分析和现有流程分解开始,会议及宴会收益管理已经形成了一个较系统的流程。在收益管理中,收益经理的工作内容是围绕收益管理循环而展开的。同样地,会议及宴会的收益管理也需要遵循一个相似的循环:第一,会议及宴会的数据收集和分析仍然是开展会议及宴会收益管理工作的基础;第二,根据数据分析得出的结论进行预测;第三,根据预测结果,实施会议及宴会场地管理和价格调控策略;第四,对实施的策略进行评估;第五,根据评估的结果讨论并确定策略的调整,然后进入下一个循环。以上内容的不断循环便形成了会议及宴会收益管理的工作内容。

(一)数据的收集和分析

数据的收集和分析是决策的前提,收益管理人员根据数据分析的结果衡量业绩表现,然后制定解决方案,并开展各项具体工作。在客房收益管理中,酒店通用的客房业绩衡量指标有出租率(occupancy)、每日平均房价(ADR)和每间可售房收入(RevPAR),其中 RevPAR 是衡量客房业绩表现的关键指标。而在会议及宴会收益管理中,同样有一套对应的业绩衡量指标(见图8-4),即会议及宴会场地使用率、已用场地每时间段每平方米的利润(ProPOST)及可用场地每时间段每平方米的利润(ProPAST),而可用场地每时间段每平方米的利润则是衡量会议及宴会业绩表现的关键指标。客房和会议及宴会业绩衡量指标的主要区别在于,不同于客房相对固定的成本,会议及宴会业务的成本变化较大,因此,在衡量会议及宴会的业绩时,我们要更加关注利润最大化。

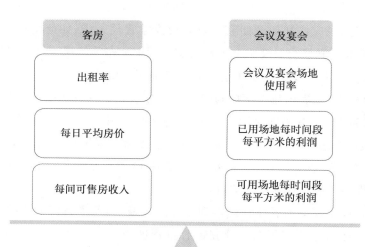

图8-4 客房与会议及宴会业绩指标对比

在考虑会议及宴会场地使用率时,可以按照一天分为几个不同时段的思路分解使用率。而"单位时间段单位面积"是被业界广泛认可的评估方式,类似于酒店客房每日平均房价和每间可售房收入的评估。这些指标已经在酒店收益管理中得到明确的定义,并且作为目标分解到收益管理、市场营销、会议及宴会管理的团队中,以指导团队向正确的方向前进。

当然,其他数据的收集和分析也非常重要,这些数据会贯穿于会议及宴会服务中的各个环节。在现有的市场环境中,外部数据如行业发展信息、竞争对手信息、客户资料等,往往依靠销售团队获取,但是很多酒店尚未建立完善的流程去收集完善的市场资讯。而内部数据如会议及宴会数据的获取,虽然可以从酒店会议及宴会管理系统如Delphi或Opera S&C中获得,但事实上,众多酒店的内部数据往往存在定义不清、客户市场细分不合理、看重结果而忽视"过程"数据等问题。这正是酒店需要制定相关会议及宴会收益管理标准操作流程的重要原因之一。

(二)需求的预测

精准地预测未来的需求量是收益管理的关键,也是工作难点之一。会议及宴会管理与销售过程管理息息相关,因此跟进不同团队的销售线索,收集询价从暂定到确定的数据,甚至各个阶段的转化率,可以获取会议及宴会需求量预测需要的信息。同时,做好预测应使用全面收益管理的思路,将会议及宴会需求量预测和客房、餐厅等领域结合起来,这也是IDeaS在推出会议及宴会收益管理系统时,将其整合在酒店客房及全面管理的解决方案之中的重要原因。

将各业务领域整合起来后进行预测能够帮助收益管理人员做出整体决策。单独分析会议及宴会收益情况,往往会出现与客房、餐厅收益管理产生冲突的情况。计算"利润"而非"收入"成为一个重要的指导方向。有的时候整体收入高的团队带来的整体利润未必高;而一些高利润的规模稍小的团队可以把某些资源协调到其他收益领域,实现酒店整体收益的最佳组合。

酒店的管理层需要改变某些传统的思维模式,如"先到先得"等,积极配合并尝试新思路、新方法,引领新的工作方式。

(三)价格管理

会议及宴会的价格,如场租或包价,仅仅按照传统的淡旺季节或周末—工作日的分类进行定价已经不能满足市场及客户多元化的需求。酒店会议及宴会的定价,不仅要遵循"需求量水平指导价格体系选择""标准价格为基础,增值和折扣并存"等原则,还应考虑会议及宴会场地的独有特点,将时间和空间因素加入价格体系,考虑不同日期、不同时段、不同场地分布的差别,同时与客房、餐厅等其他领域的定价整合,形成一个完整严谨的价格体系。

（四）绩效评价指标

会议及宴会收益管理绩效的评价指标与客房收益管理绩效的评价指标类似，但会议及宴会场地的管理相对来说更为复杂。场地管理要按照以会议及宴会的规模或数量为单位而非以场地面积为单位的思路进行售卖，并且同一天内每个场地也可能进行多次售卖。多数酒店并未实施合理的场地管理，他们通常采取"先到先得"的策略，这意味着酒店将接受那些较早预订而利润可能较低的业务，不得不拒绝后续那些利润更高的业务。

会议及宴会收益管理的目的是通过制定合理的场地销售策略，帮助酒店最大化获取"潜在的商务会议业务"和"潜在的培训研讨会业务"，每个场地每个时间段的使用率获得最大化，进而实现利润最大化。在这个过程中，准确的场地使用率的预测，以及在预测基础上制定的有竞争力的价格，成为实现利润最大化的关键。

酒店业主越来越意识到，酒店收益管理不只是客房管理，在所有经营环节采取更为全面的收益管理方案极为重要。酒店需要对顾客带来的全部收益情况进行追踪，从而根据顾客的价值进行更好的细分。这些收益可能来自餐厅、水疗和娱乐活动场地租赁，甚至可能来自赌场、酒店中的博彩活动，酒店要对每个独立的收益来源实行统一的收益管理规范。很多酒店拥有完善的餐饮设施和会议及宴会设施，对顾客有很大吸引力，其餐饮的收益比客房的收益高出好几倍，因此，会议及宴会收益管理在酒店收益管理中越来越受到重视。

1. 餐桌结构优化需要收集哪些数据？
2. 餐厅收益管理策略包括哪些？
3. 思考并预测餐厅收益管理的发展趋势。

案例学习

JLR餐厅的座位组合优化法

第九章
航空公司的收益管理

学习目标

1. 了解航空公司收益管理的发展历程。
2. 掌握航空公司收益管理的概念、内容、策略。
3. 了解航空公司收益管理的未来发展趋势。

引导案例

高铁或将提速至450公里／时，民航如何对商旅客持有吸引力？

国铁集团近期在福厦高铁开展了新技术部件在更高速度下的验证试验。试验列车以单列时速453公里、相对交会时速891公里运行，各项指标表现良好，标志着C2450动车组研制取得阶段性成果。长期以来，民航人把飞机时速远高于高铁作为核心竞争力，加上服务水平也更高，所以形成了在服务商旅客源方面相对高铁的绝对优势。但随着高铁服务水平的快速提升和高铁速度的持续提升，民航在服务商旅客源方面的优势正在逐步减小。而从整体出行时间这个角度来看，目前在很多短途航线上民航已经不再具备相对高铁的快捷优势。

旅客出行并不是从机场到机场，也不是从高铁站到高铁站，而是从始发地到目的地，这就包括了从始发地到机场（高铁站）的时间，在机场（高铁站）办手续的时间，飞行（运行）时间，出机场（高铁站）时间，以及从对方机场（高铁站）到目的地的时间一共5段时间。单从运行时间上看，目前高铁速度最快的复兴号时速为350公里，飞机的时速约800公里，飞机的时速为高铁的2倍多，但从整体出行时间角度看，民航相对于高铁的快捷优势会降低，而且随着高铁的普及，越来越多的旅客尤其是商务旅客会从整体出行时间最短的角度选择交通方式。

快捷性可以说是民航相对于高铁最重要的优势，也是民航卖更高票价的基础，尽管不是所有的高铁线路都会提速，但围绕京津冀、长三角、大湾区和

收益管理

成渝四极之间的线路必然会优先提速，而这些线路也是客流量大、商务客源比例高、票价水平高的民航优质航线，民航系统应未雨绸缪，集全系统之力，在商务航线全方位缩短旅客整体出行时间，保持住快捷优势，保住民航系统的基本仓。

（1）真正提升准点率。建议民航系统一是要进一步增加商务航线的航班频次，更好地满足旅客快速出行需求，二是要适当减少对晚到旅客的等待时间，三是要协调系统内的空军、空管、机场、航空公司等多个主体，构建以航班准点为核心的协调机制，优先保障商务航班的正常性。

（2）节约飞行时间。通过更高级别的运管委等机构统筹协调、优化民航飞行线路，减少飞行时间；此外目前的飞行高度、线路等参数多是按照更节油而非更快捷的方式来设置的，对于时间敏感性更高的商务航线，可以适度考虑按照更快捷的飞行方式来设置以减少飞行时间；当然逐步采用更高效、速度更快的新机型也是节约飞行时间的可行途径。

（3）缩短运行以外的时间。这同样需要整个民航系统整体发力，比如协调配置更多机场到市区的快速通道以缩短从始发地到机场和从机场到目的地的时间，在保证安全的前提下，优化航站楼流程，精简手续办理流程，提升办理速度，提升行李转运效率，加快上下机的速度，减少机上等待时间，优化滑行路线等。

（资料来源：2023-07-07，环球旅讯，https://www.traveldaily.cn/article/174859。）

案例思考：

1. 民航如何对商务旅客持有吸引力？
2. 民航如何对其他细分市场持有吸引力？

1. 航空公司收益管理的评价指标
2. 航空公司收益管理的主要内容
3. 座位优化控制

第一节　航空公司收益管理的发展历程

收益管理的思想最早出现在航空业，航空公司真正采用收益管理始于20世纪70年代，本节第一部分梳理了航空公司收益管理的起源和发展，首先介绍收益管理思想在航空业中的应用与发展，阐述收益管理的实践——航空业中收益管理系统的应用，然后基于上述内容对航空公司收益管理的应用的不同阶段进行阐释。本节第二部分结合我国的实际情况,介绍了国内航空公司收益管理的应用和发展情况。

一、航空公司收益管理的起源和发展

20世纪50年代,有专家提出在航空公司引入收益管理的思想。20世纪60年代,在全程统一运价的包机运输领域,英美等民用航空发达的国家率先推出折扣机票,这一类型机票是通过定价获取最大顾客剩余价值的原型。20世纪60年代末期,这些国家的大多数航空公司已经开始依据一周中需求的日变化设定平日价与周末价,以调节顾客需求,提高需求低落期的航班运载率。

进入20世纪70年代,社会对折扣运价的需求大幅度增加,为此,美国政府采取了鼓励包机航空公司发展的政策。包机航空公司的运营成本远远低于正班航空公司,前者的运价非常具有竞争力,因而赢得了很大的市场份额。为了与这些公司抗衡,夺回失去的市场,美国航空公司(AA)开始利用其航班上的空余座位向旅客提供同样低的运价。然而,如何避免那些愿意出高价的旅客向这些低价座位转移,保持这部分从高价旅客可获得的利润,成了一个亟待解决的难题。美国航空公司的解决方案称为"SupperSAAver运价"——一种有订座数额限制的折扣运价。通过制定一系列限制条件,那些能够出高价的旅客无法向低价座位转移,同时航空公司又能够从其他交通工具上吸引大量的旅客,将那些本来可能虚耗的座位售了出去,提高了航班的座位利用率。美国航空公司的新运价政策在市场上取得了巨大的成功,很多航空公司随后也采取了同样或类似的运价政策。

为了进一步优化,航空公司开始研究旅客的消费行为及供求规律。人们逐渐发现,大量的统计数据靠人工处理几乎是不可能的。半自动业务研究环境(SABRE)订票系统应运而生,这也是最早使用的收益管理系统。这一系统主要是对未出售机票的价格和分配进行决策,可以进行各种价格水平下的关于航班和待售机票数量的计算工作。同时,系统可以根据历史数据,以及本公司航班和同一航线上竞争对手的航班状况,提前预测每个航班在各个价格水平上的潜在需求,计算各个价格水平上的可售座位数,并且每日更新整理后传送给全球分销系统。收益管理系统的应用使美国航空公司获得巨大成功,因而其他航空公司也纷纷开始效仿,尝试使用收益管理系统。

在国际航空业上,收益管理的发展经历了类似的发展过程。在竞争的推动下,一些航空公司开始修改票价结构,推出了过夜票、周末票等多种类型的机票以吸引顾客。但直到20世纪70年代末期,很多国际航线上还只有三种运价:头等舱、公务舱和普通舱运价。进入20世纪80年代后,国际航空运输协会(IATA)的运价协调职能开始变得名存实亡,航空公司的运价结构也变得越来越复杂。

在收益管理系统应用的第一阶段,收益管理系统实际即为订座系统,系统依据旅客订座、登机、取消订座等情况预测剩余座位数,发展不同的超订方法。在购买正常票的顾客能分摊航班固定成本的情况下,折扣票的价格只要高于增加一位顾客的变动成本,航空公司就能获得经营收入,这建立在航线繁忙的前提下。第二阶段为利用多级票价结构增加航班收入的阶段。在这一阶段中,航空公司设定不同票价等级以满足不同细分市场顾客的需求,价格细分程度越高,满足顾客需求的程度就越高,从经济学的角度看,即可以获取更多消费者剩余,提高总收入。然而,这也可能导致顾客由高价向低价转移。第三阶段则为利用流量控制来优化航线网络收入的阶段。收益管理的目标是要使网络全航段的收入最大化,在这一阶段中,航空公司多以航节、航段为基础进行分析,估计某一航节中不同舱位等级对应的旅客需求量,然后根据旅客的需求特征和市场的竞争状况确定价格策略,进行座位分配以使收入最大化。

此后,收益管理系统的作用逐渐受到航空公司及科研机构的重视,收益管理的理论研究也获得相应的发展。学者 Littlewood(1972)依据边际收益法提出了期望边际座位收益的概念和基本规则,但因缺乏推理过程而没有受到重视。美国麻省理工学院的 Belobaba(1987)在其博士论文中创立了期望边际座位收益(EMSR)的优化模型。EMSR 模型成为第一个广泛应用的折扣舱位订座限额优化方法,时至今日仍为很多航空公司采用。美国航空公司 Renwick Curry 博士(1990)提出了优化极限订座(optimal booking limit)模型,这个模型解决的主要问题是如何在一个航班的某一航段上合理分配各个折扣舱位的座位数量。

二、国内航空公司收益管理的发展

20 世纪 90 年代,伴随着国外航空公司逐渐进入,国内航空管制开始放松,航空业经过重组形成了以南方航空、国际航空、东方航空三大航空公司为主导,以及春秋航空等中小航空公司共同发展的格局。航空市场结构发生了巨大变化,航空公司之间的竞争也日益激烈。国内经济的发展催生了商务和休闲的需求,游客对流动性产生较高的要求,不同类型顾客的消费需求差异显著,航空出行作为长距离移动的快捷交通方式受到越来越多顾客的青睐,但与地面交通工具相比,其价格偏高,缺少价格优势。内忧外患之下,航空公司开始采用收益管理,通过不同票价和服务的设置满足不同细分市场的需求。航空公司通过收益管理对顾客需求进行预测,针对不同市场制定差别价格,设置不同的舱位和服务以实现收益最大化。

目前,国内航空公司使用的收益管理系统来源主要有两条途径:一种是花巨资从国外引进,通常费用高达几千万,而且可能不适用国内市场;另一种就是自主研发。南方航空、国际航空、东方航空、上海航空先后向国外软件开发商(如 AUADEUS,Galileo,SABRE)购买了航空公司收益管理系统,但这些软件费用较高。因此,在这样的背景下,我国航空公司开始关注收益管理系统开发的问题,开始与高校合作开发自主知识产权的收益管理系统。2004 年,厦门航空公司与中国民航大学合作,成功开发了国内首个航空公司收益管理系统,其在航班预测、多航段多等级优化、团队管理等方面达到了国际先进水平。随着收益管理应用逐渐深入,国内专家和学者从管理、运筹、软件设计等学科对航空公司收益管理系统进行研究,相信在未来国内自主知识产权的收益管理系统会得到更广泛的应用。

案例9-1 以用户为中心的收益管理

在航空公司中,"收益管理"是指航空公司运用科学的定价战略有效管理供需不平衡。借助个性化的营销战略,航空公司可以对收益管理方式进行调整。

举个例子,一年中的某些时刻或者某些航线上,周末的机票总是供不应求,而工作日的机票则供大于求。也就是说,不论是周六还是周二,飞机都只有100个座位,但周六的需求量可能达到150个,而周二的需求量可能只有50个。

航空公司可以有很多办法解决这个问题。比如,适当下调周二的机票价格;在保持周六机票价格具有竞争力的同时,给予周二机票适当的折扣。

这两种办法都存在一个最根本的问题:并没有"以用户为中心"。航空公司的定价战略通常与整体的供需情况是一致的。

这并不难理解。即使收益优化团队制定了以用户为中心的定价战略(没错,他们的确有能力这样做),可是该如何从营销的角度来实施这一战略呢?

下面三步可以帮助航空公司实现以用户为中心的收益管理。

步骤一,收集用户数据。航空公司需要了解用户,还需要了解每位用户的客户关系管理数据,这样可以获知用户的过往交易及忠诚度数据,这也便于航空公司做决策。

步骤二,识别细分市场。根据分类给出不同的折扣价,针对不同的用户提供符合他们特点的产品。航空公司如果做不到这一点,至少要针对不同用户提供其能提供的最佳产品。

步骤三,根据用户分类采用不同的营销战略。

上述三个步骤只是一个简单的框架。当然,实际上,实施起来也并不容易,因为这需要航空公司采取一个全公司都公认的方法。营销团队和商业团队需要在战略、数据以及执行层面达到一致,这样才能真正实现以用户为中心。

(资料来源:客户管理网,2018-01-22。)

第二节 航空公司收益管理的内容

了解航空公司收益管理的发展后,本节重点讨论航空公司收益管理的内容。首先通过航空公司的产品特征分析收益管理的适用性;接着介绍航空公司收益管理的评价指标,以帮助读者了解航空公司收益管理的概念和内容;最后介绍航空公司收益管理的实施,包括需求预测、超售和座位优化控制等,并结合相关案例进行解释。

一、航空公司收益管理的适用性

收益管理主要适用于具有以下性质的产品。第一,短时间内接待能力的有限性。由于硬件设施设备的限制,产品在短期内的供给能力有限(Lindenmeier 和 Tscheulin, 2008;Noone 和 Mattila, 2009),而改变供给能力成本较高。第二,不可储存性。例如,酒店客房、飞机舱位一旦过了特定时刻,剩余的供给存货就会失效,无法储存产品,因无法改变产品有效时间而造成浪费(李根道等,2010)。第三,高固定成本、低变动成本。产品供应需要较高的固定成本的投入,但在供给能力范围内其每增加一单位的产品的成本较低。第四,浮动的需求。顾客需求的不确定性和产品的不可储存性使供给者需要考虑实际可能的销售量及如何减少库存(Noone 和 Mattila, 2009;Schwartz, Stewart 和 Backlund, 2012;Sun 等, 2011)。

航空公司是以各种航空飞行器为运输工具为乘客和货物提供民用航空服务的企业,按照运输种类可以划分为客运航空公司和货运航空公司两类。

对客运航空公司来说,其提供的产品是在某个特定时间从一个地点飞往另一个地点的航班上的座位,以及附加在座位上的机上餐饮等其他附加服务。这一产品具有以下特点:第一,短期内的供给能力有限——每一架飞机上的座位数是固定的,因此每一趟航班所提供的产品数量也是固定的;第二,不可储存——飞机一旦起飞,空置座位无法储存,已不再有任何价值;第三,高固定成本、低变动成本——对客运航空公司来说,承运航班的很大一部分运营成本是固定成本,增加一个旅客的边际成本很低;第四,浮动的需求——与旅游业相同,航空业也有明显的淡旺季,航空公司的需求易受旅客出游意愿和各种大事件影响。

基于以上分析,可以发现客运航空公司的产品完全符合收益管理产品的特点,因此本章所介绍的航空公司主要为客运航空公司。

除了以上特点外,航空公司收益管理的适用性,还在于顾客的差异和可细分。航空公司最先将顾客群体进行区分,将其分为闲暇旅客和商务旅客。闲暇旅客和商务旅客有不同的特征(见表9-1),航空公司利用这些特征来进一步细分市场(见表9-2),并创造出针对不同细分市场的有效产品。

表9-1　闲暇旅客和商务旅客的特征

闲暇旅客	商务旅客
高价格敏感性	低价格敏感性
早预订	晚预订
在起飞和到达时间上更灵活	在起飞和到达时间上不太灵活
更能接受诸如周六晚驻留等限制	不太能接受限制

表 9-2　航空市场细分

特征	市场细分				
	商务旅客			闲暇旅客	
价格敏感	低	中等	敏感	中等	很高
行程灵活度	需要	重要	有一点	偏爱	非常灵活
库存	最后的座位	某种程度上受限制的座位	受限制的座位	受限制的座位	非常有限的座位
产品	不受限的商务型	团体折扣型	折扣商务型	常规闲暇型	通过 Price.com 等网站售票

（资料来源：罗伯特·菲利普斯.定价与收益优化[M].陈旭，慕银平，译.北京：中国财政经济出版社，2008.）

二、航空公司收益管理的评价指标

航空业的收益管理一般被称为"yield management"或者"revenue management"。其中，"yield"的含义是航空公司承运每个乘客每公里的收入，即客公里收入（RPK）；而"revenue"的含义是每个座位每公里所获得的收入，即座公里收入（ASK）。因此，航空公司收益管理的效果评价有三个指标，分别是客公里收入（RPK）、座公里收入（ASK）、客座率。这三个指标的计算方法及其之间的关系可用如下公式表示：

$$客公里收入（RPK）= 总收入 \div 乘客数$$
$$座公里收入（ASK）= 总收入 \div 座位数$$
$$客座率 = 乘客数 \div 座位数$$
$$座公里收入（ASK）= 客公里收入（RPK）\times 客座率$$

美国麻省理工学院 Belobaba 博士做了一个关于分别以客公里收入、座公里收入和客座率为经营侧重点的仿真实验，结果表明，以强调座公里收入的原则卖出的票不一定最多，票价不一定最贵，但总收入是三种衡量标准中最高的，其实验结果如今已被许多航空公司证实。

航空公司的目标是收入最大化，因此航空公司收益管理的目标则是追求座公里收入（ASK）最大化。从上述公式可以看出，座公里收入（ASK）等于客公里收入（RPK）与客座率的乘积，客座率的提高会在一定程度上降低客公里收入（RPK），因此航空公司收益管理的重点是在客公里收入（RPK）与客座率之间寻找到一个最佳平衡点。在保证乘客数不变的情况下，增加客公里收入的方式是提高定价；而提高客座率的唯一方式是增加乘客数量。因此，航空公司收益管理的目标是增加乘客数，同时从每一位乘客那里获得最高利润。

三、航空公司收益管理的实施

根据收益管理的评价指标,航空公司的收益管理可以分为机票差异价格管理和航班座位存量管理两大部分,而这两部分的实现又与需求预测、超售等密切相关。航空公司收益管理系统中各部分内容之间的关系如图9-1所示。

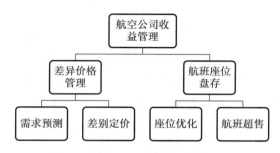

图9-1 航空公司收益管理主要内容

(一)需求预测

需求预测是航空公司收益管理中的基础部分,需求预测的准确性直接影响航空公司收益管理的效果。需求预测问题包含了三个不同的层次:针对航线的宏观市场预测,针对旅客行为的预测,针对具体航班各个等级订座需求的微观预测(樊炜,2006)。

通过文献阅读可以发现,早期对于需求预测问题的研究主要集中在需求分布模型和顾客到达模型两方面。Beckman和Bobkowskin(1958)、Taylor(1962)的研究都认为γ分布最适合描述顾客的订座需求,Lyle(1970)则提出整体的客户需求满足正二项分布。在需求预测模型较为成熟之后,一些研究者意识到将预订时间与需求模型结合起来即可形成顾客到达模型,其中较为典型的是Lee(1990)基于泊松分布提出的顾客到达模型和Sanne、Richard和Nanda(2002)提出的动态仿真模型。

随着收益管理系统的出现,近年来对于需求预测问题的研究开始集中在针对具体航班各个等级订座需求的微观预测上。学者们纷纷开始寻求各种预测方法和预测模型,而在实际运用中,常用的集中预测方法和模型有简单均值法、回归模型、增量预测法、乘法模型和指数平滑法等。这几种方法和模型已在本书第三章进行了详细介绍,这里就不再赘述,本节通过一个案例来解释航空公司是如何具体操作的(见案例9-2)。

对航空公司来说,收益管理建立于传统营销理论的基础之上,是对传统营销理论的发展和深化。从需求管理的角度制定收益管理策略,可将航空公司各项收益管理策略与传统营销策略进行直接整合(见表9-3)。

表 9-3　航空公司收益管理与营销管理的关系

收益管理目的 （基于管理层）	收益管理策略	收益管理操作	市场营销策略
结构决策	航线、航班需求预测	航班制订计划与调整 加班包机业务 新产品开发	产品管理
价格决策	价格策略	渠道销售政策管理 散客舱位管理 团体/大客户管理 超售	促销管理 渠道管理 价格管理
存量决策	舱位管理 超售		

案例 9-2　某航空公司的预测方法

表 9-4 为某航空公司在××年采集到的某周一航班的某航段座位预订人数，DCPn 表示该航班起飞的 n 周前。使用不同的方法预测 7 月 22 日到 8 月 19 日中每周一航班的座位预订人数。

表 9-4　某航空公司某航段座位预订人数　　单位：人

起飞日期	DCP6	DCP5	DCP4	DCP3	DCP2	DCP1	DCP0
7月1日	4	9	15	17	25	40	45
7月8日	6	11	15	21	31	35	38
7月15日	4	6	18	25	28	38	41
7月22日	3	3	9	15	24	30	
7月29日	3	5	15	22	31		
8月5日	5	5	8	16			
8月12日	1	7	11				
8月19日	6	9					

1. 简单均值法

简单均值法是一种将过去各数据之和除以数据总点数，求得算术平均数作为预测值的预测方法。在本例中，使用简单均值法进行预测的结果为 7 月 22 日到 8 月 19 日中每周一航班的座位预订人数为 41.33 人[(45+38+41)/3]。

2. 增量预测法

增量预测法是一种利用过去相邻两个 DCP 点订座差异的均值作为未来该点(DCPn)相对于其前一点[DCP($n-1$)]的增量值的预测方法。在本例中，每相邻两个点之间的差异值及其增量均值见表 9-5，依据该方法预测的 7

月22日到8月19日每周一各采集点的预订人数见表9-6。

表9-5 某航空公司某航段座位预订人数差异值、增量均值　　　单位：人

起飞日期	DCP6→DCP5	DCP5→DCP4	DCP4→DCP3	DCP3→DCP2	DCP2→DCP1	DCP1→DCP0
7月1日	5	6	2	8	15	5
7月8日	5	4	6	10	4	3
7月15日	2	12	7	3	10	3
均值	4	7.33	5	7	9.67	3.67

表9-6 某航空公司7月22日到8月19日每周一各采集点的预测值　　　单位：人

起飞日期	DCP6	DCP5	DCP4	DCP3	DCP2	DCP1	DCP0
7月1日	4	9	15	17	25	40	45
7月8日	6	11	15	21	31	35	38
7月15日	4	6	18	25	28	38	41
7月22日	3	3	9	15	24	30	33.67
7月29日	3	5	15	22	31	40.67	44.34
8月5日	5	5	8	16	23	32.67	36.34
8月12日	1	7	11	16	23	32.67	36.34
8月19日	6	9	16.33	21.33	28.33	38	41.67

3. 乘法模型

乘法模型是一种通过计算最终订座需求均值与历史数据某个DCP点订座数均值之比，作为预测当前DCP点与最终订座需求之间的参数的预测方法。在本例中最终订座需求均值与各DCP点订座数均值之比见表9-7。

表9-7 某航空公司最终订座需求均值与各DCP点订座数均值之比

起飞日期	DCP6	DCP5	DCP4	DCP3	DCP2	DCP1	DCP0
7月1日	4	9	15	17	25	40	45
7月8日	6	11	15	21	31	35	38
7月15日	4	6	18	25	28	38	41
均值	4.67	8.67	16	21	28	37.67	41.33
参数	8.86	4.77	2.58	1.97	1.48	1.10	1

根据该参数表预测7月22日到8月19日中每周一各航班最终订座需求的预测值见表9-8。

表9-8　某航空公司每周一最终订座需求的预测值

起飞日期	参数	乘法计算	预测最终订座需求
7月22日	1.10	1.10×30	33.00
7月29日	1.48	1.48×31	45.88
8月5日	1.97	1.97×16	31.52
8月12日	2.58	2.58×11	28.38
8月19日	4.77	4.77×9	42.93

4. 指数平滑法

指数平滑法是一种根据最近的订座数量不断修正航班订座预测值的方法。当前数据采集点的预测值等于上一期预测值和上一期实际值的加权总和（其中上一期预测值权重 α 一般取0.25）。在本例中 α 取0.25，将初始预测值设定为初始实际值进行计算得到7月22日到8月19日中部分采集点的预测值（平滑值）数据如表9-9所示。

表9-9　某航空公司部分采集点的预测值

起飞日期	DCP6	DCP5	DCP4	DCP3	DCP2	DCP1	DCP0
7月22日	3.00	3.00	3.00	7.50	13.13	21.28	27.82
7月29日	3.00	3.00	4.50	12.38	19.60	28.15	
8月5日	5.00	5.00	5.00	7.25	13.81		
8月12日	1.00	1.00	5.50	9.63			
8月19日	6.00	6.00	8.25				

（二）超售

超售是指航空公司在飞机离港前出售的座位数超过了实有的座位数，其目的是预防部分已经预订座位的旅客没有登机（no-show）或临起飞前取消订座（cancellation）而造成虚耗。超售可以最大数量地满足乘客的乘机需求，使得航空公司的收益最大化。

图9-2显示同一航班进行超售和未进行超售的订座曲线的区别。从图中可以看出，当进行超售时，只要超售的订座曲线介于没有超售的订座曲线与超售限制曲线之间，超售的客座率会明显大于没有超售的客座率，从而增加航空公司总体收益。

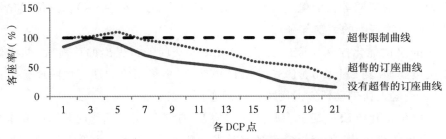

图9-2　超售收益分析图

（资料来源：潘海莹. 国内航空公司收益管理的应用和研究[D]. 厦门：厦门大学，2007.）

目前关于航空公司超售的研究主要集中在超额预订模型的制定和超售问题的解决。

对于超额预订模型,从Beckmann(1958)所提出的航空业非动态最优超订模型演变到Rothstein(1968)提出的动态超订模型,这些模型的目的都是找出由超售带来的收入和损失之间达到收益最大的均衡点。虽然动态超订模型在确定合适超售量方面的准确度较高,但在实际运用方面仍存在较大的困难。因此,出于可行性的考虑,在实际操作中,大多航空公司选择了简单可行的静态最优超订模型。这一模型的主要思想是寻找最佳的可售座位数(AU值),使得空位损失与拒载(denied boarding,DB)损失之和最小。

超售也存在一定的风险,当超售量过大时,超售往往意味着有部分旅客到达机场后因人数过多而无法登机,即所谓的拒载。在这种情况下,航空公司需要支付额外的成本(如免费升舱、免费提供住宿等)来解决顾客的不满。随着可售座位数(AU值)的增加,空位损失不断降低,但拒载损失不断增加,因此总成本呈先减少后增加的趋势。各成本与AU值之间关系如图9-3所示。在超售问题解决方面,Falkson(1969)提出了用竞价的方法解决机票超售后不能登机的问题。

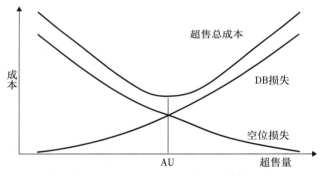

图9-3 超售总成本与超售量关系图

(三)座位优化控制

座位优化控制是指航空公司将在需求预测和超售管理中得到的可售座位数(AU值),合理地分配给不同等级的舱位,以获得最大的座公里收入(ASK)。座位优化控制是航空公司收益管理中的关键部分。

航空业的座位优化控制研究经历了从Littlewood(1972)提出的单航段、两级票价座位控制决策模型,到Belobaba(1987)之后的单航段、多级票价的期望边际座位收益模型,再到Glover等人所带动研究的网络优化问题。

不同的座位优化方法都基于一些共同的假设:在进行座位优化时将AU值作为舱位容量,即不再考虑超售;各个舱位等级的需求是独立的;如果一个低等级的订座请求被拒绝,则永远失去了该旅客,不可能转入同一航班的更高等级。按照其优化的频度,这些方法可以划分为静态方法和动态方法。静态方法在每个数据采集点（DCP）后进行一次座位优化，而动态方法在每次发生订座后都进行优化。

总体上来说，这些方法按其所适用的航线结构可以被分成两大类：航节优化方法（leg-based seat inventory control）和网络优化方法（network seat inventory control）。其中，航节优化方法适用于点对点的航班结构，而网络优化方法一般适用于中心辐射式航班结构（见图9-4）。航节优化方法在进行座位优化控制时，一般考虑的是单航段上的收益最大化，而网络优化方法则考虑的是整个航段上的收益最大化。从现有研究来看，航节优化方法中较为典型的是期望边际座位收益模型，而网络优化方法中较为典型的是贪婪虚拟嵌套法（greedy virtual nesting method）、影子价格法（置换虚拟嵌套法，displacement adjusted virtual nesting method）和竞价法（biding price method）。在目前的实际运用中，尽管网络优化方法在合理性和准确性方面明显优于航节优化方法，但从成本和可行性方面考虑，使用较多的仍然为航节优化方法。

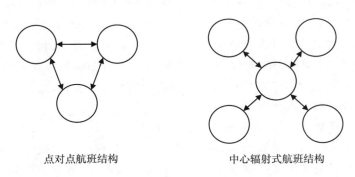

点对点航班结构　　　　中心辐射式航班结构

图9-4　航班结构

航节优化方法中最著名的是 Belobaba(1987)提出的期望边际座位收益模型（EMRS）。该模型的核心思想是，寻找到一个是否应该将一个座位出售给某旅客的无差异点。该模型认为某个订座等级的某个座位的期望边际座位收益为 $EMSR_i$：

$$EMSR_i = f_i \times P_i(S_i)$$

其中，f_i 为 i 订座等级的票价，$P_i(S_i)$ 为 i 等级接受多于 S_i 个订座的概率。航空公司进行座位优化的决策，就是寻找高等级座位针对低等级座位的座位保护数。以两个舱位等级的座位优化决策为例，若 $f_1 > EMSR_2$（其中 f_1 为低等级座位票价，$EMSR_2$ 为高等级某个座位的期望边际座位收益）时，则可以接受该低等级的订座申请。

为了解决多等级舱位的座位优化控制问题，Belobaba(1992)改进原来高等级座位针对低等级座位一对一的座位保护数的算法，把大于某低等级座位的所有高等级座位联合起来，计算相对于此低等级座位的联合保护数，也就是著名的 $EMSR_b$ 理论。

案例9-3　航空公司收益管理的重要经验

1. 定价与收益优化带来的不仅仅是短期盈利能力上的好处

收益管理能使美国航空公司成功击败PeopleExpress航空公司的挑战。这也就意味着美国国家汽车租赁公司幸存与破产的一线之差。1992年，美国国家汽车租赁公司每月损失100万美元（约730万元人民币），同时濒临被其当时的所有者（通用公司）清算的边缘。当时，美国国家汽车租赁公司已经进行了两轮裁员，而公司管理层感到在节约成本方面已无法取得更多成效了。作为最后的努力，美国国家汽车租赁公司决定从收益管理方面着手。公司同Aeronomics收益管理公司合作开发了一套系统，用来预测170个租车点每一种类型/租车期的汽车的供需情况，并通过调整价格平衡供需，效果立竿见影。

2. 航空公司借鉴电子商务的开发能够实现更科学、更精确的管理

航空公司首创了电子分销——计算机化的分销系统，如Sabre和Galileo①，它们是"互联网之前的网络"。这些系统能快速接收和处理顾客的预订请求。它们也能使航空公司快速调整价格和可获得性，同时将更新的信息瞬间传送到全球各地。随着互联网这样的电子分销渠道变得更加普遍，越来越多的行业感觉到了持续观测需求和更新价格的必要性，也越来越体会到实施收益管理的必要性。

3. 收益管理中，进行有效的市场细分是关键

收益管理在航空业成功的关键在于，它们能够细分早期预订的闲暇旅客和晚期预订的商务旅客。航空公司基于产品的差异性，创造满足不同细分市场的不同产品，从而制定不同的价格。基于支付意愿来细分顾客和对不同的细分市场收取不同的价格，是收益管理的关键策略之一。

（资料来源：罗伯特·菲利普斯.定价与收益优化[M].陈旭，慕银平，译.北京：中国财政经济出版社，2008.）

第三节　航空公司收益管理的展望

本节先分析航空公司收益管理目前在技术和应用上面临的挑战，然后探讨航空公司收益管理的发展趋势。

---

① 现已发展为全球分销系统（GDS），形成Sabre、Galileo、Amadeus、Worldspan等巨头，目前中国国内最大的GDS为中国航信Travelsky。

一、航空公司收益管理的未来挑战

(一)收益管理预测模型的风险

当前收益管理预测模型大多相对简单,虽然降低了操作难度,但预测的准确性不够高。尽管已有研究提出了更精确的预测模型可供收益管理使用,但仍然只停留在概念和假设阶段。这些模型只有通过实证数据加以验证,才可以用于未来收益管理系统的程序编写,从而使预测结果更精确。由于信息的不完全和不可避免的预测误差,实际收益必然与理论的期望结果有一定差距,因此要加强航空公司收益管理的风险分析。稳健最优化模型的研究,有助于提高收益管理效益的稳健性,降低收益管理预测的风险,提高市场预测结果的准确性。

(二)机票价格透明度增加,收益管理复杂化

机票销售渠道日益丰富,消费者可以通过航空公司、代理商等各种线上或线下渠道购买,而互联网价格预测的展示使机票价格透明度大大增加,这无疑使收益管理的定价策略失去其原有的效用。机票透明度增加带给收益管理的冲击是巨大的,收益管理将变得更复杂,如何应对这一趋势仍需要众多专家学者和管理者共同思考。

(三)价格关注减弱,流量控制管理强化

由于销售渠道价格透明度增加和竞争加剧,加上当前开始出现以单一票价结构吸引顾客的廉价航空公司,多数航空公司所采用的多级票价结构可能将受到冲击。收益管理者需要加强对流量控制和管理的关注,在流量控制和管理时更重视整体与部分的关系,即航节与航段、航段与航程的关系,采用网络优化的观点对整个航班收益进行规划。现有网络模型主要针对可替代产品,对组合产品的网络收益管理有实用价值的研究成果还比较少,网络收益管理在理论和算法研究方面还有待深入。

另外,一些与航空公司的地理位置、商业模式或规模没有关系,但普遍存在的市场问题和所产生的业务挑战,也给航空公司带来了其他新的障碍。这些障碍主要体现在提升利润、优化分销模型、解读非结构化数据和提供更加个性化的消费者体验等方面。新分销点产生了大量的数据,为航空公司提供了更全面的消费者信息。航空公司现在面临有效收集、处理和分析这种数据的任务,随后据此感知不断变化的市场并做出响应。消费者越来越希望个人旅行体验能无缝衔接,而航空公司也正努力落实一种以客户为中心且与收益目标一致的综合战略。

案例9-4 后疫情时代多条航线复航

美国航空和美联航均表示:商务旅客直订需求上升,对新分销能力(NDC)好感度增加。美国航空过去几个季度多次表示,差旅需求发生了根

本转变,通过差旅管理公司预订产品的需求在减少。美联航高管近日在第二季度财报电话会议上也表达了类似观点,认为商务旅客越来越倾向于直接预订,对基于新分销能力(NDC)的产品的好感度增加,而企业首选供应商的影响力则有所减弱。

美联航首席商务官 Andrew Nocella 表示,公司对合约式差旅业务的依赖程度下降,而且这项业务复苏速度明显落后。不过,如果这项业务复苏,美联航等老牌航司仍将从中受益。

奥纬咨询近期的一项调研显示,在疫情前有过出境游经历的受访者中,40%已于今年重启海外旅行。奥纬预测,到今年年底,62%有海外旅行经历的中国游客将重启出境游,预计其购物开支将占旅行总预算的48%,回归至疫情前水平。

调研显示,中国出境游市场或将于2024年下半年之后才能全面复苏。在疫情前有过出境游经历而今年并未计划的受访者中,24%表示会安排2024年出游,59%则计划到2025年或2026年重启海外旅行。而从未有过出境游经历的受访者中,仅有37%考虑在2026年前赴海外旅行。

(资料来源:环球旅讯,2023-07-22,https://www.traveldaily.cn/article/175217。)

二、航空公司收益管理的未来发展

为了确保未来能够取得成功,航空公司需要一种新的收益管理方法,重点关注消费者的需求,将经营效率整合到整体的业务流程中;还应该包含容易查看的实时信息,进而完善零售和以消费者为中心的战略,同时克服市场竞争的影响。虽然航空公司面临的业务挑战在不断发生变化,但收益管理的核心内容仍然是提高利润、生产力和响应市场变化的能力,同时完善消费者体验。

达到这些目的以克服未来挑战,需要使用新一代的收益管理解决方案:通过尖端技术为航空公司的总收益优化路径提供支持;通过利用所有可用的收益流,包括来自合作伙伴、代码共享、联盟、航空零售和其他税费的收益流,可令航空公司从中受益。

新一代收益管理解决方案需要超越座位收益管理,为航空公司提供一种有关收益数据的更加广泛的消费者视角,通过销售和服务工具全面整合用户界面,推出实时信息为库存管理和动态定价提供支持。具体趋势如下:

(一)鼓励总收益优化

航空公司正在脱离传统合作伙伴模式,创建分享成本的股权合作伙伴关系,以及具备联合库存和优化收益管理能力的合作伙伴关系。然而,由于无法从合作伙伴处取得可用的数据,航空公司无法制定精确的收益管理决策,继而导致预测模型不准确,收益回报锐减。

航空公司收益管理为了应对当下环境中的零售挑战，需要引进新的业务流程，并采用更详细的实时信息的解决方案。航空公司必须开始理解总收益优化（TRO）的原则和价值。TRO可确保收益管理解决方案兼顾到各潜在消费者的价值与基本票价的价值，为收益管理提供一个新的解决框架。TRO可以利用海量实时信息，帮助航空公司持续为客户提供满意服务并从所有渠道增加收益。TRO的使用能极大程度上提高航空公司的收益管理能力，根据2016年Sabre Airline Solutions的基准分析可知，航空公司通过TRO，单在航空零售上就可取得0.5%～1.0%的增长。

（二）实时优化方法

在目前竞争激烈的环境下，时间就是一切。按需经济的出现改变了信息的使用方式，对管理者制定准确的决策提出了更高的时间要求。无法访问实时可操作数据的航空公司出现决策延误，进而导致产品缺乏竞争力，收益受损且市场价值降低。

未来的收益管理解决方案需要实时提供消费者价值的完整视图，以及合作伙伴数据，展现各航班、各市场和所有出发日期的信息。这种视角可为各市场提供精确的实时预测与优化逻辑，囊括了海量共享代码、合作伙伴和附加选项的潜在收益影响。

（三）整合势在必行

现如今，航空公司的一个关注点就是实现系统同步。但是，由于传统企业的职能划分及各职能部门技术的独立，产生了大量离散复杂的数据，阻碍了综合信息的可用性。因此，航空公司无法主动感知实时运营情况，并据此做出反应，也就无法迅速应对市场变化，结果导致航空公司总收益低下，丧失市场份额并产生竞争力低下的产品。

在收益管理的过程中，整合发挥着越来越重要的作用。无法看到"单一事实"的航空公司分析师根据他们看到的片面的库存、票价、航班时刻和代码共享信息，制定次优决策。因此，收益管理流程要通过一套整合的系统来管理所有商业规则，并消除各职能部门间的潜在冲突。这可使航空公司更快且更准确地针对竞争性冲突做出反应，同时能够在市场机遇出现时抓住机会。

当今的航空业仍在不断演变，收益管理系统必须不断更新，为这些变化和新规定提供支持。利用收益管理来仅仅管理库存和促销活动的做法，已经不再是最佳选择或可长期盈利的战略。如今行业的成功需要新一代收益管理解决方案，先进的强大技术可为航空公司提供更加实时有效的收益管理策略，达到收益最大化。

1. 航空公司收益管理与其他行业有何不同？
2. 收益管理为什么适用于航空公司？
3. 航空公司收益管理未来的挑战和发展趋势是什么？

案例学习

收益管理的成功之道

第十章 收益管理系统

1. 理解 IDeaS 收益管理系统的定价原理与功能模块。
2. 了解 HiYield 收益管理系统的优势、功能和应用。
3. 了解 Amadeus 收益管理系统的优势、功能和应用。

HiYield RMS 为酒店创造价值

Q 酒店成立于 2014 年,一共拥有 600 间客房。该酒店 2017 年初开始使用 HiYield RMS。从 2017 年一季度的同比数据看(见表 10-1),2017 年比 2016 年客房销售增加 358 间夜(增幅 2.64%),平均房价增加 61 元(增幅 15.80%),客房收入增加 982977 元(增幅 18.77%)。

表 10-1　Q 酒店 2017 年与 2016 年一季度总体数据对比

序号	类型	数据类型	数值
1	2017 年实际	出租间夜/间夜	13913
		平均房价/元	447
		客房收入/元	6220744
2	2016 年实际	出租间夜/间夜	13555
		平均房价/元	386
		客房收入/元	5237767
3	2017 年实际 VS 2016 年实际	出租间夜/(间夜/%)	358/2.64
		平均房价/(元/%)	61/15.80
		客房收入/(元/%)	982977/18.77

市场细分方面,会员、呼叫中心 400、上门散客客房收入 2017 年比 2016 年大幅增长,官方网站、官方 App 从无到有,直销渠道占比提高 3%。

如表10-2所示，会员客房销售增加1327间夜（增幅22.44％），平均房价增加47元（增幅12.05％），客房收入增加860346元（增幅37.29％）。呼叫中心400客房销售增加48间夜（增幅68.57％），平均房价增加30元（增幅7.59％），客房收入增加22418元（增幅81.00％）。上门散客客房销售增加360间夜（增幅48.06％），平均房价增加16元（增幅2.93％），客房收入增加213738元（增幅52.22％）。官方网站客房销售55间夜，平均房价423元，客房收入23290元。觅集（官方App）客房销售5间夜，平均房价404元，客房收入2020元。第三方渠道占比由2016年的28.86％降低到2017年的25.85％，佣金减少，收益提高。

表10-2　Q酒店2017年与2016年一季度部分细分市场数据对比

序号	类型	数据类型	会员	呼叫中心400	上门散客	官方网站	觅集
1	2017年实际	出租间夜/间夜	7240	118	1109	55	5
		平均房价/元	437	425	562	423	404
		客房收入/元	3167475	50096	623027	23290	2020
2	2016年实际	出租间夜/间夜	5913	70	749	—	—
		平均房价/元	390	395	546	—	—
		客房收入/元	2307129	27678	409289	—	—
3	2017年实际VS 2016年实际	出租间夜/（间夜/％）	1327/22.44	48/68.57	360/48.06	—	—
		平均房价/（元/％）	47/12.05	30/7.59	16/2.93	—	—
		客房收入/（元/％）	860346/37.29	22418/81.00	213738/52.22	—	—

（资料来源：科技快报，2017-10-16，http://news.ikanchai.com/2017/1016/164928.shtml。）

案例思考：

1. HiYield RMS为酒店创造的价值有哪些？
2. 酒店在选择收益管理系统时会考虑哪些因素？

1. IDeaS RMS的预测优势
2. HiYield RMS的预测优势

第一节　IDeaS收益管理系统

成立于1989年的IDeaS Revenue Solutions（简称"IDeaS"）是SAS子公司，是业界领先的定价及收益管理系统和咨询服务供应商，通过提供先进的定价及收益管理系统和咨询业务，一直引领行业发展。IDeaS总部位于美国明尼阿波利斯，于印度浦那设立全球技术中心。IDeaS的销售、支持和分销办事处覆盖北美、南美、欧洲、非洲、澳洲和亚洲等区域。

一、IDeaS介绍

IDeaS公司采用SAS分析技术，利用30多年的行业经验为来自100多个国家的10000多家酒店提供服务。目前，每天有超过160万间酒店客房通过IDeaS先进的系统进行定价。

IDeaS G3 RMS是IDeaS公司向酒店业推出的应对全新挑战的第四大产品，其他产品包括以下几种。

（1）IDeaS Mobile RMS：全球首款可以随时做出收益决策的移动应用。

（2）IDeaS Revenue Performance Insight（RPI）：高度可视化，并可提供动态报告和商业智能分析的软件。它极大增强了酒店管理者报告、分析和应用业绩数据的能力。

（3）IDeaS Reputation Pricing Module（基于舆评的定价模块）：业界首创，让酒店将其现有的在线口碑作为定价决策的标准之一。

IDeaS G3 RMS最初是在和希尔顿酒店集团合作的基础上开发的，如今已有2000多家酒店使用这一系统，而且将继续增加。国际知名酒店集团Scandic Hotels的业务覆盖北欧地区，它是首批使用IDeaS G3 RMS的四大酒店集团之一，并且在该系统的帮助下取得了巨大成功。

二、IDeaS的功能及优势

作为行业领先的收益管理系统供应商，IDeaS有其特有的产品和服务优势。在服务上，IDeaS一贯向客户提供专业的、个性化的客户支持服务，为每一个客户安排一名在酒店本区域的专职的客户关系经理，定期和酒店进行电话会议讨论，回答酒店在使用系统过程中遇到的问题，并与酒店一同查看系统预测决策数据，保证系统使用的成功。

在产品上，IDeaS的独特优势体现在收益管理中的各个运行环境，以下着重介绍IDeaS在需求预测和定价方面的优势。

（一）IDeaS 的预测优势

收益管理是数据的科学，通过对数据进行分析，对未来进行预测，这是酒店制定营销和定价策略以及未来运营决策的基础。为确保顺利实现上述目标，酒店收益管理首先要有准确预测的能力。

1. 分析酒店业务结构

IDeaS 能主动分析历史数据中的不同业务构成，把数据按照不同的购买行为进行分类。例如，按照不同的顾客类型（散客或团队）、不同的业务来源（公司、休闲、批发商等）、不同的入住时间等来进行划分，并对其进行组合，形成相应的细分市场。这样有什么好处呢？

酒店在统计出租率时，很多时候仅仅关注酒店的整体表现。但是酒店整体的数据是否能告诉我们酒店业绩的真相呢？我们先看看下面这样一个例子。

观察图 10-1，可以看到黑色代表的是酒店的实际出租率。光从数据本身看，其实酒店的表现非常不错，星期二和星期三满房，星期四和星期六的出租率也相当高。但是，如果再加上浅灰色代表的其他需求，可以看到，如果控制得好的话，也许能够使星期一到星期四都满房。这种其他的需求，称为无限制需求。

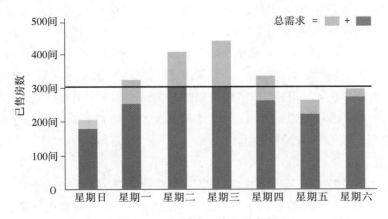

图 10-1　M 酒店历史入住数据

但是酒店很难直接预测无限制需求。因此，需要进一步把酒店的业务按照不同的购买行为进行分类。通过构建不同的细分市场分组，加上其所能带来的价值，基本能够勾勒出酒店的业务结构。

从图 10-2 中我们可以看出，一般来说，低价的业务（比如说团队价、包价等）出现得比较早，而相对地，那些高价需求（比如一般无限制条件的需求）总是出现得比较晚。如果不加控制的话，酒店有限的客房可能会被低价的需求所占据。

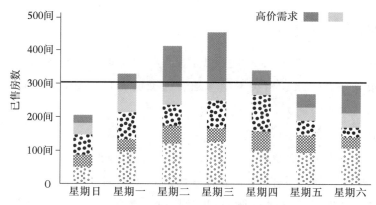

图 10-2 调整后的 M 酒店历史入住数据

IDeaS 通过对不同业务进行分类,得到无限制的需求预测,能够帮助酒店更精确地了解不同的业务所出现的模式及趋势,进而了解业务结构的构成和变化,以帮助酒店进行最佳业务结构的选择。

2. 统计预订进度

并不是所有的需求都会导致预订的产生,因为需求本身的不确定性是不可避免的。尤其当需求出现的时间非常临近的时候,其不确定性的程度可能会对酒店最终的出租率产生重大影响。大部分的酒店管理系统都会记录每一天的最终销售数量,但是只有很少的酒店管理系统会跟踪记录入住日之前一段时间内每天的客房销售数据。而恰恰是这些数据,需要被应用来分析无限制需求的预订进度。

因此,酒店对每一天客房表现情况的数据进行整理和追踪就非常重要,而且要确保获得的数据的一致性,帮助酒店分析长期数据所表现出的走向。IDeaS 在数据处理时对预订的变化进行实时跟踪,并存有长期的数据历史档案。IDeaS 通过归纳、总结得出此类数据的相对比较固定的进度模式,这样能使酒店更加容易了解每个不同业务的趋势变化,进而运用在将来的预测中。

3. 获取置换收益

置换收益是指那些由于已经提前接受了低价的需求,而无法接受更高价的需求,所减少的那部分可能的收益。对于没有进行无限制需求预测的酒店来说,计算置换收益非常困难。IDeaS 对无限制需求的分析,建立起计算置换收益的基础。

4. 节省预测时间

如果没有 IDeaS 自动化收益管理系统,收益经理需要花费大量时间采集和分析数据。尽管可以在一定程度上采用 Excel 等工具加以辅助,但无法比拟专业的自动化收益管理系统生成的分析结果。通过一系列自动化算法,IDeaS 可对酒店业绩自动进行每日、周度、月度、年度的评估。收益经理能够快速将各个细分市场中已售客房数量及收益数据同酒店整体运营的数据进行比较,无须费时来整理大量的数据,可以有更多的时间制定战略决策以提高酒店的业务绩效。

IDeaS G3 RMS 运用 SAS HPF 高性能预测引擎,从超过 100 种模型中根据从酒店历史数据中观察到的模式自行选择最适合的预测模型,其数据处理能力、预测的先进性和准确程度在同类系统中都是拔尖的。

(二) IDeaS 的定价优势

麦肯锡公司的一项调查显示,"正确定价是企业实现利润最大化的最快、最有效的方式"。对于酒店业来说,定价的重要性也是毋庸置疑的,"如何在合适的时间针对合适的客户群制定合适的价格"是酒店业管理者要思考的关键问题。尤其在酒店业进入动态定价时代之后,寻求能够使收益最大化的有效定价策略对酒店来说是一个复杂、耗时且难以捉摸的过程。

价格是提升酒店盈利能力的主要杠杆,酒店定价常常遇到如下问题:酒店定价是否合适?酒店已经制定了动态定价策略,怎么知道这是不是合适的价格或价格范围呢?是否在不经意间失去了一些业务机会呢?这不仅需要确保定价过程的准确,还需要及时对价格进行优化。

对酒店来说,幸运的是,IDeaS 先进的数据分析技术让定价过程变得更加简单,价格优化功能使定价结果更加有效。

1. 定价过程

通过针对影响定价的三大因素——需求、供应量及价格敏感度的分析,IDeaS 帮助酒店管理者更准确地确定价格策略,从而最大限度地增加需求、优化收益。

首先,在动态定价方法中,需求随着价格的上升而减少,随着价格的下降而增加。这个概念是帮助我们确定合适的销售价格——该价格带来的需求量能获得最大收益——的一个非常重要的基础。对酒店管理者来说,困难的是如何综合考虑需求对价格的敏感度和酒店客房供应量的分布,来确定酒店最佳的价格范围。而且为了有效地实现上述目标,获得正确的数据点或数据变量是至关重要的,这包括:客房类型、入住天数以及入住时段(如是工作日还是周末);每笔交易的原始预订日期、到达日期及离开日期,以及与此交易相关的客房数量、价格和客房类型(如是豪华间还是标准间);在某些情况下,还需要考虑酒店整修或特殊活动等因素。获取大量的各类型数据无疑是一个庞大且复杂的工作,IDeaS 自动化的数据收集和分析功能可以帮助酒店管理者解决这个难题。

其次,在客房供应量上,由于客房产品拥有很强的时效性,IDeaS 帮助酒店时刻优化客房存量,以便充分利用可用客房的供应量。

最后,价格敏感度是 IDeaS 分析技术发挥作用的重要体现。价格敏感度表示的是产品或服务的价格影响消费者购买行为的程度,价格敏感度是价格变化引起的需求变化程度的一种度量,敏感度较低意味着价格变化对客房需求量的影响相对较小,而敏感度较高则意味着价格变化对客房需求量的影响相对较大。为了最大限度地提高整体收益,酒店管理者希望了解不同细分市场的敏感度以及这些细分市场的客房需求量。IDeaS 及时对价格敏感度高的细分市场进行价格调整,以带来高回报率。

2. 价格优化

鉴于定价过程中涉及大量的因素和变量,酒店管理者几乎不可能及时地手动处理把握消费者行为所需的数据。因此,定价的结果会出现很多不确定性,这需要通过对价格进行优化来解决。IDeaS 为酒店提供有效的"价格优化服务"。

IDeaS 主要通过下面 6 个方面帮助酒店进行价格调整。

(1) 从最优房价(best available rate,BAR)定价开始。

(2) 有限制条件的折扣策略。酒店是否开展或结束有限制条件的优惠活动是由需求状况决定的,管理者应利用有限制条件的优惠策略来确保价格调整带来一定的入住率。

(3) 构建定期审视酒店价位的流程。IDeaS 建议酒店每隔 6 个月至 12 个月,最好在每年预算制定阶段,重新审视酒店的价位。

(4) 关注价格敏感度高的细分市场。

(5) 查看最优房价的最大值和最小值的价格差。如果 IDeaS 发现最优房价中最大值与最小值相距甚远,说明最优房价是需要检查核定的,需要重新制定。

(6) 价格并非只能上调,有时为了拉动需求、保持酒店竞争力,IDeaS 会建议酒店管理者将价格设定至低于当前的最优房价,判断客人对房价的敏感度,以及提升定价或者增加订房量是否会提升酒店整体业绩。

IDeaS 价格优化服务将丰富的行业经验、专有的定价模型与世界一流的 SAS 分析技术相结合,对于确定最佳的以需求为基础的定价策略以实现整个酒店收益最大化,具有无与伦比的精准性。IDeaS 价格优化服务避免了当前定价方法中的人工操作、主观性和不完整性,并通过利用客户独有的数据库提供强大的洞察力,从而帮助酒店寻找最佳机会,大大提升酒店定价策略的有效性(见图 10-3)。

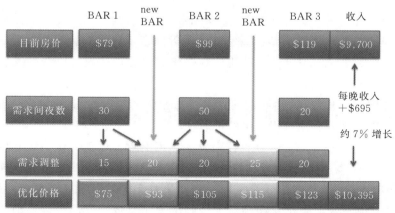

图 10-3　IDeaS 的价格优化

相对于其他收益管理系统，IDeaS的定价优势在于：在定价过程中，将从价格搜索系统中获取的竞争对手价格放进整个预测的模型；在定价优化上，IDeaS不仅考虑需要定价的业务需求，同时考虑与之相联系的衍生价格的需求（linked demand）的影响，从而让定价更加合理和优化。

> **案例10-1　IDeaS收益管理系统与石基昆仑CRS 3.10成功对接**
>
> IDeaS收益管理系统和G3收益管理系统已成功完成与石基昆仑CRS（以下简称"Kunlun CRS"）的对接。目前，双方已完成测试，并且已经在石基昆仑CRS 3.10、3.9和3.8版本中发布了此功能相关接口，支持现有用户升级或部署。在此次对接过程中，IDeaS和Kunlun CRS引入了全新KDI（Kunlun Decision Interface）接口，帮助酒店集团实现对价格和房态更为智能的管理。KDI接口可以用来和IDeaS进行对话，代替手工执行决策的方式，直接提高工作效率。此外，系统会记录每个请求的操作日志，用于在发生异常的情况下快速解决对接问题。
>
> 这两款收益管理系统致力于帮助酒店管理集团或单体酒店的收益经理将竞争市场、竞争对手信息数据以及酒店自身数据，通过平衡需求和定价，进行运算统计分析，优化各细分市场的配比，提高酒店的客房收益。该系统的可扩展性使得用户既能够针对单体酒店系统，也可以针对酒店集团系统做出定价决策。而通过与收益管理系统结合，酒店集团将更直接地将决策结果反映到上游渠道，并且可以自上而下地控制酒店产品定价和售卖策略，为加强集团的掌控能力提供支持。
>
> 此次对接工作以不断强化酒店集团收益管理的一体化为目的，接口功能以定价功能为主要切入口，使实时数据交换变得轻而易举。这次的对接，从使用较为广泛的决策定价方式之一——Daily BAR进行展开（对基础的BAR进行精确到天的价格控制）。这种方式简明清晰，无论是对酒店接受度，还是对酒店PMS的接收能力都没有过高的要求，具备很高的可执行性。
>
> （资料来源：商旅圈，2018-01-16。）

三、IDeaS的应用

IDeaS通过与酒店PMS对接，每天从PMS中获取酒店更新的数据，然后对未来无限制的需求进行预测，并对预测出的需求进行优化，生成入住率预测、每日最优房价（BAR）、最后一间客房价值（LRV）以及超额预订数量等多种决策，此外，将未来每一天的决策数据通过系统接口回传给酒店的PMS，帮助酒店对所接预订业务进行控制，实现酒店长期的收入最大化。

IDeaS 的主要优势有：
(1) 基于数据分析,自动化高频率更新科学预测；
(2) 清晰的仪表板数据信息帮助提前计划未来销售行动方向；
(3) 各种仪表板及可定制的报表让深入了解酒店业务细节成为可能；
(4) 制定正确的房价、价格控制和超额预订决策并自动上传至预订系统；
(5) 系统生成的控制让酒店在高需求日期提高房价、满房率,在低需求日期通过价格调整获得更高入住率；
(6) 更好地掌控团队业务,优化对团队的定价；
(7) 更好地了解和监控市场和竞争对手信息。

(一) IDeaS 的使用

IDeaS 主要通过以下 6 个板块为用户创造价值。

1. 预测

IDeaS 为酒店营业的每一天按细分市场分组、按入住天数进行无限制需求的预测,并且预测系统每天在设定的时间会自动更新。对于无限制需求,当无限制需求高于酒店的可卖房总数时,系统会生成相应的价格限制,帮助实现对需求的挑选优化从而提高收入。系统生成的准确的自动更新的预测是保证酒店做出正确业务决策的前提。

2. 预算

IDeaS 预算(budget)模块为酒店管理者提供了一个快捷的途径,可以按日、按星期、按月份和按年度将酒店的业绩与酒店的财务目标进行对比。此集成模块同时提供一系列易于浏览的图表和报告,并可按用户的需要随时自动生成。

3. 定价

IDeaS 最优房价(BAR)模块可以帮助酒店根据客人抵店日期和入住天数决定实现最高收入的最优价格,同时,提供竞争对手价格查询功能,可以让酒店更好地了解市场的动态。

4. 竞争对手分析

在激烈的竞争和不断变化的环境中,IDeaS 为酒店提供售出客房数、每间可售房收入和平均房价等关键数据与竞争对手的比较。清晰的数据视图可帮助酒店识别自身在竞争市场上的位置,为酒店制定战略决策增强信心。IDeaS 不仅对竞争对手价格进行分析,还新增了舆评定价模块。

5. 管理报表

IDeaS 管理报表(management reports)为酒店提供业务表现趋势、预订进度和营销活动结果,以及收入优化实践对每间可售房收入产生的影响。所有分析报表都会以图形和表格形式呈现,也可以以 PDF、Excel 或 XML 的格式导出。此外,各报表可以被提前设定并按要求时间发送至指定邮箱,以节省时间和资源。IDeaS 拥有超过 30 种针对预测、决策和管理等关键领域的报表,并提供满足酒店要求的清晰信息视图,酒店可将目前的业绩预测与表现和过去的业绩进行对比。IDeaS 报表还可以进行异常情况管理,这一特点在如今信息超载的环境中尤其重要。

6. 区域/集团集中式收益管理

IDeaS集群收益（cluster yielding）模块是为满足酒店集团管理多个酒店收益的需求而设计的。通过极具灵活性的用户定义功能，针对集团下属每个酒店的各种决策建议都可以通过中央管理团队集中实施；同时，该模块组合多个酒店的优势满足用户的不同需求，以达到优化市场需求并提高收入和盈利能力的目的。

（二）IDeaS的其他模块

1. IDeaS PS

对于一些收益管理文化还处于发展阶段，或者还未做好使用收益管理系统的准备的酒店，IDeaS为其提供了IDeaS定价系统（IDeaS Pricing System，IDeaS PS）。酒店以较低的成本投入即可使用该系统。

IDeaS PS是一个可以简单快速查阅的、低成本的收入管理分析和报告定价系统，具有直观、实用的定制页面。IDeaS PS能帮助酒店迅速预测入住率、设定最优房价，在不同的分销渠道进行信息发布，让酒店可以获得更高的业务收入和更稳定的利润。

IDeaS PS的主要功能如下：

（1）精确与稳定地预测酒店业务需求；

（2）随时远程访问相关预测与数据；

（3）快速生成每日最优房价建议；

（4）随时可以升级至IDeaS RMS；

（5）快捷访问报表，根据需要提供定制的信息；

（6）报表可事先保存，并按要求时间段发送邮件至指定的收件人，节省时间和资源；

（7）经行业认可的IDeaS PS预测方法考量了最新市场趋势、"特别事件"及历史数据；

（8）按需访问，更新预测。

IDeaS RMS与IDeaS PS的功能对比如表10-3所示。

表10-3　IDeaS RMS与IDeaS PS的功能对比

系统功能	IDeaS RMS	IDeaS PS
预测与控制		
房价控制（最后一间客房价值）	√	
超额预订	√	
最优可售房价建议	√	√
无限制需求预测	√	
入住率预测	√	√
最优可售房价模块		
BAR by LOS	√	

续表

系统功能	IDeaS RMS	IDeaS PS
BAR by Day	✓	✓
网络竞争价格搜索	✓	✓
受网络竞争价格搜索影响的BAR建议	✓	✓
受竞争对手排名影响的BAR建议	✓	
受舆评分数影响的BAR建议	✓	✓
系统运行和决策上传		
自动化决策上传	✓	✓
用户添加的决策上传	✓	
日间系统更新（CDP）	✓	✓
其他模块		
团队评估/定价	✓	
推广活动管理	✓	
预测表现仪表板	✓	
散客业务提升优势	✓	
预算	✓	✓
特别事件	✓	✓
用户预测	✓	✓
移动端应用	✓	✓
Show Me（为我演示）学习模块	✓	✓
报表		
多酒店报表	✓	✓
预测报表	✓	✓
控制/决策报表	✓	（仅限于BAR）
管理报表	✓	✓
运营报表	✓	✓

2. IDeaS RPI

IDeaS收益表现监控系统（Revenue Performance Insights，RPI）是对IDeaS收益管理系统的追加方案。IDeaS RPI通过酒店Opera PMS与IDeaS收益管理系统建立的成熟的软件接口，可同时从Opera PMS与IDeaS收益管理系统中获取各酒店总数层面（细分市场层面售出客房数、客房收入、未来已生成预订等）和交易层面（房型、价格代码、客源国籍、渠道等）的业务数据。

IDeaS RPI是基于云平台的收益绩效可视化工具，为酒店集团层面和单体酒店提供有力的、可视化的有关酒店管理水平的报表系统，能够极大地提升对酒店收入数据的分析、汇总报告和反映能力。IDeaS RPI同时提供定制化的报表,可依据酒店管理者的阅读偏好来设计报表及图形格式和数据内容,并可在个人电脑或平板电脑随时随地查看报表。IDeaS RPI的优势来自该系统能够直接从IDeaS收益管理系统提取其生成的预测和决策数据,快速生成直观的数据报表,可供用户随时随地查看合并的或分开的、集团的或单体酒店的、汇总的或明细的报告,包括按酒店品牌比较的数据、已生成预订数、预算等关键考核指标,使用户对各酒店业务模式(业务组成、预订进度、客源、渠道等)了如指掌,从而辅助用户制定相应的商业决策。

对酒店集团来说,下属不同的酒店可能使用不同的管理系统,集团总部需要审阅旗下所有酒店的数据报表,特别是收益相关数据报表,例如预测、预算、已生成预订数及收入,这是一个庞大的工作。IDeaS RPI的使用可以解决集团各酒店因使用不同管理系统而造成的集团收集汇总数据的困难,很好地帮助酒店集团时时把握、监控旗下所有酒店的业绩情况。对于酒店集团分析整个集团的业务趋势、经营业绩存在问题的需求,IDeaS RPI将是较好的解决方案。

IDeaS RPI的主要优势如下:
(1)基于用户自定的属性,从集团层面定义、分组和汇总各酒店的情况;
(2)有价值的监测帮助企业实现标准化和自动生成各层面的报告,为行动赢得时间;
(3)利用按需生成的报告可提高战略性,为用户提供指导性的分析和异常报告。

作为全球领先的收益管理解决方案合作伙伴,IDeaS针对国内酒店集团的现状,从收益管理的核心三部分"人员+工具+流程",与酒店通力合作以实现收益最大化。

全球系统用户共享的IDeaS网络支持平台也是IDeaS客户服务的重要组成部分。在这个平台上,全球用户可提出有关收益管理的问题并交流,而且这个平台不局限于IDeaS专业人员,甚至酒店同业者也可以互相交流系统使用的心得。

案例10-2　第三代IDeaS收益管理系统

对IDeaS来说,2014年是业务空前增长和创新的一年。它推出了全新的拥有前沿技术的自动化收益管理系统——第三代IDeaS收益管理系统(IDeaS G3 RMS)。这一市场领先的解决方案使用顶尖的SAS分析技术,并结合IDeaS 25年来的技术创新,旨在以业内极为全面的定价决策、精确的预测和详细的报告工具,帮助用户提高酒店收益。

IDeaS首席运营官Sanjoy Nagalia表示:"此次发布的新产品,主要基于我们过去25年来在收益管理方面积累的丰富经验,并得到了业内强大的SAS分析技术的支持。IDeaS G3 RMS重新定义了收益管理,满足了当今酒店业不断发展的复杂需求。该新产品能够让酒店做出更明智的决策,每天增加新的收益机会。"

IDeaS G3 RMS中的先进功能可以帮助酒店收益经理将市场策略、数据分析以及决策有机结合,从而获取更多增加收益的机会。该系统是可扩展的,既能够针对单个酒店也可以针对全球多酒店做出定价决策。其明确的操作流程、内容丰富的控制面板和极其匹配的分析模型让用户能够得到极其详尽且功能强大的报告。

Nagalia补充道:"我们一直以来都在帮助我们的客户解决他们所面临的收益管理问题。我们以一流的分析工具作为核心,利用革新性技术不断改善我们的产品。IDeaS此次推出的收益管理系统代表着新一代先进收益管理解决方案系列,我们非常荣幸走在行业的前沿。"

(资料来源:旅业观察,2014-07-24。)

第二节　HiYield收益管理系统

一、HiYield RMS介绍

上海鸿鹄信息科技有限公司(以下简称"鸿鹄")于2014年8月成立,由海外人士及国内优秀企业精英共同创建,是一家中、美、加合资,立足于中国、面向世界的信息科技公司。作为国内一家专门从事提升酒店、餐饮及会展等企业收入和利润的收益管理软件开发与销售公司,鸿鹄目前的经营范围为:计算机软件设计、开发、销售及维护,云计算服务,技术咨询和技术服务,企业管理、收益管理应用咨询与服务。

鸿鹄的HiYield收益管理系统是著名酒店收益管理专家、被誉为中国"收益管理传教士"的胡质健先生亲自带队,结合国内酒店业实际情况而研发的,帮助酒店精准定位、定价和营销,提升酒店收益和利润的大数据云系统,同时还配有收益管理应用培训和咨询等解决方案。

HiYield RMS提供适合各类型酒店及其他住宿接待企业使用的标准版,可在标准版基础上根据客户的需求开发定制版,或专门为大专院校师生设计辅助收益管理教学的教学版。根据市场、行业的发展及顾客需求,鸿鹄还将不断开发与时俱进的课程,满足众多酒店、大专院校、个人等的需求。

二、HiYield RMS的功能及优势

作为国内酒店收益管理行业先驱,HiYield RMS已为包括酒店、公寓和度假村在内的各种住宿业态、单体及连锁集团提供切实、有效、可行的收益管理系统工具和解决方案,通过自动收集整理和分析各种内外数据,进行价格监控及精准预测市场供求关系变化,从细分市场、分销渠道和房型等不同维度为用户提出量价分配和调控的最佳建议,实现每天、每个维度的精细化管理、动态优化和调控,有效帮助用户提升收入和利

润。此外，鸿鹄计划未来研发会议展览、餐饮、宴会和康乐等业务的收益管理功能模块和产品。

HiYield RMS 为用户提供以下三种版本。

（1）鸿鹄收益管理系统标准版（HiYield RMS Standard Version）：适合各种类型的酒店、宾馆、旅馆、度假村、公寓、客栈、民宿等使用。

（2）鸿鹄收益管理系统定制版（HiYield RMS Tailor-made Version）：在标准版的基础上，根据客户的要求，增加定制的功能模块、图表和报告，满足客户特殊需求，实现集团管控和各种数据报告的自动汇总、比较及排序等功能，尤其适合集团使用。

（3）鸿鹄收益管理系统教学版（HiYield RMS Education Version）：为大专院校师生专门设计，与标准版一样，提供实时、仿真的数据、图表和分析，辅助收益管理的教学，为行业培育既懂理论又会使用工具的收益管理专业人才。

（一）HiYield RMS 的功能

HiYield RMS 为用户提供以下九大功能。

1. 数据分析功能

HiYield RMS 自动从酒店管理系统和互联网获取有用的内外部数据，并自动生成各种分析和预测的图表，便于控制预订进度、定价、存量、超额预订，极大提高工作效率和预测准确率。

2. 预测功能

通过对历史数据、预订进度、市场需求、供求关系和竞争对手等情况的分析，从房型、渠道、细分市场等不同维度，精准预测每天每个维度的间夜数、平均房价、收入，精确把握未来市场供求关系变化和竞争对手动向，实现量价最佳平衡，从而提高利润和市场占有率。

3. 预算管理功能

HiYield RMS 的预算基于历史数据、市场环境、企业目标（MPI）的科学预测和优化，而非基于预算制定者的主观经验。预算中的间夜数、平均房价和收入精确到每天的每个细分市场、每个渠道和每种房型。

4. 超额预订功能

对超额预订的客房总间夜数、各房型的超额预订数量及价格等自动提出建议，并记录、统计超额预订的结果和收益。

5. 价格建议功能

HiYield RMS 根据预测及优化的目标、市场需求的水平、最佳出租率、平均房价组合、竞争对手的定价情况，自动计算并提出每天的定价建议，有效帮助酒店实施动态定价，使酒店不因价格过高而减少销量，也不因为价格过低而损失利润。

6. 业务置换分析

HiYield RMS 帮助酒店改变陈旧、落后的先来先得及凭经验报价的做法，在接受每笔业务(团队、长住客、公司协议客、餐宴、展会等)询价时,自动计算该业务对酒店整体收益和利润的影响,提出合理的最低报价及销售策略。

7. 展会报告

HiYield RMS通过数据挖掘,自动获得市场上每天影响酒店需求的事件的有用信息(展会、文体活动、节假日活动、气象报告等)。HiYield RMS解决酒店人工收集成本高、数据不全及数据获取不及时等问题,为酒店寻找业务、定价、促销、预测需求、制定销售策略提供有力帮助。

8. 升档销售功能

通过对历史数据、预订进度、市场供求关系分析,识别升档销售机会,自动建议每种房型升档价格和升档数量的策略,并记录每个员工的业绩。HiYield RMS极大提高了升档销售的成功率和收入。

9. 集团区域管理功能

酒店集团总部和业主随时随地通过PC端和移动端查看、掌握下属每个酒店及整个集团的预订情况、定价情况、预测情况、预算完成情况等信息。精简酒店集团下属酒店制作报表的烦琐过程。HiYield RMS满足集团真正实现高效、实时、准确、集约地对众多下属酒店进行收益管理的需求。

HiYield RMS不仅具备获取内外部数据,自动生成各种可视化报告、图表、数据及高度智能的分析的功能,还能够帮助酒店提高效率、节约人力,以及在定价等方面进行决策和优化,实现酒店收入、利润、市场占有率最大化,为用户创造最大价值(见图10-4)。

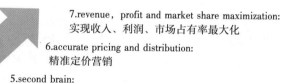

图10-4　HiYield为客户创造的价值

(资料来源:鸿鹄公司)

（二）HiYield RMS 的优势

随着互联网、大数据、云计算的普及和市场竞争白热化，能够精准定位、定价和营销的收益管理系统（RMS）正在逐步成为与酒店信息管理系统（PMS）一样的酒店不可缺少的标准配置。酒店之间的竞争，不仅在于设备设施、服务等方面，更是收益管理水平的竞争。

HiYield 收益管理系统拥有数据安全、供应商的中立性、系统和服务的本土适应性、服务响应速度快、使用和操作便捷等多方面的优势，帮助酒店实现收益最大化。

1. 中立性

HiYield RMS 供应商的中立性对酒店用户而言是至关重要的一点，这决定 HiYield RMS 能优先为酒店服务，帮助酒店实现利益最大化。

2. 服务器和研发团队在中国

服务器在中国的系统没有防火墙，比服务器在国外的系统更稳定、速度更快，且用户反馈问题时，团队响应速度更快，解决问题的速度也更快，因此用户体验感更好。

3. 提供定制化产品

目前，国内外所有的 RMS 里，HiYield RMS 是少有的能提供定制化产品的服务商，这意味着用户一旦有超出既有产品的需求，其他 RMS 可能无法满足。而且 HiYield RMS 不但能为单体酒店提供定制化的功能和报表，还能为集团酒店提供定制的个性化的集团版收益管理系统，例如锦江集团、中兴和泰集团等。

4. 算法本地化

国外的 RMS 虽然历史悠久、经验丰富，但其算法是基于国外客户的数据而来。国外客人和国内客人的消费行为规律存在极大的不同，所以在这样的数据基础上衍生出来的算法未必适合国内的酒店用户，且极有可能存在水土不服的情况，而 HiYield RMS 的算法则是完全本地化，符合中国酒店用户的特点。

5. 有完整的数据

大多数 RMS 仅有酒店 PMS 里的数据，很少有外部数据，或部分购买了少量的外部数据，又或者需要用户手动录入外部数据。HiYield RMS 不仅有内部数据，还自己开发获取了大量的外部数据，如展会、价格等数据，并且 HiYield RMS 还计划和一些数据公司合作，获取更多的数据。

6. 有完整的收益管理功能

目前有些 RMS 只有部分的收益管理功能，如网络价格分析、单一网络平台的少量酒店数据的分析等，不具备完整的收益管理功能。HiYield RMS 有完整的收益管理功能并且和酒店 PMS 对接，这样才能获取酒店完整的数据，从而给出全面的分析、优化建议。此外，HiYield RMS 其他的系统功能正在积极开发中，如餐饮管理、宴会管理、场租管理等。

7. 合作的PMS厂商较多

HiYield RMS已经与国内外大部分主流的PMS厂商建立了合作关系,只要用户有需求,基本都能实现数据对接。这也为HiYield RMS未来开拓更大的市场版图奠定了良好的基础。

8. 用户数量较多

HiYield RMS的用户数量已居国内RMS前列,而且超过了很多国外的RMS厂商,并且有不少的成功案例,用户口碑良好。

9. 性价比更高

团队本土化,且服务器在中国,人力成本、运维成本更低,所以鸿鹄HiYield RMS的定价较低,性价比更高。

10. 综合优势

界面简洁、易操作,自动获取外部数据(展会、点评、价格等数据),自动生成各类BI报;预测准确性高,且算法在不断升级和迭代;系统功能在不断开发和扩展;汇聚海内外精英的服务团队。

三、HiYield RMS 的应用

鸿鹄自主研发的HiYield RMS是为中国酒店开发的融合了先进收益管理理念和互联网技术的收益管理系统。HiYield RMS与国内主流PMS基本都能实现数据对接。此外,HiYield RMS还在持续开发新功能,主要包括餐饮、宴会和团队模块(见表10-4、表10-5、表10-6)。

表10-4 HiYield RMS餐饮功能模块

序号	功能模块	二级模块	描述
1	分析	餐饮流程分析	对每个流程耗费的时间,包括客人等待的时间等,进行统计和分析,达到控制流程、控制客人消费时长、提出建议等位时间的目的
		餐饮预订规律	对不同细分市场/渠道的预订进度、提前预订时间等进行分析,掌握客人的预订规律,制定更有针对性的促销策略
		餐饮消费规律	消费时长分析:统计和分析客人的消费时长。以期在高需求时缩短客人的用餐时间,提高翻台率;低需求时延长客人的用餐时间,尽量提高单桌的消费金额
			时段分析:统计各个时点到达、离店、在店的客人数量及消费占比,分析一天之中的高峰和低谷时段,便于按时段来定价

续表

序号	功能模块	二级模块	描述
1	分析	餐饮消费规律	周分析：分析餐厅一周之中的上座率、人均消费、RevPASH、菜品点击率等。掌握一周之中的差异情况，便于进行差别定价、排班、促销日的选择等
2	优化	餐饮预测	通过分析历史数据、预订规律，预测每天、每小时的上座率、翻台率、餐饮收入、RevPASH等。根据需求高低来安排工作、制定策略
		餐台组合	根据预测，给出不同日期、时段的餐桌排列组合的优化建议。合理安排餐桌数、座位数，提高上座率
		菜品定价	根据预测、消费规律、餐桌属性，自动建议不同时段的价格，帮助餐厅进行合理的动态定价
		菜单建议	根据消费规律、菜品销售分析，给出不同日期、时段提供给不同细分市场的菜单建议。提供更有针对性的产品；缩短高峰期客人点单时间、菜品加工时间等
		折扣管理	对赠券、礼物券、折扣等的使用的统计，并建议每天、每小时可接受各种折扣的限额，便于管理折扣的使用
		库存管理	根据销售情况，使用自动消耗功能，提出建议采购量
3	报表	经营数据报表	展示餐厅每日关键营业指标，如餐位出租率、上座率、翻台率、人均消费、RevPASH等；并按照小时、餐次、天、月、年比较不同时段的产出及其与预测、预算等的差异，帮助餐厅分析经营状况
		菜品销售报表	对菜品销量及其增长率进行统计分析，呈现不同市场/渠道的菜品销量排名及波士顿矩阵图，找到受欢迎和需要淘汰的菜品
		菜品成本利润表	对菜品进行成本利润分析，便于统计不同菜品的利润大小。为餐厅选定主打产品，进行菜品取舍、套餐菜品搭配提供参考
4	设置	系统设置	更改账号密码
		参数设置	展示餐饮管理系统中的各项参数
5	帮助	操作手册	在线了解不同模块的功能介绍

表10-5 HiYield RMS宴会功能模块

序号	功能模块	二级模块	描述
1	分析	宴会预订日历	(1)展示意向、暂定、确定等不同状态的宴会预订情况，如RevPAM(单位时间每平方米宴会收入)、利润等。 (2)展示对应日期的展会、事件等信息

续表

序号	功能模块	二级模块	描述
1	分析	预订规律	预订进度：展示每种宴会厅每个细分市场/渠道未来的预订趋势，比较不同时段的预订进度，便于发现差异和机会
			预订窗口：对不同细分市场/渠道的提前预订周期进行统计和分析，帮助酒店掌握不同细分市场/渠道的预订规律
			周分析：分析一周之中不同的市场/渠道的RevPAM和利润，便于进行合理的动态定价
2	优化	预测	通过分析历史数据、预订进度、市场环境、竞争对手价格等数据，预测每天、每小时每种宴会厅的RevPAM、利润等
		定价	(1)根据预测进行建议：根据日期、时段进行价格建议；根据预算建议合适的日期、时段。 (2)显示竞争群酒店的网络售卖价，供酒店做定价决策时参考
		场地管理	根据预测实施宴会场地管理，制定合理的场地销售策略，使每个场地每个时间段的使用率实现最大化，进而达到利润最大化
3	报表	数据对比	按照小时、天、月、年比较各个市场/渠道的实际产出及其与预测、预算等的差异，便于进行数据分析
		宴会销售分析	分析每种宴会厅的使用率、RevPAM、ConPAST（场地每时间段的利润）、ProPOST（已用场地每时间段每平方米的利润）及ProPAST（可用场地每时间段每平方米的利润）等，为场地改造、定价等提供参考
		生意流失分析	记录流失的生意、流失的原因、流失客户的去向，帮助酒店找到经营管理和收益管理中有待改进的地方
4	设置	系统设置	更改账号密码
		参数设置	了解宴会管理系统中的各项参数说明
5	帮助	操作手册	在线了解不同模块的功能介绍

表10-6　HiYield RMS团队功能模块

序号	功能模块	二级模块	描述
1	分析	团队预订日历	(1)展示意向、暂定、确定等不同状态的团队的预订情况，如间夜数、平均房价、利润等。 (2)展示对应日期的展会、事件等信息

续表

序号	功能模块	二级模块	描述
1	分析	团队预订规律	预订进度：展示每个细分市场/渠道的预订趋势，比较不同时段的预订进度，便于发现差异和机会
			预订窗口：对不同细分市场/渠道的提前预订周期进行统计和分析，帮助酒店掌握不同细分市场/渠道的预订规律
			月分析：分析一年之中每个月以及每个月的上中下旬不同市场/渠道的间夜数、平均房价和利润，便于进行合理的动态定价
			周分析：分析一周之中不同的市场/渠道的间夜数、平均房价和利润，便于进行合理的动态定价
2	优化	团队预测	通过分析历史数据、在手数据、预订进度、市场环境等，预测每个团队细分市场/渠道每天出租的间夜数、平均房价和利润
		团队收益日历	（1）根据预测，结合酒店的团队价格体系和酒店客户的价格敏感度，进行每日团队最低售卖价和最高销量的建议。 （2）根据团队需求、预算，推荐合适的日期
		置换分析	计算被团队置换的散客和团队带来的利润的大小，计算不同的团队带来的整体利润的大小，为生意的取舍提供参考和对团体报价进行重新评估
3	报表	数据对比	按照小时、天、月、年比较各个市场/渠道的实际产出及其与预测、预算等的差异，便于进行数据分析
		团队转化率	统计各种类型的团队各阶段的转化率，便于进行最终房量的预测及统计销售成功率
		生意流失分析	记录流失的生意、流失的原因、流失客户的去向，帮助酒店找到经营管理和收益管理中有待改进的地方
		团队明细报表	对团队详细信息及带来的全部收益情况进行统计，便于未来进行追踪和根据客人的价值进行更好的细分
4	设置	系统设置	支持用户更改登录密码
		参数设置	了解酒店管理系统中的各项参数说明
5	帮助	操作手册	在线了解不同模块的功能介绍

第三节　Amadeus 收益管理系统

一、Amadeus 介绍

艾玛迪斯公司是全球较大的旅游技术服务公司之一。1995年该公司在中国大陆成立了分公司，开始服务于中国大陆的旅游行业，总部设在北京，另外在上海及广州分别建立了办事处。该公司最出名的是其全球分销系统 Amadeus，该系统向全球很多旅行社、酒店、航空公司等提供分销服务。该业务还扩展到别的领域，如向旅游行业提供技术解决方案，包括全球航空定位、酒店预订、租车、客户查询等，众多的旅游企业通过 Amadeus 系统准确、快捷地销售各种旅游产品。艾玛迪斯公司为酒店行业提供的主要技术产品包括以下几种。

（1）酒店管理平台（Amadeus Platform）。这是一个新一代的酒店管理系统，是一个集中央预订系统、酒店管理系统、收益管理系统于一体的平台。

（2）酒店信息管理系统（Amadeus PMS）。该系统是酒店进行日常经营管理工作的重要工具，它由具有不同功能的模块组成，能满足预订部、前厅部、客房部、财务部等部门预订客房、入住登记、客房清洁情况管理、准备账单、结账和对账以及储存数据和打印各种报表等需要。

（3）收益管理系统（Amadeus RMS）。该系统能帮助酒店通过实施收入管理策略和深入把握市场消费行为的规律，最大限度地提高饭店的利润。

（4）销售点终端系统（Amadeus POS）。该系统又称销售时点信息系统，它能够自动读取、记录商品销售设备里的信息，并通过通信网络和计算机系统传送至有关部门，供其进行分析加工，以提高经营效率。

（5）酒店分销系统（Amadeus Distribution）。通过该公司的全球分销系统来销售酒店的产品和服务。

二、Amadeus RMS 的功能及优势

Amadeus RMS 能够不断自动地从酒店信息管理系统上调用最新数据，并对其进行新的推导和运算，更新分析结果和建议，使它的预测和建议保持与市场变化的步调一致。

（一）Amadeus RMS 的功能

Amadeus RMS 具有完全自动化的收益最大化解决方案和与视窗平台技术结合在一起的最新技术。它的主要功能如下：
(1) 通过密码设置用户使用权限；
(2) 数据的自动更新和备份；
(3) 自动电子邮件报告功能；
(4) 需求分析功能；
(5) 对现有预订情况的分析和新的需求情况的预测；
(6) 随机校准模型；
(7) 决策优化的功能；
(8) 日历功能；
(9) 团体预订分析功能；
(10) 系统的安装、调试和使用培训。

（二）Amadeus RMS 的优势

Amadeus RMS 为酒店的收益管理提供自动化、准确的帮助和支持，它特别突出的优势包括以下三个方面。

首先，Amadeus RMS 能从酒店信息管理系统自动攫取数据，通过内置的数学模型，逐日预测未来市场需求的情况，便于酒店根据需求的高、中、低等情况调整价格的等级、销售渠道和细分市场的组合，帮助酒店经营管理者评估、确认和判断短期、中期和长期的销售策略，找出最大限度提高收入和利润的途径和方法。

其次，Amadeus RMS 能提供动态建议，建议最高公共价格应该设立在哪个等级，最低团体报价是多少，有什么限制条件等。例如，某个团体使用的房间数要达到多少间夜，会议和宴会的消费金额达到什么标准，最少要住多少天，最多只能住几天等。

最后，由于市场的环境不断变化，酒店已经获得的预订也会增加、减少、更改或取消，酒店可供出租的房间数也会随时间的变化而不断变化。Amadeus RMS 能准确预测被取消和更改的客房数量，提供退房和推迟退房的客房数量，计算出需要超额预订的客房数量，供收益管理人员参考。

三、Amadeus RMS 的应用

Amadeus RMS 已经成为全球三大分销系统和科技平台。截至2018年，全世界54个酒店集团公司的1500多家酒店使用 Amadeus RMS，而且 Amadeus RMS 开始通过合作提高自己的竞争优势。

为了提高 Amadeus RMS 在酒店IT方面的水平，Amadeus 于2013年开始收购狂潮。Amadeus 豪掷36.5亿元人民币收购了一家美国的节事科技供应商 Newmarket International。2015年，Amadeus收购了拥有20年历史的荷兰酒店管理系统供应商Itesso。至此，Amadeus通过系列收购，布局酒店业和其他住宿业软件供应，全方位服务格局基本形成。这些收购项目包括中央预订系统、PMS、收益管理系统（RMS）以及一些销售和餐饮服务软件。作为收购项目的一部分，Itesso的100名员工，包括其管理团队，加入Amadeus工作。Itesso为全球近2000家企业提供服务。2015年5月，Amadeus宣布洲际酒店集团为其首家主要合作伙伴，该公司同时也是Itesso的Brilliant PMPRO平台的最大客户。

Amadeus表示，公司的愿景是以云端为基础的全服务组合，为酒店业主从销售、管理和顾客角度，化繁为简地提供"单一的顾客视角"，从而帮助了解顾客端的产品诉求。Amadeus负责新业务的高级副总裁Poco Perez-Lozao称："PMS是我们公司战略的关键，我们为拓展在该领域的能力，评估了无数备选。"Amadeus董事长兼总经理Bas Blommaart称："作为Amedeus基于云端的酒店业服务平台的关键模块，Itesso ELS的整合将为我们目前和未来的客户开启全新的未来。"

复习思考

1. IDeaS RMS的功能及优势有哪些？
2. HiYield RMS的功能及优势有哪些？

案例学习

IDeaS RMS在A酒店的应用

第十一章
收益管理实验操作与技术软件

1. 了解RMS与PMS对接的相关功能和应用。
2. 了解虚拟仿真实验系统的功能和应用。

Sudima酒店利用技术践行可持续发展

2000年,Sudima酒店品牌诞生于新西兰,独特的建设和运营方式使其成为新西兰唯一一家获得零碳认证的连锁酒店。Sudima酒店是石基集团餐饮管理解决方案Infarsys Cloud POS及宾客满意度提升解决方案ReviewPro的采用者。现代技术如何帮助酒店以现代化方式运营及管理其品牌、业务等?比如满足客人的期望,减少员工的工作时间和压力,实现可持续发展的使命等。

(一)传统技术的枷锁

在努力实现通过现代化IT基础设施不断扩大品牌的规模化发展之外,Sudima酒店的运营团队面临着许多挑战。

1.对速度的需求

"如今的消费者并没有耐心等待,"信息&系统分析师Alena观察到,"他们希望到达酒店后,在几分钟内就完成服务流程,然后就可以去到自己的房间。他们想要立竿见影的效果。"

那么,是什么使客人产生了这些期望呢?"客人倾向于根据以前的经验建立自己的期望,无论是他们住过的其他酒店,还是去过的咖啡馆和餐馆。"Alena说,"当然,他们希望在不影响服务质量的情况下获得相同水平的服务速度。"

酒店的IT基础设施经理Sam补充到,人们的期望值也受到网络文化的影响。"今天的互联网和社交媒体文化已经被即时满足的需求严重破坏了。

这给酒店等服务行业带来了很大的压力,因为人们已经习惯于更快地得到其所需的服务。等待不再是一种常态,反而成了人们抱怨的原因。在你等待的那一刻,它就变成你逗留期间消极情绪的一部分。我们也一直面临着很大的压力,即如何改进和提供更快的服务以跟上这一趋势,同时又不失人性化。"

2.员工期望的改变

这些期望和"网络文化"不仅适用于客人,也适用于员工。"即时满足从来都不只是一方的需求。"Sam讲道,"如今那种冷静而专注,可以从容应对任何情况的员工几乎很少存在了"。很明显,该公司以前使用的传统技术和流程已无法支持其品牌现在要求的运营速度了。

(二)选购技术的三个标准

Sudima酒店的技术选择过程是由一系列标准主导的,而这对其成功至关重要。

1.基于云端部署的技术

"从一开始,我们就知道不能使用本地部署系统。"Sam说:"我们需要一个基于云端部署的解决方案,这是大势所趋。同时,我们也不用做基础设施的维护了。"

2.不需要和任何硬件绑定的软件

Sudima酒店团队在选择技术时的另一个目标是,有助于酒店最大化其未来扩展空间。Sam认为,与硬件无关是很重要的。"我讨厌那些软硬件绑定的解决方案。这样一来,酒店必须使用特定的产品,供应商也就有了更大的定价权了"。

3.可管控品牌旗下多个酒店

"我们一直在寻找一种能够管理同一品牌旗下多个酒店的产品。"Alena指出。"如果有必要,产品还需要满足我们添加更多酒店的能力。我们的目标是,借助产品所提供的功能管理多个酒店,在各酒店之间无缝切换,并有可能根据需要在多个酒店之间添加功能。"

(三)技术赋能Sudima酒店可持续发展

可持续发展一直是Sudima酒店品牌的核心,数字化运营也使其减少了纸张消耗。Sam表示:"石基所提供的技术解决方案让我们实现了无纸化。我们可以直接拿着设备到客人面前,现场为其下订单并完成所有的交易。如果必须量化节省下来的纸张,据我所知,我们已经完全停止订购点菜单了。过去,每家酒店每个月要使用20本点菜单,可以说,这是相当多的纸张。"

(四)构建数字化流程,拥有一个资源节约型的未来

如何建设一个资源消耗更少的未来。第一步即是数字化运营。"数字化运营使我们的厨师能够更精确地量化消耗,并计算出每道菜的用量。我们的目标是减少食物浪费,通过实施更多综合技术,我们能够更好地跟踪需求和供应。"

"我们希望能够通过数据的累积做更多的预测,这样我们的订单就更精

确。到目前为止,技术的赋能已经让我们不断朝着目标迈进了。"

(资料来源:石基信息,2023-06-13,https://mp.weixin.qq.com/s/Uart6UciFPZx9pA9vdxaLg。)

案例思考:

1. Sudima酒店如何利用技术践行可持续发展目标?
2. Sudima酒店借助收益管理软件有哪些积极影响?

核心概念

1. 酒店信息管理系统(PMS)
2. 收益管理系统(RMS)
3. RMS和PMS连接过程当中的注意的事项

第一节 RMS与PMS的对接

合适是收益管理过程当中非常重要的一个概念,把合适的产品和服务通过合适的渠道,以合适的价格销售给合适的顾客。而"合适"这一目标的达成则是建立在对数据进行分析,对需求进行预测,对现有收益管理工作进行优化的基础上而实现的。这些主要工作的完成则取决于两个非常重要的因素:一是工具,二是数据。

在众多的收益管理工具当中,RMS是非常重要的一个工具。而在数据方面,数据主要分为内部数据和外部数据,外部数据包括行业的变化、市场环境的变化与热点等;内部数据包括工作人员的认识和观察。这些所有的数据当中较重要的则是来自PMS所产生的信息和数据。但是RMS和PMS这两个非常重要的系统往往是相互独立的,这种独立不仅体现在它们是两个不同的系统,而且体现在这两个系统的供应商可能是不同的公司,甚至来自不同的国家。

那么,通过数据的传输把数据和信息传递到相应的工具上面,这个过程则尤为关键和重要,在某种程度上决定了收益管理工作的优良。RMS和PMS之间的对接,也是工具和数据之间的对接。

一、RMS与PMS

RMS(全称revenue management system),即收益管理系统,简言之,就是企业用来将收益管理相应的工作信息化的一个工具,它是收益管理工作人员非常重要的辅助工具。本书第十章也介绍了四个国内外非常知名的RMS供应商,感兴趣的同学可以自行去阅读。

PMS（全称property management system），早期有人将其翻译成物业管理系统，逐渐有人翻译成酒店管理系统，也有人译成酒店信息系统，现在越来越多的人称之为酒店信息管理系统。PMS是用来将酒店的运营工作信息化的一个工具，信息化的过程也是模块化的过程。这种模块的切分，主要依托不同的酒店管理部门和职能部门，比如前厅部、餐饮部、康娱部、会展活动中心等。在过去几十年中，PMS经过了若干次的迭代，已经从酒店内部独立的PMS发展到现在非常流行且将来也会是非常重要趋势的云PMS，相对于传统的独立PMS，云PMS更加高效、灵活。还有一个非常重要的原因，那就是相对来讲，云PMS简单易学。这对人员流动性较大的酒店行业来讲，是一个非常利好的方面。

国内现在有非常多的PMS供应商，知名的头部企业如石基、绿营及众荟等。RMS和PMS分别代表的是重要的工具和重要的信息来源，它们之间的互动主要包括两种方式，第一种是单向沟通，第二种是双向沟通。单向沟通主要是指信息和数据从PMS单向流向RMS，供RMS进行分析和预测，并给出相应的建议。而这些建议最终反映在PMS系统当中，需要相应的工作人员来手动操作，因此这一过程对人工干预程度的要求是非常高的，同时可能存在一定的效率低下问题。

双向沟通的含义就是信息和数据不单只是单向从PMS流向RMS，RMS经过分析所产生的建议，如对价格的调整、对房型的控制、对销售条件的限制等，会回流到PMS。这个过程在相应的权限设定下，可以由系统自动完成。因此，这一双向沟通的过程中，人工干预程度大大降低，并且效率也会得到比较大的提高。

众所周知，现如今人工智能和大数据影响了各行各业，酒店业也积极拥抱了新的技术发展。在RMS的迭代过程中，自动化已经成为一个越来越重要，也越来越明显的趋势，而自动化的一个关键环节则是打通和链接RMS与PMS。

案例11-1 酒店PMS行业市场环境分析

酒店PMS行业是酒店软件领域中的一个重要分支，涵盖了酒店管理、客房预订、房态管理、财务管理、客户关系管理等功能。在当前的酒店市场环境下，酒店PMS行业面临着如下挑战与机遇。

一、市场环境分析

1. 竞争激烈

酒店PMS市场竞争越来越激烈，因为越来越多的酒店开始意识到使用PMS的优势，同时国内外的许多软件公司都加入了该领域，这些公司代表了国际水平。

2. 业务需求越来越复杂

随着酒店行业的发展，酒店对PMS的需求也越来越复杂。业务需求方面包括移动支付、门禁系统、电子点餐、营销活动等。

3. 智慧酒店需求

随着互联网、大数据和物联网的不断发展,越来越多的酒店开始实现智慧化。对于酒店PMS来说,要满足智慧酒店的需求,需要提供更多的智能化功能。

4. 服务效率

酒店PMS的使用可以大大提高酒店的管理效率和服务效率,这也成为市场需求的一个重要方面。通过PMS,可以提高酒店营运效率,改善客户服务和管理交流,使提供的服务更优质。

5. 商品化转型

酒店PMS行业开始朝着商品化转型的方向发展,这意味着PMS将更加普及,成为酒店、公寓等行业的标准设施,而不仅仅是高端酒店和连锁酒店的专属管理软件。

二、市场机遇分析

1. 市场需求空间广

尽管酒店PMS行业竞争激烈,但随着智慧酒店、新技术和新型营销工具的不断涌现,市场需求空间仍然非常广阔。随着消费者对酒店服务质量的需求不断提高,PMS的市场需求量仍然处于持续增长状态。

2. 智慧化助力

随着酒店行业的客户体验和服务质量需求的变化,智慧化亦成为酒店行业当下的发展趋势。优质的PMS软件可以支持酒店的智慧化建设,对酒店提供服务的质量和客户体验起到重要的促进作用。

3. 市场细分趋势

随着酒店行业的不断发展,市场不断细化,PMS软件市场也逐渐呈现市场细分趋势。在酒店PMS市场细分的背景下,软件系统定位更加明确,提供相应解决方案的能力更加专业化,以满足酒店行业的不同需求和场景。

4. 大数据助力

通过对客户数据的收集、分析和管理,PMS可以帮助酒店了解客户需求,制定他们想要的服务和产品。同时,基于智能算法的应用,对PMS的财务管理和资源利用甚至可以得到更优化的解决方案。

在酒店行业的发展中,酒店PMS行业具有很大的潜力,然而,在市场环境分析和机遇分析中,也要意识到行业内的问题和挑战。只有不断改进,才能顺应市场发展趋势,不断优化产品与服务,提高竞争力,在行业内真正成为优秀的企业。

(资料来源:百度文库,https://wenku.baidu.com/view/f563bc3df31dc281e53a580216fc700aba685277.html?_wkts_=1690080344745&bdQuery=PMS。)

二、RMS 和 PMS 对接过程当中的注意事项

通过和行业人员的访谈和沟通,得出在对接过程当中 4 个非常重要的关键点,分别是系统的匹配性、数据的全面性、对接的灵活性以及接口的优良性。

(一)系统的匹配性

系统的匹配性主要强调的是两个系统对行业的做法及行业的术语的认识是一致的。有些术语虽然使用同一个名字,但是在不同的系统当中,由于人员或酒店的特性,或者由于区域的原因,其测量和标准可能存在较大的差异。

在对接的过程当中,要对术语概念和做法等达成一致。在这里给了大家一个链接(酒店收益管理术语 https://www.ideasrms.cn/hotel-glossary-terms/),这个链接来自 IDeaS 公司,列举了收益管理过程中常用的相关术语的定义及计算方法和计算过程。

(二)数据的全面性

数据的全面性主要强调的是 PMS 收集的数据的时长属性与全面性。有些酒店可能使用 PMS 的时间不是特别长,可能一年都不到,那么可以预想,基于这些时长不够的数据所提出来的 RMS 的定价建议,可能存在一些不完备的地方。

数据的全面性,例如,有些 RMS 当中有一个因素指标,叫作竞品的价格,但不是所有的 PMS 都能够提供竞品的价格,因为提供竞品的价格需要做比较多的工作,比如与 OTA 进行链接,获得竞品酒店的许可等,这些都直接影响到对竞品价格这一重要信息的获取。如果获取不到,收益管理的工作将会受到比较大的影响,或者说定价过程将会受到比较大的影响。

(三)对接的灵活性

对接的灵活性主要体现在对接的申请,它的一个非常重要的影响因素来自 RMS 的计算能力。因为不同的 RMS,计算能力有大有小,有的只能够完成简单的静态定价,有的则能够植入非常复杂的预测模型、供需关系计算模型,具备非常复杂的动态定价功能。

(四)接口的优良性

对接也就随着 RMS 计算能力的大小有深有浅,这也是非常重要的一个技术问题,即两个系统的接口的优良性。在对接过程中,要检查 API 的接口是否是开放的,是否遵循行业通用的或者一套标准的协议,是否稳定,是否有预警机制,等等,这些都会影响到对接工作能否顺利有效地完成。

三、实践案例:绿云PMS与IDeaS双向式交互接口直连

在对接过程当中,如果克服了或者说注意到了上述4个关键点,能够达成一个什么样的结果?下面我们以绿云2018年自行开发的PMS与IDeaS进行双向的直连这一工作为例,介绍RMS与PMS对接的实践案例。

IDeaS是业界领先的定价及收益管理系统和咨询服务供应商。绿云是一个总部在杭州的酒店信息化解决方案供应商。这两家系统对接后的结果,就是IDeaS在获得酒店的基础数据后,能够实现自动化定价、超额预订等全新功能(见图11-1)。

图11-1 绿云PMS与IDeaS双向式交互接口直连

两家企业都是行业的头部企业,深耕行业多年,因此数据的全面性及接口的优良性都能得到保证,从而两个系统对接之后能够实现自动化这一重要目标。

案例11-2 绿云PMS与IDeaS双向式交互接口直连

IDeaS通过提供先进的定价及收益管理系统和咨询业务,一直引领行业发展。目前,每天有超过160万间酒店客房通过IDeaS先进的系统进行定价。IDeaS公司采用SAS分析技术,利用将近30年的行业经验为来自124个国家的10000多个客户提供服务,努力为酒店管理者提供更有见地的数据管理方式,以便其更好地进行定价。

绿云,创建于2010年,中国酒店技术行业的领导者,是专业致力于酒店业信息化平台研发、服务和运营的互联网服务型企业。其自主研发的iHotel酒店信息化平台已形成绿云PMS、Oracle Hospitality(Opera PMS)、数据平台和电商平台四大业务集群,为旅游大住宿业提供全面的信息化解决方案。

双向交互式直连接口完成后,经酒店授权,IDeaS在传统单向连接获取酒店订单信息数据的基础上,结合竞争市场数据进行运算,形成清晰和切实可行的建议,在保留传统人工可干预决策的前提下,为酒店提供了自动通过PMS系统进行客房定价、超额预订等业务的全新选择,使客户能够迅速、准确且充满信心地进行定价、预测和报告,从而有效提高经营业绩。

绿云PMS与IDeaS双向式交互接口直连:

(1)系统的匹配性:具备daily BAR(每日最优房价)、daily overbooking(每日超预定)、hurdle rate(门槛价)。

(2)数据的全面性:两家企业具有多年的行业经验,分别沉淀了大量的有效数据和信息。

(3)对接的灵活性:绿云PMS与IDeaS数据的完备性,二者的对接非常

视频链接

RMS与PMS的对接

深入,酒店能够自动通过PMS进行客房定价、超额预订等业务的全新选择。

(4)接口的优良性:深耕行业多年,两个系统的API接口性能良好,包括采用的协议类型及复杂程度等。

(资料来源:IDeaS官网,2018-04-10。)

第二节 虚拟仿真实验系统

收益管理能够显著提升酒店利润水平,但并非所有实施收益管理战略的酒店都能够获得成功。

那么,如何帮助酒店科学合理地实施收益管理?影响酒店实施收益管理战略的关键驱动因素有哪些?这就需要利用收益管理软件进行辅助决策。随着酒店收益管理软件研发的深入,出现了一批收益管理软件操作系统,一些企业也针对性地使用了特别的收益管理方法。

下面介绍一款南开大学研发的虚拟仿真实验系统的具体操作。

使用教师账户登录(见图11-2)。选择"案例"菜单,点击"新建案例",填写案例的基本信息,案例的基本参数可以选择修改,也可以选择使用默认的参数(见图11-3),为每个回合填写市场趋势。点击"创建",创建成功。选择"课程"菜单,点击"新建课程",输入课程的名称,点击"下一步"。选择课程要使用的案例,点击"下一步"。选择练习回合的数量,选择首回合截止日期,点击"下一步"。确认或修改每个回合的截止时间,点击"下一步"。确认所有的课程信息,点击"完成",课程创建成功。点击"学生分组"模板下载。

图11-2 登录界面

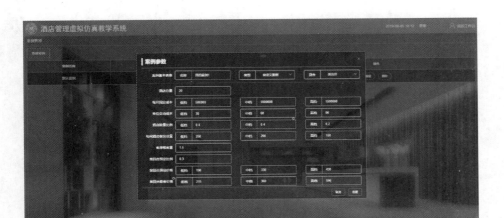

图 11-3　案例参数设置

打开模板。模板中要采集的学生信息包括课程编号、小组编号、学生编号、学号、姓名、邮箱及酒店档次(见表 11-1)。课程编号是指创建的课程或者要使用课程的课程编号。小组编号,具有相同小组编号的学生属于同一个组。学生编号从"01"开始,依次增加学号、姓名、邮箱。酒店档次,每个小组具有相同的酒店档次属性:"1"代表低档,"2"代表中档,"3"代表高档。采集完后点击"保存"。点击"上传文件",选取文件。选择刚才的模板文件,上传到服务器。上传成功后,选择"课程"菜单,选择对应课程的日程按钮。

表 11-1　学生信息采集表

课程编号	小组编号	学生编号	学号	姓名	邮箱	酒店档次
2019080501	1	01	19121201	学生01	xuesheng01@163.com	1
2019080501	2	02	19121202	学生02	xuesheng02@163.com	2
2019080501	3	03	19121203	学生03	xuesheng03@163.com	3

这里我们可以看到整个课程的回合信息,包括一个练习回合及两个正式回合(见图 11-4)。这里为了方便,因为练习回合的决策数据不计入统计,所以我们直接跳过练习回合。点击"结束当前回合",结束成功,直接进入正式回合。退出登录。

使用学生账户登录。学生默认账户为课程编号加上学生编号,默认密码是6个"1"。系统检测到使用默认密码登录时,会提示用户修改密码,这里可以选择忽略。选择"日程"菜单,查看整个课程的日程安排(见图 11-5)。选择"小组"菜单,查看整个课程的小组分配情况(见图 11-6)。

收益管理

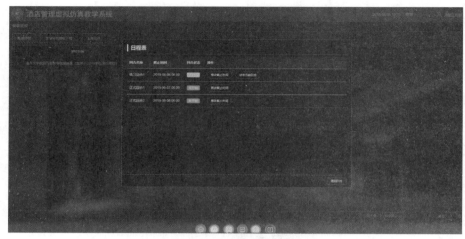

图 11-4　课程回合信息

图 11-5　课程日程安排

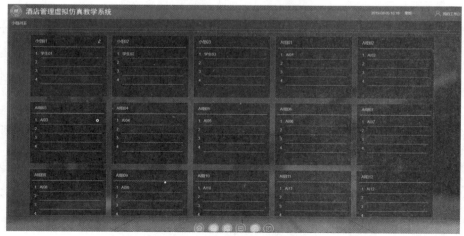

图 11-6　课程的小组分配情况

选择"决策"菜单。"决策"菜单决策界面共分为三个部分(见图11-7)。左边为该小组的所有回合的决策信息。右侧上部分为每个回合学生做出的决策信息,包括价格、促销决策和促销手段,下部分为整个课程的市场趋势信息。这里我们模拟添加当前小组的散客房价和预订房价。

图11-7 "决策"菜单决策界面

选择促销的手段,我们这里选择"广告促销",选择"确认保存",保存成功。从左侧我们可以看到刚刚保存的决策信息,退出登录。

使用教师账户登录。选择"课程"菜单。点击对应课程下的"日程"按钮。这里我们为了方便,只填写了一个小组的决策信息,决策信息包括散客价格和预订价格(见图11-8)。点击"结束当前回合",点击之后,默认第一回合结束。

图11-8 第一回合价格决策数据

选择"结果"菜单。选择要查看的课程名称及回合,点击"查询"按钮。这里我们可以看到所有的统计参数(见图11-9),包括销售的客房数、出租率、平均房价、RevPAR、总收入、边际贡献、边际贡献率等。向下滑动,这里有三个折线图(见图11-10),代表的是每个档次的酒店的净收入，此处，提示光标指示柱状图，第一个柱状图统计的是总收入、边际贡献、变动成本（见图11-11），即每一组数据包括都这三个指标。第二个柱状图统计的是销售的客房数、平均房价、RevPAR。

考核指标	小组01	小组02	小组03	AI组01	AI组02	AI组03	AI组04	AI组05	AI组06	AI组07	AI组08	AI组09	AI组10	AI组11	AI组12	AI组13	AI组14	AI组15	AI组16	AI组17
销售客房数	250	200	150	250	75	75	250	127	75	75	61	61	200	105	200	61	61	113	45	45
出租率	100.00%	100.00%	100.00%	100.00%	30.00%	30.00%	100.00%	50.80%	30.00%	30.00%	30.50%	30.50%	100.00%	52.50%	100.00%	30.50%	30.50%	75.33%	30.00%	30.00%
平均房价	211.00	232.70	262.00	213.80	190.00	190.00	222.90	219.07	190.00	190.00	330.00	330.00	376.57	363.94	366.14	330.00	330.00	540.73	430.00	430.00
RevPAR	211.00	232.70	262.00	213.80	57.00	57.00	222.90	111.29	57.00	57.00	100.65	100.65	376.57	191.07	366.14	100.65	100.65	407.35	129.00	129.00
总收入	52750	46540	39300	53450	14250	14250	55725	27822	14250	14250	20130	20130	75313	38214	73228	20130	20130	61102	19350	19350
边际贡献	45250.00	34540.00	25800.00	45950.00	12000.00	12000.00	48225.00	24012.00	12000.00	12000.00	16470.00	16470.00	63313.00	31914.00	61228.00	16470.00	16470.00	50932.00	15300.00	15300.00
边际贡献率	85.78%	74.22%	65.65%	85.97%	84.21%	84.21%	86.54%	86.31%	84.21%	84.21%	81.82%	81.82%	84.07%	83.51%	83.61%	81.82%	81.82%	83.36%	79.07%	79.07%
变动成本	7500.00	12000.00	13500.00	7500.00	2250.00	2250.00	7500.00	3810.00	2250.00	2250.00	3660.00	3660.00	12000.00	6300.00	12000.00	3660.00	3660.00	10170.00	4050.00	4050.00
变动成本率	14.22%	25.78%	34.35%	14.03%	15.79%	15.79%	13.46%	13.69%	15.79%	15.79%	18.18%	18.18%	15.93%	16.49%	16.39%	18.18%	18.18%	16.64%	20.93%	20.93%
出售市场份额	10.08%	8.07%	6.05%	10.08%	3.03%	3.03%	10.08%	5.12%	3.03%	3.03%	2.46%	2.46%	8.07%	4.24%	8.07%	2.46%	2.46%	4.56%	1.82%	1.82%
客房收入市场份额	7.54%	6.65%	5.62%	7.64%	2.04%	2.04%	7.96%	3.98%	2.04%	2.04%	2.88%	2.88%	10.76%	5.46%	10.47%	2.88%	2.88%	8.73%	2.77%	2.77%
出租率渗透指数	1.69	1.69	1.69	1.69	0.51	0.51	1.69	0.86	0.51	0.51	0.52	0.52	1.69	0.89	1.69	0.52	0.52	1.28	0.51	0.51
平均房价渗透指数	0.75	0.82	0.93	0.76	0.67	0.67	0.79	0.78	0.67	0.67	1.17	1.17	1.33	1.29	1.30	1.17	1.17	1.92	1.52	1.52
RevPAR渗透指数	1.27	1.40	1.57	1.28	0.34	0.34	1.34	0.67	0.34	0.34	0.60	0.60	2.26	1.15	2.20	0.60	0.60	2.45	0.77	0.77

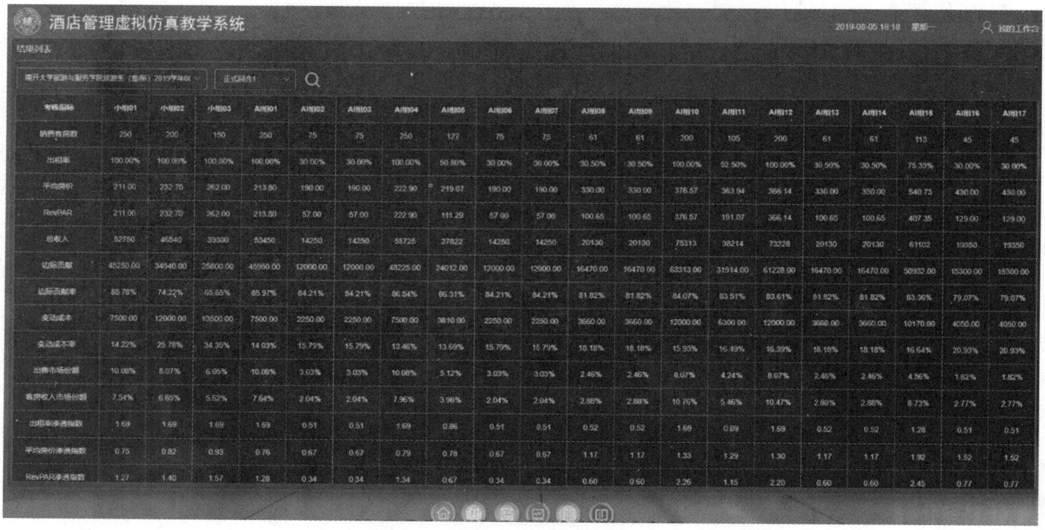

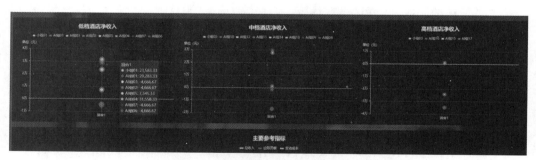

图 11-9　统计参数

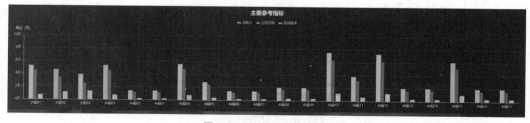

图 11-10　不同酒店净收入展示(一)

图 11-11　主要参考指标

这里为了更加直观地查看净收入的折线图，我们选择“课程”菜单，点击“日程”按钮，再次点击“结束当前回合”。结束当前回合之后，每个小组会默认有自己的决策信息。如果小组自己手动填写，系统会记录手动填写的决策信息，如果小组在回合结束之前没有填写决策信息。系统会自动按照一定的规则去匹配生成当前回合的信息。

Note

点击"结束当前回合"。我们再次查看"结果"菜单,选择"课程",选择"规格",两个回合点击"查询"。这时候折线图就会统计出前两个回合的决策信息,也就是每个酒店的净收入(见图11-12)。

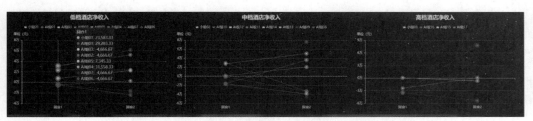

图11-12　不同酒店净收入展示(二)

退出登录,演示完毕。

第三节　Cesim酒店运营管理模拟

一、Cesim酒店运营管理概念与应用

(一)概念

Cesim Hospitality模拟系统是由世界顶级商业模拟教育机构芬兰CESIM公司开发的集实验、教学于一体的模拟运营系统,该系统通过营造和发展一个具有竞争性的环境,要求参与者模拟酒店高层管理者,虚拟运营一家国际酒店,在连续的动态回合中进行竞争博弈。运用该系统,参与者在动态的数字化竞争环境中,理解酒店运营的复杂性,感悟ESG可持续发展的必要性,提升在酒店业中的商业技能和就业能力。该系统采用先进的数字化云端技术运营,兼容Android安卓系统、iOS苹果系统和Windows微软系统等各类系统,参与者可以利用电脑、手机和平板在任何有互联网的地方使用。

该系统聚焦酒店管理和或餐厅管理,以多个回合的方式进行,每个回合有不同的设置情境,参与者可以模拟管理团队,负责每个回合的酒店的销售、促销、客房服务、设备维护、员工管理、餐厅运营、采购和财务等领域的决策。每个回合结束后,系统会给出决策结果,参与者分析结果并与竞争对手进行横向比较。指导教师可以选择不同的模块以匹配不同层次使用者(学生)的需求,也可以修改案例情境及模拟参数,以形成符合自身特色的模拟案例。平台还推出ESG模块,指导老师可以选择使用该模块。

Cesim Hospitality模拟系统可以很好地融入收益管理理论、概念和原则,如战略定价框架、动态定价、酒店预测、酒店收益管理、餐厅收益管理、资源分配优化、客户行为分析、促销策略等,为参与者在模拟中进行决策提供坚实的理论基础。

在模拟课程开始时,参与者需要明确自己团队设定的目标,如在满足客户需求并提供良好客户体验的同时,通过合理的定价让酒店收入最大化。在进行定价决策时,参与者学习了定价弹性、差异化定价、动态定价和最低收入保证后,在模拟中尝试不同的定价策略,并结合促销等策略。在进行房间的分配时,参与者根据客户的特性、偏好和敏感度等对需求水平进行合理的分配。

整个模拟过程中,最有意思的部分就是竞争博弈了。参与者通过对竞争对手的分析来研究其他酒店的定价策略和市场表现,以更好地制定自己的策略。数据分析在收益管理中的重要性在模拟课程中得以充分体现。参与者需要使用模拟提供的数据进行分析,并据此做出决策。系统会提供实时反馈,参与者可以及时了解自己的预测结果,个性化的反馈信息也让参与者获悉决策结果和绩效表现,并鼓励其根据反馈进行调整和优化。

通过本平台的学习,参与者将在竞争环境中识别和分析影响酒店和餐厅收益的关键变量,并针对相关变量采取行动。同时,通过本平台的学习,有助于提高参与者基于事实的分析能力,并通过将决策与现金流和底线绩效联系起来,明确运营决策带来的财务影响。

在真实的酒店管理中,通常涉及多个部门的协作。鼓励团队合作,共同制定综合性的收益管理策略也是Cesim模拟课程的目标之一。

(二)应用范围

Cesim Hospitality酒店运营管理模拟系统整合了酒店管理的各种相关职能,包括收益管理、销售渠道、菜单管理、客房服务、后勤维护、员工管理和采购管理。通过在线平台即可使用模拟,实现灵活且自主的传输方式。模拟采用团队竞赛的方式,使学习体验充满挑战和乐趣。Cesim Hospitality操作界面见图11-13。

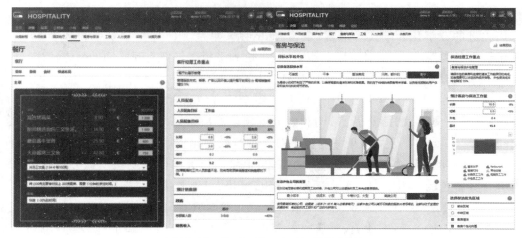

图11-13　Cesim Hospitality操作界面

(三) 学习目标

(1) 在面对酒店的主要经营&环境指标变化的情况下,培养参与者的辨识、分析和行动能力。

(2) 通过现金流分析和底线思维决策,提高参与者基于事实的分析决策能力,明晰运营决策对于财务的意义。

(3) 回顾酒店行业和通用商业管理的概念与思想,使参与者融入具体情境,进一步加深理解。

(4) 让参与者得到团队合作与解决问题的实际体验,激发其在瞬息万变的商界中的竞争精神。

(四) 学习过程

Cesim Hospitality 学习过程如图 11-14 所示。

图 11-14　Cesim Hospitality 学习过程

二、模拟平台的框架结构与课程组织

模拟可以在任何能上网的计算机上进行,无须安装任何独立的应用程序;平台允许所有团队成员参与实际决策,每位成员拥有自己的账号,在自己的界面中做决策,之后将结果与小组其他成员的决策结果在决策列表中合并;平台具有论坛交流功能,允许组员之间以及同一市场中的所有团队之间进行交流。

(一) 模拟平台的框架结构

Cesim Hospitality 模拟平台包含以下页面(见图 11-15):

【主页】概况页面及回合截止时间;

【决策】在"决策"页面下完成所有决策;

【结果】每回合结束后,结果在这个区域呈现;

【日程表】模拟回合安排日程表;

【小组】查看您所在的市场中的小组及组员;

【阅读】获取决策指南和案例描述；

【论坛】进入论坛进行小组内及团队之间的讨论。

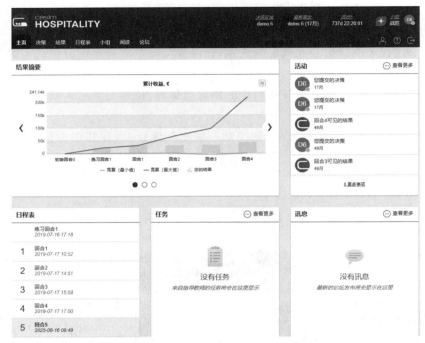

图11-15　Cesim Hospitality模拟平台的框架结构

（二）模拟课程组织

每个模拟市场可由2~12个小组组成，每个小组有1~5名组员。同等的模拟市场数量不限，可以满足任何人数的班级使用；所有团队在模拟开始时都处于完全相同的状态，有同样的市场占有率和利润；同样，模拟过程中所面对的市场环境也是一样的。

注意每个小组都是与同一市场中的其他小组竞争，而不是和计算机进行较量。每个团队的决策都影响到其他团队的结果和市场的总体发展。

三、操作流程与标准

（一）操作流程

Cesim Hospitality模拟平台的操作流程如图11-16所示。在介绍后，所有小组通过练习回合熟悉决策流程，以及决策和结果之间的关系。练习回合结果不会影响正式结果。指导教师决定课程进行的具体回合数，决策制定将按照图11-17完成。需要注意的是，在本回合截止时间点后无法修改本回合决策。如果有小组没有保存决策，系统将自动使用前一回合的决策运用于计算结果。

图 11-16 Cesim Hospitality 模拟平台的操作流程

图 11-17 Cesim Hospitality 模拟平台的决策制定

（二）获胜标准

小组的主要目标是获得持续的盈利性增长。Cesim 酒店管理模拟的获胜标准是在决策回合中小组所获得的累计利润最高。指导教师可以自由选择其他标准来衡量小组的表现。

（三）决策制定基本原则

决策制定以回合为基础，一个回合对应实际两周（或其他）的时间。在决策开始前，设置一个"初始回合结果"，作为练习回合决策的起始点。练习回合之后，情境还原到初始状态，正式决策从第一回合开始。练习回合开始前，记得阅读决策指南和案例描述。每一回合开始前，请仔细了解市场前景。每结束一个回合，新回合的市场动向和前景就会显示出来。

决策填入灰色单元格，将用于最后结果的计算；填入蓝色单元格中的是预测值，虽不会用于结果计算，但仍很重要，它们会与决策一起构成预算的基础。谨记：在每一回合截止前一定要保存决策。

四、用户界面

（一）参与者用户界面

决策制定工具可以帮助参与者尝试和体验不同的情境，同时分析不同规划和决策所产生的各种结果。另外，系统可生成一系列的报表，帮助小组分析并对标其他小组竞争的表现。参与者用户界面如下：

(1)"决策"界面；

(2)"市场前景"界面，展示当季的总体情况；

(3)"预算"界面，展现的是自动结合各界面决策和预估后的各项收支；

(4)"报告"界面，包含从前面回合得到的运营、财务和其他结果；

(5)"论坛"界面，用于与其他小组成员及其他参与者和指导教师讨论；

(6)"小组信息""设置""日程表"和其他管理界面。

（二）指导教师辅助工具

(1)课程。①课程设置与管理(可将参与者从一个小组转移到另一个小组，或删除参与者)；②课程安排(每回合截止时间等)；③访问日志与概况；④访问每位组员的决策区域。

(2)查看结果和小组决策回顾。①结果预览；②分析功能；③决策日志。

(3)案例管理。

(4)阅读材料。指导教师可以上传分享材料给参与者论坛。

（三）决策

各个小组需要进行不同部门的决策。

(1)前台：前台接待与销售部门。

(2)餐厅：前厅和后厨。

(3)客房：各项保洁工作。

(4)工程：各项设施维护以及翻修等。

(5)人力资源：所有HR涉及的工作。

(6)采购：原材料、酒水饮料、房间消耗品等采购。

各个小组的决策会产生各种不同的效果。

(1)小组决策的结果在每个回合结束后立即得出并呈现在报告中，如房间空置率和总收入报告。

(2)小组决策的长期影响有利于后面回合的成功，如员工技能水平的提升。

(3)对获胜指标有利的效果积累，如酒店所有者资金的累积回报率。

(4)对同一市场中其他竞争小组取得成绩的影响，如低房价吸引客户。

第十一章 收益管理实验操作与技术软件

(5)竞争对手的反应。例如,如果中等价格、优质服务的战略对于一个组是明智的选择,其他小组很可能在后面的回合中效仿而引起更强的竞争压力。

(四)报告

(1)主要数据报告。
(2)酒店运营和满意度报告。
(3)餐厅运营和满意度报告。
(4)人力资源报告。
(5)设施报告。
(6)财务报告,包括财务报表、现金和借款统计、收入/成本分摊(不同分摊:周末/工作日,客房/餐厅)、主要比率。

五、课程注册

CESIM SUPPORT 也可以根据指导教师要求,提前注册好课程,使用者完全可以省略上述所有步骤,更好地体验整个模拟过程。

(1)登录 Cesim 网站 http://sim.cesim.cn;
(2)使用有效的邮箱地址注册,邮件地址仅用于课程使用;
(3)使用课程代码注册进入正确的课程中;
(4)跟随屏幕上的指示确认成功注册;
(5)登录到课程使用者界面,寻找顶部"阅读"标签;
(6)阅读决策指南和案例描述,以及提供的其他阅读材料;
(7)你也可以在这里找到视频辅导;
(8)在"市场前景"标签中研究市场前景;
(9)开始制定决策。

复习思考

1.RMS 和 PMS 连接过程当中的注意事项有哪些?
2.Cesim Hospitality 系统的学习过程包括哪些?

案例学习

HiYield RMS 在铂爵酒店的应用

参考文献

[1] 蔡晓梅,朱竑.高星级酒店外籍管理者对广州地方景观的感知与跨文化认同[J].地理学报,2012,67(8):1057-1068.

[2] 李婷,曹越,冯文勇.酒店网络舆情危机后形象修复研究——以"五星级酒店卫生乱象"事件为例[J].旅游研究,2020,12(6):42-52.

[3] 田新,王晓文,李凯,等.酒店收益管理战略关键驱动因素:基于中国高星级酒店的实证研究[J].旅游科学,2014,28(4):65-80.

[4] 曾国军,林家惠.疫情背景下酒店业韧性建设与高质量发展[J].旅游学刊,2022,37(9):10-12.

[5] 鄢慧丽,熊浩,张小浩.酒店评论中感官线索对评论有用性的影响——基于心理模拟视角的实证分析[J].旅游学刊,2023,38(2):120-133.

[6] Anderson C K, Xie X Q. Improving hospitality industry sales: Twenty-five years of revenue management[J]. Cornell Hospitality Quarterly,2010,51(1):53-67.

[7] Boyd E A, Bilegan I C. Revenue management and e-commerce[J]. Management Science,2003,49(10):1363-1386.

[8] Bitran G, Caldentey R. An overview of pricing models for revenue management[J]. Manufacturing & Service Operations Management,2003,5(3):203-229.

[9] Cross R G, Higbie J A, Cross D Q. Revenue management's renaissancea: A rebirth of the art and science of profitable revenue generation[J]. Cornell Hospitality Quarterly,2009,50(1):56-81.

[10] Chen M, Tsai H, McCain S L C. A revenue management model for casino table games[J]. Cornell Hospitality Quarterly,2012,53(2):144-153.

[11] Hayes D K, Miller A A. Revenue management for the hospitality industry[M]. John Wiley & Sons,2011.

[12] Ivanov S. Hotel revenue management: From theory to practice[M]. Zangador,2014.

[13] Phillips R L. Pricing and revenue optimization[M]. Palo Alto:Stanford University Press,2005.

[14] Satir A, Sanchez J. Hotel yield management using different reservation modes[J]. International Journal of Contemporary Hospitality Management,2005,17(2):136-146.

[15] Thompson G M. Restaurant profitability management: The evolution of restaurant revenue management[J]. Cornell Hospitality Quarterly,2010,51(3):308-322.

[16] Weatherford L R, Bodily S E. A taxonomy and research overview of perishable-asset revenue management: Yield management, overbooking, and pricing[J]. Operations Research, 1992, 40(5): 831-844.

[17] 曾国军,刘梅,张欣.星级饭店自助餐厅收益管理策略研究——基于富力君悦凯菲厅的案例分析[J].旅游学刊,2016,31(2):86-96.

[18] 李根道,熊中楷,李薇.基于收益管理的动态定价研究综述[J].管理评论,2010,22(4):97-108.

[19] 杨慧,周晶,邓群.餐厅收益管理的差别定价策略研究——基于对顾客公平度感知的调查[J].北京工商大学学报(社会科学版),2008(2):62-66.

[20] 刘燕,寇燕,官振中,等.感知价值对酒店品牌依恋的影响机制:一个有调节的中介模型[J].旅游学刊,2019,34(4):29-39.

[21] 杨帅,陈建宏,柯丹,等.共享住宿定价策略的跨国差异:国家文化价值观在共享经济中的调节作用[J].南开管理评论,2021,24(3):60-73.

[22] 王欣,朱扬光,吴遵.双渠道下考虑消费者偏好的酒店与OTA合作模式选择和定价[J].中国科学技术大学学报,2020,50(7):985-992.

[23] 周晶,杨慧.收益管理方法与应用[M].北京:科学出版社.2009.

[24] 胡质健.收益管理:有效实现饭店收入的最大化[M].北京:旅游教育出版社,2009.

[25] Kim M G, Lee C H, Mattila A S. Determinants of customer complaint behavior in a restaurant context: The role of culture, price level, and customer loyalty[J]. Journal of Hospitality Marketing & Management, 2014, 23(8):885-906.

[26] 胡顺利.星级酒店客房定价策略分析[J].经济研究导刊,2011(24):195-196.

[27] 张明立,樊华,于秋红.顾客价值的内涵、特征及类型[J].管理科学,2005(2):71-77.

[28] 陈武华,孙燕红,华中生.基于顾客选择的酒店多房间类型联合定价研究[J].管理科学学报,2013,16(7):23-33.

[29] 罗伯特·菲利普斯.定价与收益优化[M].陈旭,慕银平,译.北京:中国财经经济出版社,2008.

[30] 吴晓隽,裘佳璐.Airbnb房源价格影响因素研究——基于中国36个城市的数据[J].旅游学刊,2019,34(4):13-28.

[31] 熊伟,吴源娟.智慧化对珠三角地区高星级酒店业绩的影响研究[J].旅游学刊,2018,33(11):75-86.

[32] 李军,宋晨鹏,叶浩彬.智能服务情境下消费者对服务型机器人使用意愿研究[J].旅游学刊,2023,38(6):136-150.

[33] 陈旭.酒店收益管理的研究进展与前景[J].管理科学学报,2003(6):72-78.

[34] 冯敏.航空公司收益管理预测过程分析[J].中国民航学院学报,2004(S1):180-183.

[35] Thompson G M, Sohn H. Time-and capacity-based measurement of restaurant revenue[J]. Cornell Hospitality Quarterly, 2009, 50(4): 520-539.

[36] Chiang W C, Chen J C H, Xu X. An overview of research on revenue management: Current issues and future research[J]. International Journal of Revenue Management, 2007, 1(1): 97-128.

[37] 王航臣,曹宇露,赵迪.一种基于蒙特卡洛模拟的航空公司机票超售数量确定方法[J].民用飞机设计与研究,2021(2):130-136.

[38] 杰弗里斯.美国饭店法[M].北京:旅游教育出版社,1988.

[39] 牛星,杨慧.餐饮服务收益管理的时间控制策略研究[C]//中国优选法统筹法与经济数学研究会,中国科学院科技政策与管理科学研究所,《中国管理科学》编辑部.第十三届中国管理科学学术年会论文集.[出版者不详],2011:5.

[40] Kimes S E. Implementing restaurant revenue management: A five-step approach[J]. Cornell Hotel and Restaurant Administration Quarterly,1999,40(3):16-21.

[41] 黎冬梅,黎慕华.餐厅服务场景的文化特征对服务失误归因的影响机制[J].旅游科学,2021,35(1):44-62.

[42] 张舒宁,李勇泉,阮文奇.接收、共鸣与分享:网络口碑推动网红餐饮粉丝效应的过程机理[J].南开管理评论,2021,24(3):37-51.

[43] Kimes S E, Robson S K A. The impact of restaurant table characteristics on meal duration and spending[J]. Cornell Hotel and Restaurant Administration Quarterly, 2004, 45(4): 333-346.

[44] 陈志刚.网络收益管理与定价研究[M].北京:中国物资出版社,2008.

[45] 史达,王乐乐,衣博文.在线评论有用性的深度数据挖掘——基于TripAdvisor的酒店评论数据[J].南开管理评论,2020,23(5):64-75.

[46] 曾小燕,周永务,钟远光,等.线上线下多渠道销售的酒店服务供应链契约设计研究[J].南开管理评论,2018,21(2):199-209.

[47] 王雨飞,徐海东,王光辉.快速交通网络化影响下的城市空间关联与经济溢出效应研究——以航空及高铁网络为例[J].中国管理科学,2023,31(6):207-220.

[48] 梁小珍,邬志坤,杨明歌,等.基于二次分解策略和模糊时间序列模型的航空客运需求预测研究[J].中国管理科学,2020,28(12):108-117.

[49] Lindenmeier J, Tscheulin D K. The effects of inventory control and denied boarding on customer satisfaction: The case of capacity-based airline revenue management[J]. Tourism Management, 2008, 29(1): 32-43.

[50] Littlewood K. Forecasting and control of passenger bookings[J]. The Airline Group of the International Federation of Operational Research Societies, 1972(12):95-117.

[51] Lyle C. A Statistical analysis of the variability in aircraft occupancy[C]// AGIFORS Symposium Proc, 1970(10).

[52] Noone B M, Mattila A S. Hotel revenue management and the Internet: The effect of price presentation strategies on customers' willingness to book[J]. International Journal of Hospitality Management，2009 (28): 272-279.

[53] Schwartz Z, Stewart W, Backlund E A. Visitation at capacity-constrained tourism destinations: Exploring revenue management at a national park[J]. Tourism Management，2012 (33):500-508.

[54] 汤姆·纳格,约瑟夫·查莱,陈兆丰.定价战略与战术[M].5版.龚强,陈兆丰,译.北京:华夏出版社,2008.

[55] 王晓文,田新,李凯,等.收益管理决策行为及绩效水平的影响因素研究——以中国高星级酒店为例[J].旅游学刊,2013,28(9):25-33.

[56] 内格尔.定价策略与技巧[M].北京:清华大学出版社,2003.

[57] 薛涛,李晓义,黄青.旅游管理虚拟仿真实验教学:新文科建设下的"双层教学"模式改革与创新[J].旅游学刊,2022,37(8):9-10.

收益管理词汇

1. 每日平均房价(ADR, average daily rate)

用来衡量已经销售的客房的平均价格。

每日平均房价 = 实际每日客房收入/售出客房总数

2. 每日平均房价指数(ADR index)

该指数用来衡量一家酒店的每日平均房价与一组预选的酒店的每日平均房价对比的情况。这些预选的酒店可以是该酒店的竞争对手,也可以是该酒店所在市场的所有酒店或某些等级的酒店,如一组经济型或豪华型酒店。如果一家酒店的每日平均房价指数等于或大于100,表示该酒店每日平均房价的市场份额等于或优于该酒店应得市场份额,也就是其每日平均房价的表现等于或胜过那群预选的酒店。相反,如果该酒店的每日平均房价指数在100以下,则表示其每日平均房价的市场份额低于其应得市场份额,其每日平均房价的表现比预选的那群酒店差。

每日平均房价指数 = (该酒店的每日平均房价/要比较的一组酒店的每日平均房价) × 100

3. 平均挂牌房价(APR, average published rate)

平均挂牌房价是酒店不同房型(单人房、双人房等)在一年中不同时期公布的房价。在进行市场分析时,如果缺乏被研究酒店具体的平均每日房价,可使用它们的平均挂牌价来估算其平均每日房价。

4. 竞争组合(competitive set)

竞争组合是指一组酒店,各酒店之间可以进行综合业绩比较。

5. 合同房(contrast rooms)

合同房是指因签订合同而提前被占用的客房,如航空公司机组人员和永久客人占用的客房。

6. 延期停留(extended stay)

以延期停留的顾客为主的酒店可称为长住酒店。它们的重点在于吸引客人长时间住宿。这些酒店一般报每周平均房价。

7. 应得市场份额或合理市场份额(fair market share)

应得市场份额可以理解为某酒店在某个竞争市场中应该占有的份额。例如,如果该竞争市场上共有1000间客房,其中包括该酒店拥有的100间客房,则该酒店的应得市场份额是10%。

8. 食品与饮料收入(餐饮收入, foods and baverage revenue)

食品与饮料收入包括来自食品(包括咖啡、牛奶、茶和软饮料)、酒类(包括啤酒、葡萄酒和烈酒)、宴会餐饮及其他餐饮来源的销售收入。餐饮收入还包括会议室出租、视听设备出租、餐饮部门的服务费(包括宴会服务费)等,这部分通常称为其他餐饮收入。

9. 全服务酒店(full service hotel)

全服务酒店通常实行中档价格,带餐厅、休息室和会议厅,提供行李服务和客房服务。这类酒店有餐饮收入。

10. 团队房(group rooms)

团队房指向旅游度假客,以及国内外各种公司、组织、机构、协会等一次性占用达到或者超过10间的客房。在接待团队房预订时酒店通常需要与团队组织者谈判,明确团队协议价,取消和更改预订的条件以及取消预留团房的日期等,并要签订协议明确下来。

11. 酒店类型(hotel types)

酒店分类的依据首先是建筑结构,其次是服务水平。

(1) 套房酒店(all-suite hotel):所住房间由一个或多个卧室组成,并可能包括一个独立的起居室。许多套房包含厨房或小冰箱。套房酒店往往没有统一的餐饮设施,但是许多提供免费早餐。

(2) 精品酒店(boutique hotel):这些酒店依靠它们不同寻常的设计、装饰布局和服务项目来吸引客人。这类酒店通常是独立经营的,门市价较高。

(3) 会议酒店(conference hotel):主要为顾客提供会议服务。

(4) 豪华会议酒店(convention hotel):至少拥有300间客房及自己的大型会议设施,而不是属于某个会议展览中心的一部分或附属设施。

(5) 目的地度假酒店(destination restore hotel):这类酒店旨在吸引休闲旅游者,位于休闲度假目的地,且认为酒店本身就是一个休闲度假的目的地。这些酒店设施设备品种繁多,如有多个游泳池、多个餐厅及优雅的住宿条件。如果一个酒店名称中有"度假"一词,而且属于某高档或豪华酒店集团,它就会被自动视为一个目的地度假酒店。

(6) 博彩/赌场酒店(gaming/casino hotel):以博彩或赌博业务为重点的酒店。

(7) 高尔夫酒店(golf hotel):酒店必须拥有一个高尔夫球场。如果酒店只在球场的隔壁,就不属此类。

(8) 汽车旅馆(motel hotel):为驾车旅行的客人提供服务的酒店。这类酒店通常提供停车场。从20世纪50年代开始,驾车成为西方人的主要旅游方式,汽车旅馆就在主要高速公路附近兴起,如同酒店在火车站和飞机场兴起一样。

(9) 滑雪场酒店(ski hotel):建在滑雪旅游目的地的酒店。客人可以很方便地到达滑雪场。

(10) 水疗中心酒店(spa hotel):酒店必须有指定的水疗设施,并提供相应的疗程。只提供桑拿或热浴池是不够的。

(11) 水上乐园酒店(watrepark hotel):酒店拥有一个室内或室外的水上乐园,包括相应的设备如滑梯、水管及其他水上游乐设施。

12. 酒店的等级划分(hotel scales)

酒店的等级划分是根据实际平均每日房价来进行的。通常可划分为以下等级:

(1) 豪华连锁(luxury chains);

(2) 超高档连锁(upper upscale chains);

(3) 高档连锁(upscale chains);

(4) 带餐饮中档连锁(midscale chains with food & beverage);

(5) 无餐饮中档连锁(midscale chains without food & beverage);

(6) 经济型连锁(economy chains)。

13. 酒店合并的次市场等级划分(hotel collapsed submarket class)

这种划分方法是指将上述划分等级合并分类,即将豪华类和超高档类合并,形成一个等级;将高档类与带餐饮的中档类合并,形成一个等级;将无餐饮的中档类和经济类合并,形成一个等级。

次市场等级分类如下:

(1) 豪华类和超高档类(luxury and upper upscale);

(2) 高档类和带餐饮的中档类(upscale and midscale with food & beverage);

(3) 无餐饮的中档类和经济类(midscale without food & beverage and Economy)。

14. 有限服务酒店(limited service hotel)

有限服务酒店只提供客房服务(不包括餐饮服务)或夜间的住宿和洗浴服务,很少有其他的服务和设施。这些酒店往往是经济型酒店,不提供餐饮收入报告。

15. 按地段对酒店细分 (location segment)

可以根据酒店所处的地理位置对酒店类型进行细分。连锁酒店为我们提供了位置分类的参考。

(1) 城市酒店(urban hotel):位于大都市的人口密集区。

(2) 郊区酒店(suburban hotel):位于大都市的郊区。酒店与中心城市的距离根据不同的人口和市场定位而不同。

(3) 机场酒店(airport hotel):酒店位于机场附近,为使用机场及附近交通设施的顾客提供服务。距离远近各不相同。

(4) 高速公路酒店(motorway hotel):位于主要高速公路或其他交通要道附近,其主要业务是为公路旅行者提供服务。

(5) 度假村饭店(restort hotel):位于度假地的酒店,业务的主要来源是以休闲旅游为目的的旅客。

(6) 小城市饭店(small metor/town hotel):人口少于15万的小城镇地区。根据市场定位不同,市场区域大小不同。

16. 客房出租率(OCC,occupancy)

客房出租率指酒店在特定时间段内已出租的客房数占可供出租的客房总数的比率。

客房出租率=(出租的房间总数/可供出租的房间总数)×100%

17. 客房出租率(渗透)指数 (occupancy penetration index)

用于衡量酒店在某个细分市场,如一组竞争对手酒店、某个等级的市场或某个销售渠道等方面所占有的份额。

客房出租率(渗透)指数 ＝ (酒店客房出租数/细分市场客房出租数)×100％

18. 其他收入(other revenue)

除了客房收入和餐饮收入外的其他所有收入。

其他收入 ＝ 总收入－(客房收入 ＋ 餐饮收入)

19. 酒店供给数据(pipeline)

酒店供给数据描述全球现有酒店的数量及预期增加的酒店的数量。这些数据来源于主要的酒店连锁集团、酒店管理公司及酒店建筑公司。这些数据反映了酒店建造过程中每个阶段的情况。

20. 根据不同建造阶段来对酒店归类(phase definitions)

(1)现有酒店:所有已开张营业的酒店,包括在过去12个月开张营业的新开业酒店。

(2)新开业酒店:过去12个月内开张营业的酒店。

(3)在建酒店:已经破土动工的酒店,或业主已经通过招标找到主要承建商的酒店项目。

(4)最后计划阶段的酒店:酒店项目将招标,或4个月内开始兴建的酒店。

(5)计划阶段酒店:建筑师或工程师已经选定,项目计划正在进行的酒店项目。此时,酒店建造项目的报批文件已经获得批准。

(6)预先规划阶段的酒店:还未选中建筑师的项目。

21. 房价分等(price tier)

可以根据实际每日平均房间或平均客房牌价,把一个市场上的酒店房价分为三大类。

(1)高档房价:前33％的房价。

(2)中档房价:位于中间33％的房价。

(3)低档房价:位于最后33％的房价。

22. 排名(rank)

排名通常被用来衡量一个酒店在三个关键领域,即客房出租率、每日平均房价及平均每房收入等方面的业绩好坏。排名高低与竞争对手的选择有关,在不同的竞争组合中,酒店的业绩排名将有差异。

例如,如果一家酒店客房出租率是70.1％,而竞争组合中有一家酒店的客房出租率是70.3％,那么后者的排名会更高。

又如,如果一家酒店每日平均房价排名情况为"2/6",表示该酒店的每日平均房价在有6家酒店的竞争组合中排名第2。

23. 每间可售房收入(RevPAR,revenue per available room)

每间可售房收入是用客房收入除以可供出租客房总数。每间可售房收入与平均房价有所不同,因为前者受空置客房数量的影响,而后者只显示实际销售的客房的平均收入。

每间可售房收入＝ 客房出租率×平均房价

24. 每间可售房收入指数(RevPAR index)

每间可售房收入指数衡量一个酒店在其目标市场(竞争组合、细分市场等)上的每间可售房收入所占的合理市场份额的大小。如果酒店获得了合理的市场份额,该指数将是100;如果未达到其合理的市场份额,该指数将小于100;如果市场份额较高,该指数将大于100。

每间可售房收入指数 = (酒店每间可售房收入/目标市场每间可售房收入)×100

25. 客房收入(room revenue)

通过出租酒店客房获得的收入。

26. 可供出租的客房(客房供应量,rooms available,room supply)

一家酒店在某段时间内可供出租的客房数等于该酒店的客房总数乘以这段时间拥有的天数。例如,某酒店有100间可出租客房,在某个月它拥有的可供出租客房数等于31天乘以100间,即3100间天,也就是它在这个月内的供应量或能力为3100间天。

27. 客房销售(客房需求量,rooms sold,room demand)

在某一特定时间内出租的客房数(不包括免费客房)。

28. 细分(segmentation)

将客房销售和收入数据按业务来源(如散客用房、团队用房、长期协议用房等),以及收入来源(如客房收入、餐饮收入及其他收入等)进行归类划分。

29. 酒店总收入(total revenue)

酒店经营获得的所有收入,包括客房收入、餐饮收入(包括会议出租)、停车场收入、洗衣收入、通信收入以及其他收入等。

30. 散客用房(transient room)

散客用房包括那些以酒店牌价、公司协议价、公司谈判价、包价、政府协议价或外国旅客散客价(即FIT)等租用的客房。此外,还包括通过第三方网站,即在线旅行社预订的客房。不过,同时预订10间或者10间以上的除外,这种归为团队用房。